作者简介

胡必亮，北京师范大学一带一路学院执行院长、新兴市场研究院院长，经济学教授、博士生导师，"一带一路"国际智库合作委员会理事、新兴经济体研究会副会长、Global Journal of Emerging Market Economies 学术期刊主编。研究成果获 1994 年度和 2006 年度孙冶方经济学奖、2008 年度张培刚发展经济学优秀成果奖。

高质量共建"一带一路"丛书 | 王守军 胡必亮 主编

"一带一路"

统筹发展和安全

胡必亮 著

北京师范大学出版集团
BEIJING NORMAL UNIVERSITY PUBLISHING GROUP
北京师范大学出版社

总　序

2008 年，金融危机在美国全面爆发并迅速通过股市、债市、汇市、贸易、投资等渠道快速扩散到了与美国经济金融关系紧密的欧洲，因此欧洲很快也陷入了严重的债务危机之中。同时，金融危机也蔓延到了整个世界，新兴市场国家和发展中国家也深受其害。为减轻不利影响，世界各国都采取了积极应对之策以稳定金融秩序、刺激经济增长。美联储在一年左右时间连续降息 10 次后使联邦基金利率为零，奥巴马总统上台不到一月就签署了总额为 7870 亿美元的经济刺激计划；我国的反应更快，在美国金融危机尚未全面爆发之时，国务院已于 2008 年 11 月出台了十项措施，投资 4 万亿人民币刺激经济增长；欧盟建立了一个总额为 7500 亿欧元的救助机制以遏制债务危机的进一步扩散并捍卫欧元。

总之，世界各国、各区域都采取了积极救市政策，试图缓解和控制金融危机的扩散。

尽管如此，2008年的全球金融危机还是给全世界的金融、经济、政治等各方面都带来了很多负面影响，而且这些影响是长期的、深刻的。以欧洲为例，直到2012年，欧洲债务危机仍然十分严重，欧洲经济疲软、失业率居高不下。其他地区和国家的具体情况可能有所不同，但总体而言2008年的全球金融危机发生多年后，世界金融市场并不稳定，经济增长仍然乏力，失业率依然较高，有些国家还出现了政治动荡，全球治理更加失序。

在这样的历史背景下，联合国和其他国际组织以及很多国家都提出了一些帮助世界稳定金融秩序、促进经济增长、完善全球治理的倡议和方案。也正是在这样的国际大背景下，结合中国进入新时代后构建全面对外开放新格局的需要，习近平总书记利用他2013年秋对哈萨克斯坦和印度尼西亚进行国事访问的机会，先后提出了共建丝绸之路经济带和21世纪海上丝绸之路的重大倡议，合称"一带一路"倡议。

习近平总书记提出共建"一带一路"倡议的基本思路，就是用创新的合作模式，通过共同建设丝绸之路经济带和21世纪海上丝绸之路，加强欧亚国家之间以及中国与东盟国家之间乃至世界各国之间的政策沟通、设施联通、贸易畅通、资金融通、民心相通，从而使世界各国之间的经济联系更加紧密、相互合作更加深入、发展空间更加广阔。从经济方面来看，通过共建"一带一路"，加强世界各国的互联互通，更好地发挥各国比较优势，降低成本，促进全球经济复苏；从总体上讲，参与共建各方坚持丝路精神，共同把"一带一路"建成和平之路、繁荣之路、开放之路、创新之路、文明之路，把"一带一路"建成互利共赢、共同发展的全球公共产品和推动构建人类命运共同体的实践平台。

在共建"一带一路"倡议提出五年多时间并得到世界绝大多数国家和国际组织认可、支持并积极参与共建的良好形势下，习近平总书记在 2019 年 4 月举行的第二届"一带一路"国际合作高峰论坛上又进一步提出了高质量共建"一带一路"的系统思想，包括秉承共商共建共享原则，坚持开放、绿色、廉洁理念，努力实现高标准、惠民生、可持续目标等十分丰富的内容，得到了参会 38 国元首、政府首脑和联合国秘书长、国际货币基金组织总裁以及广大嘉宾的高度认可。这标志着共建"一带一路"开启了高质量发展新征程，主要目的就是要保障共建"一带一路"走深走实，行稳致远，实现可持续发展。

面对 2020 年出现的新冠肺炎疫情全球大流行的新情况，习近平总书记提出要充分发挥共建"一带一路"国际合作平台的积极作用，把"一带一路"打造成团结应对挑战的合作之路、维护人民健康安全的健康之路、促进经济社会恢复的复苏之路、释放发展潜力的增长之路；2021 年 4 月，习近平总书记又提议把"一带一路"建成"减贫之路"，为实现人类的共同繁荣作出积极贡献。

随着共建"一带一路"的国际环境日趋复杂、气候变化等国际性问题更加凸显，习近平总书记从疫情下世界百年未有之大变局加速演变的现实出发，在 2021 年 11 月举行的第三次"一带一路"建设座谈会上，就继续推进共建"一带一路"高质量发展问题提出了有针对性的新思想。重点是两个方面的内容：一方面，坚持"五个统筹"，即统筹发展和安全、统筹国内和国际、统筹合作和斗争、统筹存量和增量、统筹整体和重点，全面强化风险防控，提高共建效益；另一方面，稳步拓展"一带一路"国际合作新领域，特别是要积极开展与共建国家在抗疫与健康、绿色低碳发展与生态环境和气候治理、数字经济特别是"数字电商"、科技创新等新领域的合作，培养"一带一路"国际合作新增长点，继续坚定不移地推动共建"一带一路"高质量发展。

在我国成功开启全面建设社会主义现代化国家新征程、向第二个百年奋斗目标进军的关键历史时刻，习近平总书记在中国共产党第二十次全国代表大会上又一次明确指出，推动共建"一带一路"高质量发展。

为了全面、准确理解习近平总书记关于高质量共建"一带一路"的系统思想，完整、系统总结近十年来"一带一路"建设经验，研究、展望高质量共建"一带一路"发展前景，北京师范大学一带一路学院组织撰写了这套《高质量共建"一带一路"丛书》，对"一带一路"基础设施建设、"一带一路"与工业化、"一带一路"贸易发展、"一带一路"金融合作、绿色"一带一路"、数字"一带一路"、"一带一路"与新发展格局、"一带一路"与人类命运共同体、"一带一路"投资风险防范等问题进行深入的专题调查研究，形成了目前呈现在读者面前的这套丛书，希望为广大读者深入理解高质量共建"一带一路"从思想到行动的主要内容和实践探索提供参考，同时更期待大家的批评指正，帮助我们今后在高质量共建"一带一路"方面取得更好的研究成果。

2021 年中国共产党隆重地庆祝百年华诞，2022 年党的二十大的召开，对推进我国社会主义现代化强国建设都具有十分重要的战略意义；今年也是北京师范大学成立一百二十周年。因此，我们出版这套丛书，对高质量共建"一带一路"这样一个重大问题进行深入探讨，很显然也具有重要且独特的历史意义。北京师范大学出版集团党委书记吕建生先生、副总编辑饶涛先生、策划编辑祁传华先生及其团队成员都非常积极地支持这套丛书的出版，并为此而付出了大量时间，倾注了大量心血，对此我们表示衷心感谢！我们的共同目标就是希望用我们的绵薄之力，为推动共建"一带一路"高质量发展、为实现中华民族伟大复兴以及为推动构建人类命运共同体而作出应有的贡献。

王守军　胡必亮

2022 年 10 月 26 日

"一带一路"究竟做对了什么
（代序）

　　"一带一路"倡议提出到今年整整十年。十年来，倡议已得以实施，愿景已变为现实。

　　截至 2023 年 1 月 6 日，中国已同 151 个国家和 32 个国际组织签署了 200 多份共建"一带一路"合作文件；一批交通基础设施建设项目务实落地，其中已有相当多的项目建成运营，如中老铁路、蒙内铁路、亚吉铁路、喀喇昆仑公路、金港高速公路、马普托大桥、中马友谊大桥、佩列沙茨大桥、帕德玛大桥、瓜达尔港、汉班托塔港、皎漂港，等等；一批能源建设项目尤其是新能源建设项目也已建成后正常发电，如卡拉奇核电站、卡洛特水电站、南欧江水电站、德阿风电站、阿布扎比太阳能光伏电站、努尔太阳能发电站，等等；伴随着"一带一路"国际产能合作的发展，许多产业园区在亚非拉欧发展中国家建成后发展势头良好，如中白工业园、泰中罗勇工业园、东方工业园、西哈努克港经济特区等，越来越多的中国企业和世界各国企业进入园区；中国的杂交水稻沿着"一带一路"进入非洲大陆，大幅提高了非洲国家的粮食单产；中国菌草已成为太平洋岛国人民的"致富草"；中国与共建"一带一路"国家联合建设了一批实验室，共同开展沙漠治理、现代农业、卫生健康、海洋生物、新能源等领域的科学技术合作研究；中欧班列为构建欧亚大陆供应链和产业链不断增强新动能；西部陆海大通道连接100多个国家的300多个港口……

十年来，中国企业通过共建"一带一路"扩大了其海外投资市场，对外工程承包收入大幅增长，重大项目建设也从一定程度上促进了中国与共建国家之间的贸易合作，已成为促进中国贸易可持续增长的新引擎。

我们同时也看到，中国企业在共建"一带一路"方面的投资大约1万亿美元，直接或间接地使占世界65%的人口的一批国家从中受益——快速提升了这些国家的水电路气等物质基础设施建设水平，也显著改善了这些国家的教育、医疗卫生等社会基础设施条件；大幅降低了这些国家的交通运输成本；有力推进了这些国家的工业化发展进程；为这些国家创造了许多新的就业岗位；直接有利于促进这些国家的经济发展，同时为这些国家消除贫困做出了重要的积极贡献。总之，共建"一带一路"

比较好地实现了中国与共建国家及其人民之间的互利共赢发展。

因此，我们有一万个理由在这样一个值得纪念的日子里欢庆和歌颂，但我更主张思考和研判。

思考什么？研判什么？"一带一路"倡议及其十年来的实践提供给我们思考和研判空间是巨大的，相关问题也很多。我这段时间主要思考的问题就一个："一带一路"究竟做对了什么，以至于得到了世界上如此众多的国家和国际组织的支持和参与？我这段时间研判的问题也就一个："一带一路"在哪些方面还做得不够好，以至于世界上还有一些国家和一些人仍然对这个问题存在误解，甚至刻意歪曲、攻击、对抗和打压"一带一路"？

基于十年的观察，我认为"一带一路"至少做对了三件事，而且在这三个方面都做得很不错。

一是确立了正确的主题。这个正确的主题就是促发展。共建"一带一路"，主要地就是要通过各种方式、从各个维度，聚焦发展、促进发展，包括促进基础设施发展、能源发展、贸易发展、工业化发展、城镇化发展、农业与农村发展，也包括地区发展、国家发展、区域发展、全球发展。其中促进经济发展既是基础，也是重点，从而加快推进世界各国（包括中国）的现代化进程，同时促进人的全面发展（社会发展在其中具有重要意义），并助力推动实现联合国2030年可持续发展目标。

二是选择了正确的实施路径。这个正确的实施路径就是从基础设施建设入手，立足于构建更好的区域和全球互联互通网络体系，使各种要素得以更加自由的流动，成本得以降低，实现更加高效的区域和全球联动增长，进而促进区域和全球发展。

三是构建了正确的制度体系。这个正确的制度体系包括：明确了最终的奋斗目标，那就是推动构建人类命运共同体；坚持了开放、包容的基本特征；遵循了共商、共建、共享的基本原则；实行了政府引导、市场主导、企业主体、项目落地、务实合作、国际规范等正确方法。

既然"一带一路"在一些重要方面都做对了，那为什么还有一些国家和一些人反对"一带一路"呢？

一是存在一些误解。譬如说，以上提到共建"一带一路"的主题是促发展，但有的国家和有些人却误以为中国是想通过"一带一路"搞霸权，搞全球霸权。又譬如说，上面我们提到共建"一带一路"的实施路径是以基础设施建设作为切入点，促进要素流动，从而促进全球共同发展；但有的国家和有些人却误以为中国借"一带一路"而实施"债务陷阱外交"策略，进而从政治上控制其他国家，从经济上掠夺其他国家，是在搞新殖民主义。由于共建"一带一路"的时间并不长，中国的"一带一路"国际合作研究与国际传播工作做得还不够好，产生这样的误解也是可以理解的，这就需要我们今后大力加强和改进国际传播与国际合作研究工作，讲好真实的"一带一路"故事。

二是有些人认为有的"一带一路"建设项目在有些方面做得不够好。譬如说，有人认为"一带一路"建设项目信息不透明；

有人认为有些"一带一路"建设项目存在破坏生态、污染环境的问题；有人认为有些建设项目使用当地劳动力不够多，为女性劳动者提供的就业机会比较少，劳动者的劳动保护工作做得也不够好；有人认为有些项目在建设过程中存在腐败问题；等等。对于这些问题，客观地讲，本身是存在不同看法的。

从我本人实地调查的 20 多个共建"一带一路"国家的相关项目来看，"一带一路"建设对于改善参与共建国家的交通条件、提供充足的电力供应、促进贸易发展、推进国家工业化进程、保障粮食安全、创造新的就业机会、消减贫困、增加出口创汇、提高这些国家人民的就学和就医水平等都发挥了一定的积极作用。这些都是基本事实，因为许多相关建设项目已经完成，目前正在顺利运营之中，我们上面所提到的，只是少数大家都比较熟知的项目，实际完成的项目要多得多，这些项目每天都在产生着积极影响。当然，我在实地调研中，确实也发现了一些问题。譬如说，我发现有的项目建成营运后入不敷出，面临着较大的财务压力；有的工业园区建成后，招商成效不理想；有的项目建成后，相关配套建设没能跟上，从而影响建设项目的运营效果；在早期，有的项目确实存在环境方面的问题，引起项目所在地村民的反对；有的国家由于政局不稳、政策多变，项目建设并不顺利，有的还被迫停工停产，人为地带来了一些经济损失；有些项目也因为国际地缘政治的变化而受到不利影响；等等。

　　因此，我们必须对"一带一路"建设做出客观判断，并在客观判断基础上，一方面要进一步加强与东道国政府和企业的合作，继续把我们认为正确的事业做得更好，以实际行动证明共建"一带一路"确实促进了全球共同发展，确实为世界各国人民改善了民生福祉，确实为参与共建的各方带来了实实在在的好处。

　　另一方面，从我国自身的角度来看，由于基础设施建设项目投资大、建设周期长、投资回报低、受地缘政治和宏观政策影响比较敏感，因此我国的投资企业必须要增强风险防范意识，强化各项风险防范工作。既要加强防范"一带一路"建设中的政治、经济、社会、文化、法律等方面的风险，也要加强防范"一带一路"建设中的国家风险、项目风险、行业风险等，确保"一带一路"建设的投资安全，保证投资项目的财务可持续性，促进高质量共建"一带一路"行稳致远、实现可持续发展。

　　正是基于以上的基本思考和基本研判，我从过去6～7年来所撰写的相关文章中选出了30篇文章，编辑整理成册，目的就是在这样一个值得纪念的日子里，既从促发展的视角探讨共建"一带一路"对于促进全球共同发展的积极影响，也从防风险的角度研究如何防范"一带一路"建设风险的问题。

　　全书共分为四部分，除了第二部分和第三部分是我们已经提到的"促进共同发展"和"加强风险防控"两个方面的核心内容外，第一部分——"倡导'一带一路'"介绍了"一带一路"倡议提出的历史背景、主要内容、实施进展和前景展望等基本内容，而"附录"则是通过对话与专访的形式，对本书所聚焦的促发展和防风险两个方面的要点进行了补充讨论。

需要说明的是，由于本书是 30 篇文章的集成，而有的文章成文较早，因此有些数据有点过时；不同文章在引用一些相关数据时也存在重复使用的现象；用同一个模型做不同的分析后放到一本书里，也造成了模型使用上的重复。这些都是比较显而易见的问题，但为了保持文章原貌，也为了更好地从历史的角度来看问题，因此我对这些问题没有做改进，对此我向各位读者深表歉意，并对各位在这些方面的宽容和理解表示感谢！

这本书得以顺利出版，在很大程度上归功于北京师范大学出版社的饶涛副总编辑和主题出版与重大项目策划部祁传华主任的鼓励与支持。几年来，两位先生曾多次邀请我就"一带一路"问题出版著作，并专程到我办公室提出了很好的选题和写作建议，但我觉得"一带一路"是个新问题，自己还需要更长的时间学习、调研、观察、理解、认识这个问题，因此一直不敢动笔。在经历了整整十年的"一带一路"历程后，我再次因为他们的鼓励而整理出了这本书，一方面是对"一带一路"十周年的一个纪念，另一方面也藉此表达我对两位先生关心与鼓励的一个积极态度，同时表达我对他们的敬重和感激之情。

胡必亮

2023 年 2 月 20 日

目　录

第一部分　倡导"一带一路"

"一带一路"：倡议 实施 前景　　/ 3

推动共建"一带一路"高质量发展　　/ 32

顺应时代潮流　赢得世界喝彩

　　——"一带一路"五周年：进展与前瞻　　/ 50

共建"一带一路"：把握航向　走深走实　　/ 58

"一带一路"五周年：实践与思考　　/ 63

推动"一带一路"境外经贸合作区高质量发展

　　——基于对几个境外经贸合作区实地调研的初步总结与思考　　/ 78

加强互联互通　实现合作共赢

　　——"一带一路"八周年　　/ 84

以共建"一带一路"促高质量共同发展　　/ 89

新征程上推动共建"一带一路"更上层楼　　/ 96

第二部分 促进共同发展

"一带一路"建设与全球化转型　/ 105

共建"一带一路"引领全球化　/ 116

加强和完善全球治理体系　/ 121

"一带一路"与中国的全球治理观　/ 131

"一带一路"给全球发展带来新机遇　/ 137

"一带一路"促进全球经济发展　/ 143

"一带一路"建设与新时代区域发展前景　/ 151

"一带一路"倡议为中非合作插上翅膀　/ 168

"一带一路"倡议下的国际区域经济合作机制建设

　　——以中国—乌兹别克斯坦合作为例　/ 174

把握"一带一路"当前的特殊使命　/ 210

"生命之路"的担当　"复苏之路"的希望

　　——"一带一路"在疫情挑战中前行　/ 217

乘风破浪　"克"疫而上

　　——"一带一路"建设走向可持续发展　/ 226

推动共建"一带一路"　促进世界发展繁荣　/ 235

减贫之路："一带一路"的繁荣之道　/ 245

中医药为高质量共建"一带一路"提供独特支撑　/ 254

第三部分　加强风险防控

聚焦政策沟通　促进区域经济合作发展

　　——2016 年对吉尔吉斯斯坦、哈萨克斯坦和格鲁吉亚实地调研

　　的总体感受　／263

"一带一路"沿线国家综合发展水平测算、排序与评估　／271

新形势下"一带一路"建设行稳致远　／294

继续推动共建"一带一路"高质量发展　／304

共建"一带一路"国家的综合发展水平测算与评估　／310

"一带一路"投资国别风险测算、评估与防范　／345

附录　对话与专访

附录 1　中亚国家全力支持"一带一路"倡议

　　——对话吉尔吉斯共和国前总理卓奥玛尔特·奥托尔巴耶夫　／397

附录 2　"一带一路"对东欧国家经济发展至关重要

　　——对话塞尔维亚共和国前总统鲍里斯·塔迪奇　　／407

附录 3　"一带一路"对世界和平起到很大作用

　　——对日本前首相鸠山由纪夫先生的专访　　／417

附录 4　求索"一带一路"　／423

第一部分

倡导“一带一路”

"一带一路"：倡议 实施 前景[①]

目前世界正处于大发展大变革大调整时期，尽管和平与发展仍然是时代主题，但人类也面临许多共同的挑战。"一带一路"倡议是从国际、国内两个大局出发，为解决近期与未来相当长一段时期世界和中国发展所面临的一系列问题而提出的，意义重大。如果"一带一路"倡议能够得到一些国家和国际组织的正确理解、积极响应、共同参与，不仅有利于许多全球性问题的解决，也有利于促进各参与国经济社会等各项事业的发展，以及中国自身经济社会的可持续发展。

---

① 本文发表于《中国人口科学》2018 年第 1 期。

一、从国际视角看"一带一路"倡议

"一带一路"倡议的提出并不是偶然的，而是与人类发展到今天特定的历史背景密切相关的，而这一时期的历史背景又是十分复杂的，既有全球经济发展的因素，也有全球化发展出现波折的因素，还有其他一些因素。我们试图从以下几个方面进行观察和思考。

(一)世界经济的视角

2008年美国爆发金融和经济危机，随后迅速波及世界，各国都不同程度地受到一些负面影响，其中欧盟国家受到的负面影响更为严重，持续时间较长(见图1-1)。经过各国和国际社会的共同努力，尤其是二十国集团(G20)应运而生，在抗击金融和经济危机方面发挥了重要的积极作用，2010年世界经济出现较大复苏，但很快又下滑，重现衰退局面(见图1-1)。

2013年9—10月，习近平总书记代表中国提出"一带一路"倡议，提议世界各国共建"一带一路"，促进世界经济回升向好。

首先，共建"一带一路"直接涉及大量基础设施建设项目，如公路建设、铁路建设、机场建设、港口建设、石油天然气管道建设、电站(水电站、核电站等)建设，这将在较短的时间内刺激固定资产投资快速增长；大量基础设施项目的建设，可以较快地创造出一些新的就业机会，增加人们的收入，并在一定程度上带动消费增长。由于"一带一路"建设强调推进国际贸易便利化进程，也将促进各相关国家进出口贸易的增长。

其次，共建"一带一路"有利于促进世界经济增长动力再平

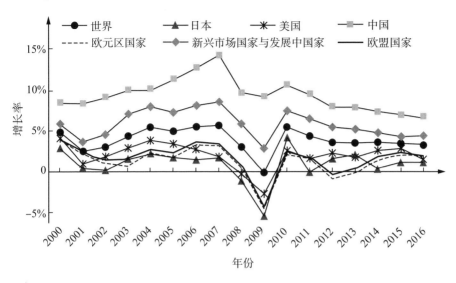

图 1-1　2000—2016 年世界经济增长情况

资料来源：IMF 世界经济展望数据库。

衡。在过去相当长的时期，世界经济增长主要由发达国家推动，1992—2004 年，全球经济总量中有超过 60% 的份额来自美国、日本、德国、英国、法国、加拿大和意大利，也就是七国集团（G7），其他 200 个左右的国家仅占世界经济总量的 30% 多（见图 1-2）。然而，2008 年全球金融和经济危机后，情况发生了改变，新兴市场国家和发展中国家占世界经济总量的份额不断上升，2012 年达到近 40%（见图 1-2）。尽管全球经济增长的动力结构发生了较大变化，但并不稳定。1996 年、1997 年、1998 年新兴市场国家和发展中国家在世界经济总量中所占比重均高于 20%，1999 年又低于 20%。为了保证新兴市场国家和发展中国家持续作为世界经济增长的重要动力和引擎，为世界经济可持续性增长作出贡献，就需要增加新的动能，而"一带一路"建设就是一种新的动能，因为参与共建"一带一路"的国家绝大多数是新兴市场国家和发展中国家。

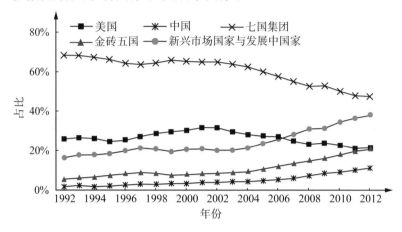

图 1-2　1992—2012 年不同类型国家 GDP 占世界 GDP 总量的比重

资料来源：IMF 世界经济展望数据库（www.imf.org/en/Data）。

最后，共建"一带一路"，实现全球在基础设施、贸易投资、金融等方面的互联互通，将有利于形成一种促进全球经济增长的新机制，也就是全球联动增长机制，激发全球经济更快增长。由于更好的全球性的互联互通，世界各国不同的自然资源、资金、劳动力等经济要素在市场机制的作用下，将在全球范围内更加有效地配置，各国的比较优势将得到更好的发挥，最终促进各国经济在充分互补的基础上实现更快增长。

(二)全球化的视角

目前全球化发展出现了回潮，英国脱欧、美国退出《巴黎协定》和联合国教科文组织等，其背后的一系列全球性问题，如气候变化、恐怖主义、国际难民潮、贫困等问题将变得更加难以解决。一些学者的研究结果表明，全球化对收入不平等的影响具有刺激作用，使不平等程度进一步扩大。[①] 生产要素的全球化配置造成一些国家和地区出现产业空心化现象，尤其是制造业空心化，进而造成一些国家和地区的失业率不减反升。[②] 于是出现了一些逆全球化甚至反全球化的现象。然而，全球化是一个客观的历史过程，谁也无法阻挡，更不可能逆转这个发展趋势。解决这个问题的办法是推进目前的全球化转型升级[③]，逐步形成一种具有更加开放、包容、普惠、平衡、共赢特性的经济全球化[④]。

(三)全球治理的视角

目前，许多全球性的问题不仅没有减少，反而有所增加，有些方面的问题甚至变得更加严重，如恐怖主义。这与目前的全球治理体系不健全、不完善有着直接联系。造成这种现象的原因主要是目前的全球治理体系不能很好地满足新形势的要求，需要进

---

① 　J. Beckfield，"European Integration and Income Inequality"，*American Sociological Review*，2006，71（6），pp. 964-985；C. Hepenstrick，A. Tarasov，"Trade Openness and Cross-country Income Differences"，*Review of International Economics*，2015，23(2)，pp. 271-302；B. Milanovic，"Can We Discern the Effect of Globalization on Income Distribution? Evidence from Household Surveys"，*The World Bank Economic Review*，2005，19（1），pp. 21-44；F. Jaumotte，S. Lall，C. Papageorgiou，"Rising Income Inequality：Technology，or Trade and Financial Globalization?"，*IMF Working Paper* 08/185，International Monetary Fund；R. J. Barro，"Inequality and Growth in a Panel of Countries"，*Journal of Economic Growth*，2000，5(1)，pp. 5-32.

② 　保罗·赫斯特、格雷厄姆·汤普森：《质疑全球化：国际经济与治理的可能性(第二版)》，张文成、许宝友、贺和风译，社会科学文献出版社 2002 年版。

③ 　胡必亮：《"一带一路"建设与全球化转型》，《光明日报》2017 年 5 月 13 日第 8 版。

④ 　《习近平在出席金砖国家领导人厦门会晤时的讲话》，人民出版社 2017 年版，第 30 页。

行改革，如目前国际货币基金组织和世界银行给发展中国家的投票权是根据多年以前的情况确定的，由于当时发展中国家对世界经济增长的贡献很少，投票权也很小；但目前发展中国家对世界经济增量的贡献已超过 80%，仅中国一个国家的贡献就达 30%，但发展中国家的投票权仍没有较大变化，金砖五国在国际货币基金组织和世界银行的投票权加起来（至本文撰写时，分别为14.18% 和 12.98%）还不及美国（16.52% 和 16.3%）一个国家的水平。这方面的改革需要进一步推进，以改变这种不公平的局面。

有许多方式可以改进目前的全球治理体系，其中一个重要尝试是中国通过共建"一带一路"构建一个完全开放包容的系统，一个均衡、包容的全球治理新模式。同时，中国也试图通过"一带一路"倡议及其实施，从现实出发，与世界各国一起做大、做强全球治理的增量，增加新的全球治理供给，包括增加新的全球治理组织、机构、平台等。实际上，"一带一路"本身就是一个关于全球治理的新平台，而且为了推进"一带一路"建设，中国倡导新建了亚洲基础设施投资银行，并主导建立了丝路基金等金融机构，为全球基础设施建设提供了新的融资渠道。随着"一带一路"建设的推进，也可能还要相应增加新的全球治理机构供给或其他方面的新全球治理供给，逐步克服和改善目前的"全球治理困境""全球治理赤字"的情形。①

(四)国际合作的视角

长期以来，国际合作的模式受传统地缘政治的影响，反过来又为强化传统地缘政治服务。中国提出"一带一路"倡议的目

---

① 参见习近平：《携手推进"一带一路"建设——在"一带一路"国际合作高峰论坛开幕式上的演讲》，人民出版社 2017 年版。

的是要弘扬"和平合作、开放包容、互学互鉴、互利共赢"的丝路精神及"开放、包容、合作、共赢"的金砖精神，构建全球层面上完全开放的新的合作体系，任何国家都可以根据各自的实际需要决定是否参加，不论大国还是小国，不论富国还是穷国，都在平等规则下参与、共建和受益。"一带一路"建设不排斥任何国家，任何国家也都没有特权。因此，"一带一路"实际上构建的是一个新时代开发的国际合作新平台。

二、从国内发展看"一带一路"倡议

从国内发展看，"一带一路"建设也为新的历史时期中国许多方面的发展提供了一股强劲的新动力。至少可以从以下三个方面来分析这股强劲的新动力对中国未来发展的影响。

(一)对外开放

从图 1-3 可以看出，中国经济财富增长较多的年份，均是对外开放程度比较高的时期，而且 1979—2016 年经济财富增量超过平均增量的年份都是在中国加入世界贸易组织（WTO）之后，说明加入 WTO 给中国经济财富创造带来了巨大的积极影响。2001 年中国加入 WTO 后，中国企业特别是国有企业开始大批在中国香港地区和美国上市，不仅筹集到大量资金，而且直接促进中国企业与国际市场、国际规则的对接，促进其国际化发展，财富因此被大量地创造出来，并形成巨大的财富效应。

对外开放除了促使经济总量大幅增长外，还从结构方面促进了中国的发展。例如，随着"三来一补"企业大量进入广东省东莞市，不仅城镇经济得到了发展，广大农村地区也成为全球重要的生产基地，快速完成了从农业到非农业、从农村到城镇的转型，基本实现了工业化和城镇化。①

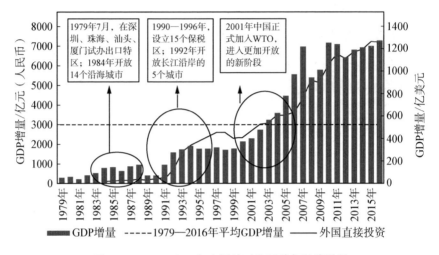

图 1-3　1979—2016 年中国的对外开放与经济增长

注：①图中标注的 3 个时间段分别为中国在 20 世纪 80 年代中期、90 年代前中期和 2000 年后的 GDP 年增加量和外国直接投资（FDI）的情况，与前后对比均显著上升。②3 个时间段所对应的重要开放政策是：1984 年 4 月，党中央、国务院决定将对外开放的范围由 4 个经济特区扩大到沿海的 14 个城市（大连、秦皇岛、天津、烟台、青岛、连云港、南通、上海、宁波、温州、福州、广州、湛江和北海）；从 1990 年开始设立保税区，到 1996 年共设立了 15 个保税区（上海浦东新区的外高桥、天津港、深圳沙头、深圳福田、大连、广州、张家港、海口、厦门象屿、福州、宁波、青岛、汕头、深圳盐田港和珠海保税区）；1992 年开放了长江沿岸的芜湖、九江、武汉、岳阳、重庆 5 个城市；1994 年设立长江三峡经济开放区等；2001 年中国正式加入世界贸易组织（WTO），更大幅度地进入开放发展的新阶段。③GDP 增量均以 1978 年为基期的实际 GDP 测算得到；外国直接投资的数据选取的是国家统计局公布的实际利用外资额。

资料来源：国家统计局编：《中国统计年鉴》(1979—2015 年)，中国统计出版社。

进入新时代后，中国要步入开放发展的更高层次，要与世

---

① T. Saich，B. Hu，*Chinese Village*，*Global Market*：*New Collectives and Rural Development*，New York，Palgrave Macmillan，2012.

界发展全面对接，形成世界的一体化发展。中国新一轮更加开放的格局就是通过与世界各国共建"一带一路"而进一步展开并得以深化的。

(二)国际产能合作与供给侧结构性改革

在参与共建"一带一路"的国家中，绝大多数国家是发展中国家，工业基础比较薄弱，基本上没有建立起自己的工业体系，工业化程度较低。而中国工业化发展已经进入后期阶段，特别是中国的装备制造业比较发达，2010年以来产量和价值均居世界第一，出口规模也较大。因此需要改变与其他国家的经济合作方式，即从过去主要开展产品贸易合作的方式转变为开展产业促进与能力发展方面的合作。也就是说，中国要尽量减少在国内生产大量产品，减少通过贸易方式出口到其他国家的商品，同时增加在其他国家的产业投资，配之以相关的能力建设，把生产基地建在有产能需求的国家。

根据2015年5月国务院发布的《关于推进国际产能和装备制造合作的指导意见》，国际产能和装备制造合作的重点行业主要包括钢铁、有色金属、建材、铁路、电力、化工、轻纺、汽车、通信、工程机械、航空航天、船舶和海洋工程等。中国在这些行业已具备较强的制造能力，达到国际先进水平，同时也具备了较强的国际市场竞争力。由此可见，中国与其他国家开展产能合作，不是将淘汰的劣质产能转移到国外，而是与有需求的国家共同建立优质产能、先进产能。从目前①的市场情况看，比较有需求的主要是中亚、东南亚、南亚、拉美和非洲的部分国家，因为这些国家的工业化发展水平总体较低，需要全

---

① 指本文撰写时，下同。

面推进其工业化进程。

从近几年开展国际产能与装备制造合作的实际情况看，对参与合作的国家已经产生了一些影响，如推动了其工业化发展，增加了新的就业机会，增加了政府税收。从对中国的影响来看，国际产能合作属于中国开放发展的重要内容，对促进中国形成全面开放新格局产生积极的影响。此外，由于国际产能合作，减少了对国内能源、土地、水等资源的使用，既有利于减少对环境的污染，也有利于减轻自然资源的压力。

开展国际产能合作有利于推进中国的供给侧结构性改革向纵深发展。一是通过外向型的国际合作方式，把相当多的产能建在国外，从源头上减少了产品的国内生产，对"去产能、去库存、去杠杆"具有直接的作用。二是由于开展国际产能合作，越来越多的企业"走出去"，在国际竞争环境中得到锻炼，其竞争力会进一步提升，这一方面有利于企业根据市场需要实现转型升级，另一方面有利于提高企业的生产效率，更好地达到中国推进供给侧结构性改革的效果。从前几年开展国际产能合作的情况看，参与共建"一带一路"的国家不仅急需推进工业化发展，其服务业发展也需要与中国合作。这些国家对中国的教育、医疗服务等也有较强的需求。

(三)对接国家发展战略

"一带一路"倡议提出以来，至 2017 年 11 月，已有 100 多个国家积极响应，50 多个国家与中国就"一带一路"合作签署了协议①，联合国的一些机构也将"一带一路"写入其决议中，

---

① 至 2023 年 1 月 6 日，中国已同 151 个国家和 32 个国际组织签署了 200 余份共建"一带一路"合作文件。

"一带一路"国际合作已形成良好的国际氛围。在这样的氛围下，中国的其他相关战略也应与"一带一路"国际合作紧密对接，为"一带一路"建设提供有力的支撑，同时促进中国相关战略的加快实施和更加有效的落实。

从一定意义上讲，"一带一路"建设是对世界经济地理的一种重构，中国西部边远地区，因为有了"一带一路"不再偏远，如新疆、西藏、甘肃、青海等成为从亚太地区到欧洲之间比较中心的位置。过去的边疆地区、贫困地区、民族地区也具有了与以前不同的经济地理含义，从经济发展的劣势地理位置变成具有一定地理位置优势的地区。这将直接有利于加快促进中国西部地区发展，有利于加快消除贫困。云南和广西的边境地区也很有可能迎来新的发展机遇。如果东北老工业基地能够在"一带一路"国际合作框架下与俄罗斯和蒙古国的工业化发展进行比较好的对接，东北地区的经济振兴就有了新的动力，有可能焕发出新的活力。

在"一带一路"框架下，通过双边或多边的金融合作推进人民币国际化进程。这不仅有利于推进中国深度融入世界和进一步开放发展，也有利于逐步完善国际货币体系，还将对稳定"一带一路"沿线国家长期动荡不定的金融市场具有积极意义。另外，通过推进"一带一路"国际合作，将有利于促进中国在推动构建人类命运共同体方面发挥更大的作用，并直接助力中国坚持走和平发展道路战略的更好实施。

三、"一带一路"建设的主要内容

2013 年 9 月 7 日，习近平总书记在哈萨克斯坦纳扎尔巴耶夫大学发表演讲时，提出共建"丝绸之路经济带"，并强调加强政策沟通、道路联通、贸易畅通、货币流通、民心相通 5 个方面的共建①，基本上确定了"一带一路"建设的主要内容。从目前的情况看，"一带一路"互联互通建设主要集中在政策协调、经济走廊、"多国多港"、企业"走出去"、金融创新等方面。

(一)政策协调

政策协调与沟通是共建"一带一路"的起步工作，同时也是基本保障。各相关国家的政府主管部门在共建"一带一路"的基本共识与框架下，将各自的发展战略进行深度研究、评估后，努力寻找对接点，制订出系统的对接方案。这是一个漫长的过程，涉及许多细致的工作，包括研究对接领域、确定对接项目、协商对接原则、商讨对接模式、制定对接规划，并根据对接需要制定有利于促进对接的相关政策(信贷、税收、通关、投资、贸易、土地使用等)。政策协调的主体是政府，政策制定的主体也是政府，这就在相当大的程度上保证了协商的结果是可以被执行和实施的，同时也在很大程度上保障执行与实施的效果达到良好的预期。

(二)经济走廊

经济走廊建设是共建"一带一路"的主体内容和核心，各相关国家政府政策协调的重点都集中在这项工作上，"一带一路"建设已取得的阶段性成果也主要体现在这项工作上。截至本文撰写时，各相关国家在"一带一路"框架下规划和建设的经济走廊主要有 6 个。

---

① 《习近平谈治国理政》，外文出版社 2014 年版，第 289—290 页。

1. 新亚欧大陆桥经济走廊

新亚欧大陆桥经济走廊是指沿着从中国江苏省连云港市到荷兰鹿特丹市的跨欧亚国际铁路干线及其周边地区所形成的经济走廊。连云港—鹿特丹国际铁路干线是这个经济走廊的核心部分，全长1万多公里，1992年建成。早期这个经济走廊的功能比较单一，主要依靠这条横跨欧亚大陆的国际铁路干线承担中国和欧洲国家之间的商品货物运送业务，其中始于2011年的中欧班列（"渝新欧"是最早的中欧班列）主要就是指利用这条铁路干线在中国和欧洲之间从事集装箱国际线路联运业务的列车。

2013年"一带一路"倡议提出后，中欧班列的数量增加很快，同时开通的城市（包括中国的城市和国外的城市）也增加不少。统计表明，仅2017年，中欧班列开行3600列，超过2011—2016年的总开行数。中欧班列开行城市在2011年只有重庆、成都、郑州、武汉等不到10个城市，2017年年底已增至35个城市，到达欧洲城市的数量增至34个。[①] 以这条铁路沿线的节点城市和农村地区为基地，已经或正在建设一批特色园区，如物流园区、贸易合作区、农业开发区等不同类型的园区。其中中哈（连云港）物流合作基地是"一带一路"建设的首个园区，旨在建成一个包括集装箱堆场、拆装箱库、堆场铁路专用线等设施建设的国际物流建设园区，以支持国际多式联运、拆装箱托运、仓储等国际货物运输业务。一期工程已于2014年正式启用，至2017年已初步做到水运和陆运的对接。另一个重要项目是由中国和哈萨克斯坦两国在其边境地区共同建设的跨境边界

---

① 唐佳蕾：《2017年中欧班列共开行3600列 超六年开行数量总和》，http://news.china.com.cn/txt/2018-01/02/content_50184205.htm，浏览时间：2018年1月3日。

合作区，即中哈霍尔果斯国际边境合作中心（占用中方土地3.4平方公里，哈方土地1.8平方公里），项目计划将两国的交接地建设成一个国际商贸特区，以促进两国边境贸易及相关服务业的发展。

2. 中蒙俄经济走廊

中蒙俄经济走廊是指从中国京津冀地区和东北地区向北延伸，经过蒙古国到俄罗斯中东部地区的经济走廊。建设这个经济走廊的主要目的是将中国倡导的"丝绸之路经济带"同俄罗斯的"跨欧亚大铁路"建设规划及蒙古国的"草原之路"倡议进行对接。根据2016年6月23日中、蒙、俄三方签署的《建设中蒙俄经济走廊规划纲要》，建设内容主要包括：①与经济发展相关的共建任务，主要是共同新建一些交通基础设施，如公路、铁路、航空、港口等，同时促进产能合作尤其是能源、矿产资源、高新技术、制造业和农林牧等领域的合作，以及深化经贸合作；②深化人文交流合作，包括教育、科技、文化、旅游、卫生、知识产权等方面的合作；③加强生态环保合作；④其他方面的合作，包括口岸建设、地方与边境地区合作等。[①]

从具体项目看，计划中的重要铁路建设项目有3个：①莫斯科—喀山高铁项目，这条高铁线全长770公里，设计的最高时速为每小时400公里，勘察设计阶段的工作已基本完成；②中蒙"两山"铁路项目，从中国内蒙古自治区阿尔山市到蒙古国东方省乔巴山市，全长476公里；③策克口岸跨境铁路通道项目，联通中国与蒙古国，以大幅增加两国的过货量，促进两

---

①　国务院新闻办公室：《国新办举行中央企业参与"一带一路"共建情况发布会图文实录》，http://www.scio.gov.cn/xwfbh/xwbfbh/wqfbh/35861/36605/wz36607/Document/1550762/1550762.htm，浏览时间：2017年5月30日。

国贸易发展。除铁路项目外，已完成满洲里综合保税区的建设，重点发展保税仓储、保税加工、国际贸易、现代物流产业。另一个是中蒙"二连浩特—扎门乌德"跨境经济合作区建设项目，规划面积为双方各9平方公里，中蒙双方计划将这一跨境经济合作打造成一个集加工制造、国际贸易、物流仓储、旅游娱乐等为一体的综合性的开发区。

3. 中国—中亚—西亚经济走廊

中国—中亚—西亚经济走廊是指从中国新疆经中亚到波斯湾、地中海和阿拉伯半岛的经济走廊。位于这个经济走廊上的国家的合作重点主要是能源和交通基础设施建设。从能源项目看，从土库曼斯坦到中国的天然气管道项目的A、B、C三线已完成建设任务并已通气，D线也将尽快建成；中国在乌兹别克斯坦建设的安格连火电厂已建成并发电；中国在塔吉克斯坦承建的杜尚别2号热电厂一期工程已并网发电、供热。从交通基础设施建设项目看，中国在塔吉克斯坦承建的瓦亚（瓦赫达特—亚湾）铁路项目已建成通车；中国在土耳其建设的安伊（安卡拉—伊斯坦布尔）高铁也已通车；中国在乌兹别克斯坦承建的"安格连—帕普"铁路隧道也完成并通车。

4. 中巴经济走廊

中巴经济走廊是指沿中国新疆喀什到巴基斯坦瓜达尔港一线周边地区所形成的经济走廊。全长3000公里，建设项目涉及交通基础设施、能源基础设施、港口、园区开发、海洋资源开发等多个领域。从基础设施建设来看，涉及公路、铁路、油气管道、光缆等建设项目。具体来看，交通基础设施建设的关键项目有3个。

（1）喀喇昆仑公路二期扩建工程，在对目前的喀喇昆仑公路进行改造的基础上向巴基斯坦腹地延伸，从靠近中巴边境口岸红其拉甫的巴方交通站点哈维连修建一条 120 公里的新高速公路到巴基斯坦北部城市塔科特，2016 年上半年已开工建设。同时，哈维连将被建设成一个以办理集装箱为主要业务的陆港，与中国的红其拉甫和喀什铁路相连，促进中巴经贸深度合作。

(2)2016 年上半年开工建设的从位于巴基斯坦南部的卡拉奇到偏北部重要城市拉合尔之间的苏库尔至木尔坦段高速公路项目，全长 393 公里。通过这段高速公路往北连接拉合尔和白沙瓦，再与喀喇昆仑公路二期扩建工程相连接，同时向南连接第一大城市卡拉奇和瓜达尔港，打通从中国新疆喀什到巴基斯坦贯穿南北的通道。

(3)巴基斯坦 1 号铁路干线升级和哈维连陆港建设项目。巴基斯坦 1 号铁路干线连接南部的卡拉奇和北部的伊斯兰堡和白沙瓦，全长 1726 公里，是巴基斯坦最重要的南北铁路大通道，改造升级后再延伸到陆港哈维连，与红其拉甫和喀什直接对接，这将大大提升中巴之间的互联互通水平，促进中巴经济深度合作。除了这 3 个重大交通建设项目外，还有一些其他的交通项目，如拉合尔轨道交通橙线，主要解决城市的交通问题。

中巴经济走廊建设项目所涉及的能源建设项目较多，既有火电项目，也有水电和核电项目。由中国华能山东发电有限公司和山东如意科技集团在巴基斯坦旁遮普省萨希瓦尔市共同投资建设的萨希瓦尔燃煤电站项目于 2015 年 7 月 31 日开工，2017 年 6 月 8 日建成投产，用了不到两年的时间，这是中巴经济走廊上第一个竣工的能源建设项目，年发电量约为 90 亿千瓦时。① 中巴经济走廊上第一个开工的能源项目卡西姆港燃煤电站项目，位于巴基斯坦的卡拉奇市郊，2015 年 5 月开工，两台机组投入运行，发电量约 90 亿千瓦时，可以解决 1000 多万人口的用电问题。② 中巴经济走廊上的首个水电项目——卡洛特水电站项目于 2016 年 1 月正式开工，年供电量约为 32 亿千瓦时；中国自行设计、建造的第一座出口商用核电站恰希玛核电基地 4 号机组已于 2017 年开始商业运营，核电机组装机容量为 130 万千瓦；采用中国华龙一号技术在卡拉奇市郊建设的卡拉奇核电项目的设计发电能力为 220 万千瓦。

除了交通和能源建设项目外，瓜达尔港建设项目也是一个重要的项目，包括建设沿海高速公路、防波堤、国际机场、自由贸易区基础建设等。2015 年 5 月瓜达尔港已经开始使用，港口自由区将集中发展商贸物流、加工贸易等产业，一期建设已经完成，招商也基本到位，至本文撰写时，二期建设与招商正在顺利进行中。

整个中巴经济走廊的所有建设项目都将在 2030 年完成，并开始运营，届时地处内陆的中国西部地区将通过中巴经济走廊与阿拉伯海、印度洋及中亚、中东、南亚更加紧密切地连接起来。

5. 孟中印缅经济走廊

孟中印缅经济走廊是指从中国西南经缅甸和孟加拉国到印

---

① 徐伟：《中国速度创造巴基斯坦电力建设奇迹，萨希瓦尔燃煤电站项目全面建成投产》，http://world. people. com. cn/n1/2017/0703/c1002-29380223. html，浏览时间：2018 年 1 月 3 日。

② 《卡西姆港 2×660MW 燃煤电站 1 号机组启动验收委员会召开第一次会议》，http://www. hlfdw. com/plus/view. php? aid＝189867，浏览时间：2018 年 1 月 5 日。

度的一条经济走廊，也有人称之为"亚洲西南大陆桥经济走廊"。2013 年开始，四国政府都表示出了合作的意愿，在交通、贸易、旅游、水道共同开发、环境保护等方面达成了一些共识，但在实际执行过程中并不太顺利，进展缓慢。对中国而言，比较重要的两个项目是：①中缅油气管道项目，将天然气、原油分别从缅甸西部的皎漂港和马德岛通过天然气、石油管道输送到中国云南省，2013 年 10 月天然气管道正式投产，2017 年 4 月原油管道工程开始运营；②缅甸皎漂工业园与深水港项目，工业园项目总面积为 1000 公顷，2016 年开始建设，分三期开发；深水港项目包括在两个港区建 10 个泊位，计划 20 年完成开发任务。

6. 中国—中南半岛经济走廊

中国—中南半岛经济走廊是指从中国西南部的云南和广西向南经越南、老挝、柬埔寨、缅甸、泰国、马来西亚到新加坡所构成的经济走廊。中国—中南半岛经济走廊的概念于 2016 年正式提出，主要从交通基础设施、跨境电商、跨境经济合作区、农业示范区等方面进行合作建设，一方面有利于促进中国西南部加快发展，另一方面有利于促进中南半岛国家经济发展，也有利于增强中国与东盟国家的联系。

这一经济走廊中比较重要的建设项目有 4 个，其中 3 个为铁路建设项目，1 个为经济合作区建设项目。第一个铁路建设项目是印度尼西亚的雅万高铁建设项目，从印度尼西亚首都雅加达到万隆，按照目前设计的时速（最高每小时 350 公里）计算，可以把原来的列车运行时间缩短 80%，项目建设已于 2016 年 3 月开工。第二个铁路建设项目是中泰铁路合作项目，这也是一条高速铁路建设项目，第一期建设于 2017 年 12 月 21 日正式开工，从泰国首都曼谷到东北部的呵叻府，全长 252.3 公里，设计的最高时速为每小时 250 公里，运行时间从 5 小时左右缩短到 1.5 小时。第三个铁路项目是中老铁路建设项目，从中老边境到老挝首都万象，总长 418 公里，设计时速为每小时 160 公里，2016 年开工。另一个重要项目是中国云南磨憨与老挝磨丁联合建设的磨憨—磨丁经济合作区项目，占地面积 20 多平方公里，2016 年 7 月双边口岸开通，正式进入联合开发期。

(三) 多国多港

多国多港建设是 21 世纪海上丝绸之路建设的重点内容，主要包括两大建设区域。一是从中国沿海港口过南海到印度洋，延伸至欧洲；二是从中国沿海港口过南海到南太平洋。[①] 建设任务是与相关国家共同建设通畅、安全、高效的运输大通道；重点是港口建设。

为了促进 21 世纪海上丝绸之路建设，国家发展和改革委员会、外交部、商务部联合提出的需要加强建设的国内重点沿海港口包括上海、天津、宁波—舟山、广州、深圳、湛江、汕头、青岛、烟台、大连、福州、厦门、泉州、海口、三亚等，同时提出充分发挥香港特别行政区和澳门特别行政区的特殊作用。中国企业开始加快在海外港口进行布局，以多种方式积极参与海上丝绸之路沿线国家的一些港口建设，包括参与建设、开发码头和港口，获得长期的特许经营权，直接收购港口股权，直接参与港口运营，等等。参与建设的港口（码头、新城）主要包括巴基斯坦的瓜达尔港，斯里兰卡的汉班托塔港、

[①]　国家发展改革委、外交部、商务部：《推动共建丝绸之路经济带和 21 世纪海上丝绸之路的愿景与行动》，http://www.scio.gov.cn/31773/35507/35519/Document/1535279/1535279.htm，浏览时间：2016 年 3 月 1 日。

科伦坡港集装箱码头、科伦坡港口城，希腊的比雷埃夫斯港，缅甸的皎漂港，以色列的海法新港，埃及的塞德港、艾因苏赫纳港、达米埃塔港，新加坡的新加坡港，比利时的安特卫普港、泽布吕赫码头，意大利的那不勒斯港，马来西亚的关丹港，另外对法国、摩洛哥、马耳他等国的港口建设也有一定程度的参与。截至 2015 年 3 月，中国已参与马来西亚、新加坡、缅甸、斯里兰卡、巴基斯坦、埃及、以色列、希腊、意大利、比利时、荷兰等 10 多个国家的港口建设。①

(四)企业"走出去"

"一带一路"主要是联合起来做项目，为了把项目做好，前期政府的作用非常重要，在"一带一路"建设的初期阶段，主要建设一些与基础设施建设相关的重大项目，资金投入需求大，建设时间长，技术要求高，更适合央企、国企参与；但随着"一带一路"建设不断向纵深发展，交通、通信等条件得到改善，会出现更多的商机，将适合不同类型的企业参与。另外，不少中国企业在国外建设的各类园区尤其是产业园区，在"一带一路"倡议提出前，发展缓慢；"一带一路"倡议提出后，园区建设大大加快。总体来看，绝大多数民营企业仍处于了解情况、实地调研、观望等待阶段，随着"一带一路"建设的进一步发展，越来越多的民营企业会选择参与。

(五)金融创新

"一带一路"沿线多数国家的经济发展水平较低，一个重要

---

① 肖夏：《港口成 21 世纪海上丝绸之路关键节点 中资布局沿线各国》，《21 世纪经济报道》2015 年 3 月 31 日第 6 版。

的原因是用于发展的资金严重不足，需要外来资金作为重要补充。根据亚洲开发银行的估计，如果亚洲各经济体的基础设施要达到世界平均水平，其基础设施投资每年需要 8 千亿美元，约占该地区 GDP 的 6％，但多数国家的投资占比只有 3％。加上资源开发、人力资本建设、工业化、城镇化建设等都需要资金。目前的全球金融治理体系中的世界银行、亚洲开发银行等机构不可能为这些国家提供充分的资金，因此必须通过金融创新的方式来提供新的资金供给。

鉴于这种情况，2013 年 10 月 3 日习近平总书记在印度尼西亚国会发表演讲时提出筹建亚洲基础设施投资银行的倡议，以支持发展中国家特别是亚洲发展中国家开展基础设施互联互通建设。[①] 2016 年 1 月 16 日，亚洲基础设施投资银行正式开业，到 2016 年年底，共发放贷款 17.3 亿美元，尽管不都是用于"一带一路"沿线国家，但其中 9 个基础设施项目投到沿线国家，包括巴基斯坦、孟加拉国、塔吉克斯坦、印度尼西亚、缅甸、阿塞拜疆和阿曼。从 2017 年开始，贷款规模逐年增大，对"一带一路"的金融支持力度也会更大。

除了亚洲基础设施投资银行外，作为主要从资金上支持"一带一路"建设的丝路基金，已于 2014 年 12 月 29 日正式开始运行。这个开发性投资基金的主要投资领域是"一带一路"沿线国家的基础设施建设、资源开发、产业合作和金融合作等项目。截至 2017 年第一季度末，丝路基金已签约 15 个项目，承诺的投资金额累计 60 亿美元[②]，主要投在中亚、南亚、东南亚、西

---

① 习近平：《携手建设中国—东盟命运共同体——在印度尼西亚国会的演讲》，《人民日报》2013 年 10 月 4 日第 2 版。

② 周潇枭：《中国多管齐下加大"一带一路"建设资金支持力度》，《21 世纪经济报道》2017 年 5 月 16 日第 3 版。

亚、北非及欧洲等。此外，2015 年 7 月 21 日开业的金砖国家新开发银行也对"一带一路"沿线国家提供了一些贷款，如 2016 年批准的共计 15 亿美元的 7 个贷款项目中，有部分贷款用于这些国家的绿色能源和交通方面。国内的金融机构也通过金融创新的方式，为"一带一路"建设提供更多贷款。截至 2016 年年底，国家开发银行已在"一带一路"沿线国家累计发放贷款超过 1600 亿美元，重点支持基础设施互联互通、产能合作、能源资源、社会民生等领域。[①] 作为政策性银行的中国进出口银行和中国最大商业银行的中国工商银行也对"一带一路"建设项目提供较大的资金支持。

四、共建"一带一路"的基本机制

"一带一路"国际合作开展以来，虽然不能说所有的相关问题都已探索清楚，但一些基本的问题已比较清晰。由于"一带一路"是一个综合性很强的巨大系统，涉及所有领域的具体问题，不同的领域和问题需要通过不同的方式加以解决，难以一概而论。但从制度层面上讲，如果要把"一带一路"建设好，取得成效，首先要处理好 4 个方面的关系：各参与方之间的关系；政府、市场、企业之间的关系；务实与务虚的关系；硬件与软件的关系。

---

① 周潇枭：《中国多管齐下加大"一带一路"建设资金支持力度》，《21 世纪经济报道》2017 年 5 月 16 日第 3 版。

(一)共商、共建、共享

共建"一带一路"是一个开放的系统,秉承开放包容的基本理念。在这一基本理念下,各方享有平等参与的权利,其核心是要考虑参与各方的共同利益。目前采取的基本做法是实现不同参与方在发展战略上的紧密对接,共同制定具体规划,将各方利益融入其中;然后根据共建需要和参与方的实际情况确定各自应该承担的任务和责任;最后根据任务和责任获得各自应该得到的利益。在共同做好顶层设计后,按照具体项目和任务进行分解,分清权利和责任,为后期公平分配利益和成果奠定良好基础。

(二)政府引导,市场主导,企业主体

在共建"一带一路"过程中,顶层设计包括战略与政策的协调与沟通,因此政府起着特殊的作用,尤其是交通基础设施、能源基础设施、国际产能合作等项目在合作推进的初期阶段,政府的作用更加明显。政府是引领者和推动者,但合作的基础是市场规则,大量的经济合作项目基于市场规则,市场仍然是推进"一带一路"国际合作的基础,是促进合作成功的主导力量和基本保障。如果企业按照市场原则开展商业活动,即使由于政治等非市场原因而暂时影响企业经营,最终还是要恢复到市场化运行的正常轨道。例如,中国交通建设集团有限公司在斯里兰卡承建的港口城项目,由于项目是在斯里兰卡上一届政府开始的,政府更替后,受到影响,停工 1 年,但斯里兰卡新一届政府核实项目后,认为这个项目完全符合市场原则,属于商业行为,便恢复了其正常运行。

不论是政府引导，还是市场主导，最终都要落实到企业上，因为企业是"走出去"的主体，是接受政府引导和市场主导的主体，也是各种项目、各种经营活动的执行者、实施者、建设者。因此，"一带一路"建设要处理好政府、市场、企业三者之间的关系。政府在政策沟通、宏观环境营造、安全保障、重点项目协调等方面的重要性是不可低估和不可替代的，但也要避免给一些国家尤其是给有些小国家造成误解，认为"一带一路"建设都是政府工程，甚至认为中国倡导"一带一路"是无偿给其他国家搞建设，无偿为其他国家提供各项服务，因此，要处理好三方面的关系。

(三)项目落地，务实合作

"一带一路"国际合作涉及多方之间大量的战略对接、政策沟通、制度研讨、规划制定等方面的工作，需要不同国家的元首或政府首脑从最顶层进行许多务虚但十分必要的交流，也需要各方从外交层面提供支持，同时由于许多大型合作项目是涉及各方经济发展与民生保障的重大项目，而且具有较强的专业性，因此需要多国政府的不同职能部门、金融机构、专业公司、专家学者等参与其中，进行务实的分析与研究，精确的财务计算与评估，特别是所有的规划最后都要变成现实，企业或公司需要花精力和成本根据这些规划最终把项目做出来，所以务虚和务实要紧密结合，缺一不可。

根据国务院新闻办公室提供的信息，截至 2017 年 5 月 14 日，"一带一路"国际合作高峰论坛召开前夕，中国的 98 家中央企业，已有 47 家通过参与、参股或投资，或者与有关国家的企业合作的方式开展"一带一路"建设，占 48%。① 这 47 家央企根据自己的实际情况，以各种形式和所在国家、地区及其企业进行合作，有的是项目合作，有的是工程建设合作，有的是园区开发合作，共建的项目达 1676 个，其中主要集中在交通基础设施建设、能源建设、产能合作和园区合作等方面。

中国交通建设集团仅在"一带一路"沿线国家累计修建的公路里程数就超过 1 万公里，还修建了 2000 多公里的铁路、150 多座大桥、95 个深水码头、10 座机场等。3 年多时间里，与"一带一路"沿线国家的合约超过 400 亿美元。其中包括在肯尼亚修建的蒙内铁路（从南部海港城市蒙巴萨到首都内罗毕，全长 480 公里，已于 2017 年 5 月 31 日建成通车），中巴经济走廊的许多项目，以及斯里兰卡的港口城项目。

中国机械工业集团有限公司（简称"国机集团"）20 世纪 70 年代至 2017 年 11 月，在"一带一路"沿线的 48 个国家完成和正在执行的项目 733 个，合同总金额 736 亿美元，其中具有标志性意义的项目是与招商局集团联合牵头开发的中白工业园，至 2017 年 11 月，一期 3.5 平方公里已初步开发完成，已有 20 家左右的企业入园。中国石油已与"一带一路"沿线的 19 个国家开展了 50 个合作项目，建成了中亚、中俄、中缅及海上四大油气运输通道，初步形成了贯穿多国的油气供应网络。国家电网有限公司在"一带一路"沿线的 6 个国家投资电网等骨干能源网建设，总投资超过 150 亿美元。

2017 年"一带一路"国际合作高峰论坛后，参与"一带一路"

---

① 《国新办举行中央企业参与"一带一路"共建情况发布会图文实录》，http://www. scio. gov. cn/xwfbh/xwbfbh/wqfbh/35861/36605/wz36607/Document/1550762/1550762. htm，浏览时间：2017 年 5 月 9 日。

建设的企业和项目大幅增加，越来越多的建设项目落地，有些项目已开始收获早期成果。

(四)软硬件相互支撑，密切结合

硬件主要表现为设备、资金、技术等硬实力；软件表现为文化、理念、思想等方面的软实力。由于"一带一路"沿线国家在语言、文化、宗教、风俗习惯、传统等方面都存在较大差距，如果不能相互学习、相互理解、相互借鉴，在合作过程中会出很多问题，甚至可能导致合作失败。因此在大规模促进硬件建设的同时，也要注意加强软件建设，促进凝聚人心，形成合力，真正地实现合作共赢的目的。

五、"一带一路"的发展前景

"一带一路"倡议以积极的姿态回应了当前国际社会的诉求，符合历史发展的正确方向；受到国际社会和相当多国家的响应，并已开始逐步实施；联合国的多个重要机构已将"一带一路"写入其决议之中；同时许多国家也开始配合中国提出的倡议，参与共建"一带一路"。总之，国际上已经形成了一种积极推进"一带一路"建设的良好氛围。

"一带一路"倡议能具体落实并取得实际成效的一个关键因素是能否为各参与者带来新的实际利益，创造新的价值。至2017年6月，中国交通建设集团在肯尼亚承建蒙内铁路的过程中，直接雇用的肯尼亚人为3.8万，其中当地雇员占总员工的90%，间接带动的就业则更多；根据肯尼亚政府的估算和分析，这条铁路建成后，东非地区的货运成本下降79%，运输时间缩减一半，运力增加 20 倍，蒙内铁路建成后每年拉动肯尼亚经济增长 1.5 个百分点。[①]

铁路建成后，肯尼亚的不少企业家纷纷开始在铁路沿线开办工厂，进一步增加了就业，对于脱贫产生直接的影响。同时，中国交通建设集团免费为肯尼亚培养铁路专业人才近 3 万人次，为铁路沿线地区民众免费打井 100 多口，还为保护铁路沿线的野生动物做了许多工作。中巴经济走廊建设将使几千万巴基斯坦人从中受益，尤其是瓜达尔港，从一个小渔村逐渐被建成一座现代化的港口城市。中国中车集团有限公司在马来西亚从事"一带一路"项目建设过程中，一直坚持生产用的原材料从本地采购、产品在本地生产、劳动力从本地招聘、售后服务和维修放在本地，以及项目管理主要由本地人承担，以便更多地吸收项目所在地的人就业，更好地促进当地产业发展。总之，中国企业在"一带一路"沿线国家从事一些相关项目和工程建设，为当地创造了许多就业机会，增加了当地的收入和消费；通过这些项目建设，当地人也得到了相关的专业技能培训，为其今后的职业发展打下了良好的基础；这些项目建设也使当地的基础设施水平显著提升，促进了当地的资源开发和经济增长。

不论是相关国家的政府官员还是企业家或民众，普遍希望利用中国的资金、技术、人才将各自国家或地区的优势发挥出来，形成新的发展机会。这些新的发展机遇主要表现在两个方面：一是由于更好的互联互通，产生新的发展机会；二是产业合作可以带来新的发展机会。通过共建"一带一路"，中国的适用技术、允足资本等生产要素可以更加畅通地流入"一带一路"

---

　　①　贾兴鹏、于洋：《蒙内铁路通车：肯尼亚等了一个世纪 中国建了不足 3 年》，http://finance.people.com.cn/n1/2017/0601/c1004-29312014.html，浏览时间：2017 年 6 月 1 日。

相关国家，使其生产能力得以快速增强。"一带一路"建设在矿业、农业和农产品加工业、制造业（尤其是钢铁、水泥、纺织、机械等行业）、能源（石油、天然气、水力发电等）、基础设施、房地产业、服务业（特别是旅游、中医服务）方面均存在较多的机会。①

从经济方面看，新时代中国经济深化发展的一个重要方面是进一步扩大对外开放，构建起全面开放的经济发展新格局，从全球产业链体系的视角重构中国与世界的产业关系和经济关系，将中国的经济资源、产业发展与全球的经济资源与产业发展进行对接，这样，不仅中国经济发展充满了新的、更加广阔的发展前景，世界经济发展也有了新的强劲动力，互利共赢，相得益彰。

首先，加强中国与其他国家之间的产能合作。中国与哈萨克斯坦两国在产能合作方面做得比较好，已经达到了相当大的规模。这既有利于促进中国产业和经济发展，又给哈萨克斯坦的经济发展提供了强劲的动能，推进其工业化更快发展。以"一带一路"引领国际产能合作，既有利于中国经济的可持续发展，也有利于推进部分发展中国家的工业化和城镇化进程，应进一步加速推进。

其次，直接与国际产能合作密切相联系的园区建设，是推进"一带一路"建设的重要"抓手"。其形式多样，有的是产业园区，有的是商贸园区，有的是旅游区，还有的是口岸物流中心。园区建设的一个主要目的是支持中国制造业"走出去"，与其他国家或地区的市场、资源等经济要素直接在当地进行对接，不需要在中国生产后再卖出去，这有利于增加当地的就业机会，促进当地资源向产品转化，增加当地税收和外汇收入，促进当地经济

---

① 胡必亮：《"一带一路"：商机与前景》，《全球商业经典》2017 年第 12 期。

发展。截至 2017 年年底，中国企业在 44 个国家共建设了 99 家初具规模的境外经贸合作区，累计投资超过 300 亿美元（其中仅 2017 年就新增投资 58 亿美元），入园企业超过 4000 家，为东道国增加了 24 亿美元的税收和 25 万多个就业岗位。[①]

最后，进一步加大自贸区建设力度。中国提出"一带一路"倡议后，与沿线国家签署的第一个自贸协定，是《中华人民共和国政府和格鲁吉亚政府自由贸易协定》。该贸易协定从 2018 年 1 月 1 日起正式实施。随着共建"一带一路"的进一步推进，中国将积极推动与更多的"一带一路"国家共建自贸区。

随着中国经济的全球化，以及中国更加深入地融入全球产业链和价值链中，国际铁路、航空、港口、通信等交通基础设施建设的需求大幅增长，加上各相关国家都越来越重视与中国在"一带一路"框架下的广泛合作，贸易投资便利化加速推进，通关时间和成本大幅降低，加上中国金融服务的国际化及与相关国家的进一步融合与对接、跨境结算业务得以进一步拓展，投融资模式也有了很大的创新，还有开发性金融的发展等，这些都将在一定程度上通过拓展国际空间促进中国经济得到进一步发展，同时对参与共建"一带一路"的其他国家的经济发展也具有积极的促进作用。

除经济方面外，通过"一带一路"倡议及其实施，中国对世界各方面的贡献都将进一步增大、增强，这将直接有利于推动全球化发展，有利于为世界提供更多的公共产品，有利于更好地完善和改进全球治理，有利于促进世界繁荣稳定，有利于维护世界和平。因此，总体看来，"一带一路"建设趋势向好，发展前景乐观。

———————————

① 《商务部合作司负责人谈 2017 年全年对外投资合作情况》，http://www.xinhuanet.com/fortune/2018-01/16/c_129792196.htm，浏览时间：2018 年 1 月 17 日。

推动共建"一带一路"高质量发展[①]

　　由中共中央宣传部、国家发展和改革委员会组织编写的《习近平经济思想学习纲要》于 2022 年 6 月正式出版发行。该书系统阐述了习近平总书记关于中国特色社会主义经济发展的原创性贡献，其中一个十分突出的原创性贡献便是关于推动共建"一带一路"高质量发展的系统思想。

一、为什么要推动共建"一带一路"高质量发展？

　　为什么必须推动共建"一带一路"实现高

---

　　① 本文发表在《经济学动态》2022 年第 10 期。

质量发展？根据习近平总书记的相关论述，只有推动共建"一带一路"实现高质量发展，才有可能为中国和相关国家的经济发展提供新动力，才有利于创造发展新机遇，才能够促进共享新发展。①

"一带一路"倡议从提出之时起，有一点已经明确，那就是为了促进各国的共同发展，具有十分鲜明的发展导向性。推动共建"一带一路"高质量发展，不仅要继续坚持这样的发展导向性，而且要把新发展理念贯穿其中，更好地提高发展的质量与效益。

共建"一带一路"坚持发展导向，与中国是"一带一路"首倡国有着直接关联，因为基于中华人民共和国成立以来的发展经验，特别是改革开放以来的发展经验，中国必然会把发展导向作为基本引领而提出来。正因为坚持发展导向，中国改革开放以来才取得了巨大成就。因此，2017 年习近平总书记在"一带一路"国际合作高峰论坛开幕式上发表主旨演讲时说："推进'一带一路'建设，要聚焦发展这个根本性问题，释放各国发展潜力，实现经济大融合、发展大联动、成果大共享。"②他接着于 2019 年在第二届"一带一路"国际合作高峰论坛记者会上明确地指出："我们都支持共建'一带一路'合作坚持发展导向。"③在博鳌亚洲论坛 2021 年年会开幕式上发表视频主旨演讲时，他更是清晰地指出"共建'一带一路'追求的是发展，崇尚的是共赢，

---

① 习近平：《齐心开创共建"一带一路"美好未来——在第二届"一带一路"国际合作高峰论坛开幕式上的主旨演讲》，《人民日报》2019 年 4 月 27 日第 3 版。

② 习近平：《携手推进"一带一路"建设——在"一带一路"国际合作高峰论坛开幕式上的演讲》，《人民日报》2017 年 5 月 15 日第 3 版。

③ 习近平：《在第二届"一带一路"国际合作高峰论坛记者会上的讲话》，《人民日报》2019 年 4 月 28 日第 2 版。

传递的是希望"①。习近平总书记像这样把共建"一带一路"与发展紧密联系起来的讲话论述还有很多，因为他非常重视发展问题，曾在许多场合都明确地指出"发展是解决一切问题的总钥匙"。

正是基于这样的基本判断，习近平总书记从全球发展现状出发，在 2021 年的第 76 届联合国大会一般性辩论上发表讲话，十分鲜明地提出了"发展是实现人民幸福的关键"的基本命题，并首次提出"全球发展倡议"：一是要坚持发展优先理念，把发展置于全球宏观政策框架的突出位置，加快落实联合国《2030 年可持续发展议程》；二是要坚持以人民为中心；三是要坚持普惠包容；四是要坚持创新驱动，携手实现跨越发展；五是要坚持人与自然和谐共生，构建人与自然生命共同体，因此中国将力争 2030 年前实现碳达峰、2060 年前实现碳中和；六是要坚持行动导向，重点推进减贫、粮食安全、抗疫和疫苗、发展筹资、气候变化和绿色发展、工业化、数字经济、互联互通等领域合作。基于以上关于促进全球发展的基本要点，习近平总书记还倡议构建全球发展命运共同体。②

联系到高质量共建"一带一路"，那就是要通过"一带一路"建设促进参与共建的各方在经济、社会和可持续发展的相关方面都得到进一步发展。从共建"一带一路"国家的实际情况来看，按照世界银行 2020 年关于国家收入层级划分标准，在包括中国在内的 150 个共建"一带一路"国家中，35 个国家属于高收入国家，占 23.3%；中等收入国家 91 个，占 60.7%；低收入国家

---

① 《习近平谈治国理政》第四卷，外文出版社 2022 年版，第 493 页。
② 习近平：《坚定信心 共克时艰 共建更加美好的世界——在七十六届联合国大会一般性辩论上的讲话》，《人民日报》2021 年 9 月 22 日第 2 版。

24 个，占 16.0%。① 从均值上看，共建"一带一路"国家人均 GDP 为 9000 美元左右（现价美元），低于世界 1.09 万美元的平均水平。因此，对于这样一批国家而言，仍然需要继续把经济发展放在重要位置，同时也要大力促进社会发展和推进与可持续发展相关的各项发展目标尽快实现。

如果说发展导向是高质量共建"一带一路"的基本引领和前提的话，那么创造机遇就是高质量共建"一带一路"的基本动力。如果没有这样的动力，就不可能有那么多国家和国际组织愿意积极参与共建。那么为什么高质量共建"一带一路"可以为参与的各方创造新机遇呢？

一般情况下，对于不发达国家或发展中国家而言，高质量共建"一带一路"在很大程度上可以帮助它们较好地解决五个方面的问题。

第一，解决投资不足的问题。由于这些国家在其发展的当前阶段，一般都存在"双缺口"（储蓄缺口和外汇缺口）问题，因此要想实现本国经济腾飞，就必须利用外资。② 共建"一带一路"正好为这些国家提供了一个新的融资平台，使这些国家可以获得比以前更多的外国直接投资（FDI）。世界银行的研究结果表明，因为积极参与共建"一带一路"，一些沿线的低收入国家的 FDI 将获得 7% 以上的增长。③

第二，解决基础设施严重落后的问题。由于资金严重短

---

① 胡必亮、张坤领，《共建"一带一路"国家的综合发展水平测算与评估》，《学习与探索》2022 年第 3 期。

② H. B. Chenery, A. M. Strout, "Foreign Assistance and Economic Development", *American Economic Review*, 1966, 56(4), pp. 679-733.

③ World Bank, *Belt and Road Economics：Opportunities and Risks of Transport Corridors*, World Bank Publications, 2019.

缺，发展中国家和不发达国家通常很少有资金用于基础设施建设，因此其运输能力和电力保障水平都很低，经济发展受到严重制约。整体而言，交通基础设施建设不足是非洲发展的重要制约因素，而拉丁美洲、南亚则在电力供应方面严重短缺。在"一带一路"国际合作框架下，中国通过投资这些国家的一些基础设施建设项目，可以帮助这些国家逐步缓解交通、能源等基础设施方面的制约，使这些国家和中国都从中受益，实现互利共赢。

第三，解决制造业发展滞后的问题。由于交通、电力等多方面的制约，不发达国家和发展中国家的制造业通常发展滞后，于是就很难从全球价值链中获得好处，相反只能依靠出口初级产品维持低水平的经济发展。通过"一带一路"框架下的国际产能合作，这些国家可以依靠中国的资金、技术、设备等发展自己的制造业，促进其国家工业化和经济发展。中国在产业园区发展方面积累了十分丰富的经验，伴随着"一带一路"建设的不断推进，越来越多的中国企业利用在国内举办产业园区的经验，开始在共建"一带一路"国家建设各种不同类型的境外经贸合作区。截至2021年年底，中国在24个沿线国家建设79家境外经贸合作区，累计投资430亿美元，为当地创造34.6万个就业岗位。

第四，解决贸易发展水平低的问题。由于"一带一路"沿线国家的交通基础设施建设不足，导致其运输、物流成本很高，商品的国际市场竞争力较差。共建"一带一路"的重要内容之一就是通过建设更好的交通基础设施，实现全球货物更好的互联互通，从而大幅度降低这些国家的交通运输成本，直接促进这些国家的贸易发展。世界银行的研究结果表明，"一带一路"建设将使经济走廊沿线经济体的平均运输成本缩减3.2%，使世界所有国家之间的运输时间平均缩短 2.5%，贸易成本将平均降低 2.2%，这将带动沿线国家贸易增长 2.8% 至 9.7%，带动全球贸易增长 1.7% 至 6.2%。[①]

第五，解决贫困人口多的问题。"一带一路"建设可以从多方面为消减贫困带来新机遇，如贫困人口可以通过参加新的建设项目而找到新的就业机会；贫困地区的交通条件得以改善，有利于贫困人口所生产的产品进入区域市场，从而取得更多收入。世界银行认为，"一带一路"建设改善交通基础设施状况后，可以帮助沿线国家的 760 万人摆脱极端贫困（日均生活费低于 1.9 美元的人口）和 3200 万人摆脱中度贫困（日均生活费低于 3.2 美元的人口）。[②]

对发达国家而言，通过"一带一路"国际合作框架下的第三方市场合作，可以充分发挥其在资金和技术上的优势，利用其在国际投资与国际贸易方面的丰富经验，进而与中国一起共同开拓新的市场。

正因如此，习近平总书记在第二届"一带一路"国际合作高峰论坛开幕式上发表主旨演讲时指出："共建'一带一路'为世界经济增长开辟了新空间，为国际贸易和投资搭建了新平台，为完善全球经济治理拓展了新实践，为增进各国民生福祉作出了新贡献，成为共同的机遇之路、繁荣之路。"[③]

提出"一带一路"倡议的出发点，就是促进合作共赢。之所

---

① World Bank, *Belt and Road Economics: Opportunities and Risks of Transport Corridors*, World Bank Publications, 2019.

② World Bank, *Belt and Road Economics: Opportunities and Risks of Transport Corridors*, World Bank Publications, 2019.

③ 习近平：《齐心开创共建"一带一路"美好未来——在第二届"一带一路"国际合作高峰论坛开幕式上的主旨演讲》，人民出版社 2019 年版，第 2 页。

以提出共建丝绸之路经济带，是为了"欧亚各国经济联系更加紧密、相互合作更加深入"①，最终目的是造福各国人民；之所以倡导共建"21世纪海上丝绸之路"，表明"中国愿通过扩大同东盟国家各领域务实合作，互通有无、优势互补，同东盟国家共享机遇、共迎挑战，实现共同发展、共同繁荣"②。自2013年提出"一带一路"倡议以来，除了欧亚国家和东南亚国家外，非洲国家、拉丁美洲国家也都表现出十分强烈的参与愿望，因此，习近平总书记于2017年在"一带一路"国际合作高峰论坛开幕式上发表主旨演讲时指出："'一带一路'建设植根于丝绸之路的历史土壤，重点面向亚欧非大陆，同时向所有朋友开放……'一带一路'建设成果将由大家共同分享。"③两年后，习近平总书记在第二届"一带一路"国际合作高峰论坛开幕式上指出，"共建'一带一路'倡议，目的是……实现互利共赢、共同发展"④。由此可见，不论是在倡议提出初期作为重点促进中国与其所在区域国家更加紧密合作的一个建议，还是后来根据需要延伸成为一个完全开放的全球性倡议，其目的和宗旨都是一样的，那就是促进共建各方的共同发展、促进全球的共同发展。

---

① 《习近平谈治国理政》，外文出版社2014年版，第289页。

② 《习近平谈治国理政》，外文出版社2014年版，第293页。

③ 习近平：《携手推进"一带一路"建设——在"一带一路"国际合作高峰论坛开幕式上的演讲》，《人民日报》2017年5月15日第3版。

④ 习近平：《齐心开创共建"一带一路"美好未来——在第二届"一带一路"国际合作高峰论坛开幕式上的主旨演讲》，《人民日报》2019年4月27日第3版。

二、推动共建"一带一路"高质量发展的基本方向

围绕高质量共建"一带一路"这一主题，习近平总书记提出了三个重点努力方向：一是秉承共商、共建、共享原则，二是坚持开放、绿色、廉洁理念，三是努力实现高标准、惠民生、可持续目标。这些思想已经成为推动共建"一带一路"高质量发展的指导方针和行动指南。

共商、共建、共享作为共建"一带一路"的基本原则，是2014年6月5日习近平总书记在北京举行的中阿合作论坛第六届部长级会议开幕式上的讲话中提出的。他当时明确指出："中阿共建'一带一路'，应该坚持共商、共建、共享原则。"[1]

共商、共建、共享原则很好地体现了三个核心内容：一是共建"一带一路"是多边主义合作平台，也就是习近平总书记所说的"一带一路"不是独角戏，是大合唱；二是在自愿基础上实现平等合作，根据习近平总书记的论述，就是在共建"一带一路"这件事上，"中国不打地缘博弈小算盘，不搞封闭排他小圈子，不做凌驾于人的强买强卖"[2]；三是尽管"共建'一带一路'倡议源于中国，但机会和成果属于世界"[3]，既造福中国人民，也造福各相关国家人民，实现互利共赢。

在共商的基础上，中国与各相关国家已经开展了许多共建项

---

[1]　《习近平谈治国理政》，外文出版社2014年版，第316页。

[2]　习近平：《开放共创繁荣　创新引领未来——在博鳌亚洲论坛2018年年会开幕式上的主旨演讲》，《人民日报》2018年4月11日第3版。

[3]　习近平：《开放共创繁荣　创新引领未来——在博鳌亚洲论坛2018年年会开幕式上的主旨演讲》，《人民日报》2018年4月11日第3版。

目，截至本文撰写时，有些项目已经建设完成，如蒙内铁路、亚吉铁路、以色列海法新港、中老铁路、卡拉奇核电站、佩列沙茨大桥等；有些正在紧锣密鼓地进行之中，如雅万高铁、匈塞铁路、中泰铁路等。

有些国家及其人民已经从共建"一带一路"中得到了许多实实在在的好处，如巴基斯坦多个电站建设完工，使很多过去用不上电的群众用上了电；肯尼亚蒙内铁路运营使货运成本大幅降低，促进了其贸易发展；还有许多国家的老百姓在"一带一路"建设项目上找到了工作机会；有不少国家的政府还因此而增加了税收。

高质量共建"一带一路"的基本理念主要是开放、绿色、廉洁，高质量的"一带一路"应该是开放之路、绿色之路和廉洁之路。

习近平总书记在谈到开放所赋予共建"一带一路"的意义时，用的是"导向"这个词。他指出，"'一带一路'建设要以开放为导向"①，引领三方面的发展：一是共同构建开放型世界经济，包括构建公平、合理、透明的国际经贸投资规则体系，促进生产要素有序流动，积极参与全球治理和公共产品供给；二是维护多边贸易体制，促进贸易和投资自由化、便利化；三是推动建设新型经济全球化，也就是开放、包容、普惠、平衡、共赢的经济全球化。

在第二届"一带一路"国际合作高峰论坛上，习近平总书记指出："把绿色作为底色，推动绿色基础设施建设、绿色投资、绿色金融，保护好我们赖以生存的共同家园。"②其中的一个"底

---

① 习近平：《携手推进"一带一路"建设——在"一带一路"国际合作高峰论坛开幕式上的演讲》，《人民日报》2017年5月15日第3版。

② 习近平：《齐心开创共建"一带一路"美好未来——在第二届"一带一路"国际合作高峰论坛开幕式上的主旨演讲》，《人民日报》2019年4月27日第3版。

色"和一个"共同家园",既是最基本要求,也是最高要求,这样就把这个问题说得很透彻了。2021 年,习近平总书记在博鳌亚洲论坛上进一步提出要加强"一带一路"绿色基建、绿色能源、绿色金融建设,完善"一带一路"绿色发展国际联盟,坚持"一带一路"绿色投资原则,建设更加紧密的"一带一路"绿色发展伙伴关系。① 2021 年,习近平总书记在第 76 届联合国大会发表讲话时明确表示:"中国将大力支持发展中国家能源绿色低碳发展,不再新建境外煤电项目。"②紧接着在同年 11 月举行的第三次"一带一路"建设座谈会上,习近平总书记进一步明确提出,要支持发展中国家能源绿色低碳发展,推进绿色低碳发展信息共享和能力建设,深化生态环境和气候治理合作。③

习近平总书记对廉洁"一带一路"建设十分重视,在 2017 年举行的"一带一路"国际合作高峰论坛上就提出希望,要加强在反腐败领域的合作。④ 2019 年,在第二届"一带一路"国际合作高峰论坛上,习近平总书记更加明确地提出倡议:"坚持一切合作都在阳光下运作,共同以零容忍态度打击腐败……愿同各方共建风清气正的丝绸之路。"⑤在 2021 年举行的第三次"一带

---

① 习近平:《同舟共济克时艰　命运与共创未来——在博鳌亚洲论坛 2021 年年会开幕式上的视频主旨演讲》,《人民日报》2021 年 4 月 21 日第 2 版。

② 习近平:《坚定信心 共克时艰 共建更加美好的世界——在七十六届联合国大会一般性辩论上的讲话》,《人民日报》2021 年 9 月 22 日第 2 版。

③ 《习近平在第三次"一带一路"建设座谈会上强调 以高标准可持续惠民生为目标 继续推动共建"一带一路"高质量发展》,http://politics.people.com.cn/n1/2021/1119/c1024-32287264.html,浏览时间:2021 年 12 月 1 日。

④ 习近平:《携手推进"一带一路"建设——在"一带一路"国际合作高峰论坛开幕式上的演讲》,《人民日报》2017 年 5 月 15 日第 3 版。

⑤ 习近平:《齐心开创共建"一带一路"美好未来——在第二届"一带一路"国际合作高峰论坛开幕式上的主旨演讲》,《人民日报》2019 年 4 月 27 日第 3 版。

一路"建设座谈会上，习近平总书记提出，要加快形成系统完备的反腐败涉外法律法规体系，加大跨境腐败治理力度。各类企业要规范经营行为，绝不允许损害国家声誉。①

高质量共建"一带一路"的目标就是三个关键词：高标准、惠民生、可持续。长期以来，人们一般都把发达国家所制定和实施的标准称为高标准。但参加"一带一路"国际合作的国家，绝大多数为亚非拉欧的发展中国家，作为倡导国的中国也是发展中国家。这些国家一般比较难以得到现有全球治理体系所提供的公共产品与共同服务的充分供给，其中一个很重要的原因就是这些国家很难达到一些全球治理机构（如世界银行、国际货币基金组织、世界贸易组织等）提出的标准。如果这些国家参与共建"一带一路"，还是用那些标准的话，就得不到共建"一带一路"的开放性、包容性所带来的好处，也不能很好地体现共商、共建、共享原则，也很难行稳致远。因此，习近平总书记从实际出发，在谈到共建"一带一路"高标准时，提了三点看法：一是对于具有普遍意义的项目经营活动而言，比如，在项目建设、运营、采购、招投标等环节，就应该按照普遍接受的国际规则标准进行；二是对于只涉及有限合作方的合作项目而言，比如，对于双边或三边、四边合作项目等，那就只需要引入这几方都支持的规则标准就行了；三是要尊重所涉及各国的法律法规。② 在第三次"一带一路"建设座谈会上，习近平总书记提出，高质量共建"一带一路"，要把基础设施"硬联通"作为重要

---

① 《习近平在第三次"一带一路"建设座谈会上强调 以高质量可持续惠民生为目标 继续推动共建"一带一路"高质量发展》，http:politics.people.com.cn/n1/2021/119/c1024-32287264.html，浏览时间：2021 年 12 月 1 日。

② 习近平：《齐心开创共建"一带一路"美好未来——在第二届"一带一路"国际合作高峰论坛开幕式上的主旨演讲》，《人民日报》2019 年 4 月 27 日第 3 版。

方向，把规则标准"软联通"作为重要支撑，把同共建国家人民"心联通"作为重要基础。① 这说明习近平总书记对于规则和标准是非常重视的。

经过近些年的发展，很多共建"一带一路"国家也逐渐在某些标准建设方面取得了重大进展。中国在有些与"硬联通"相关方面的标准上已经达到了比较高的水平，如 5G 技术及其广泛的应用场景、特高压输电、最新一代核电技术、高铁和城轨交通技术及其应用；中国基建、中国制造的有些方面，等等；"软联通"则体现在贸易便利化、数字贸易等方面，以及一些很有特色的方面，如"鲁班工坊"及其工匠精神等。其他国家也会有一些很有价值的标准，因此我们需要做的，就是要在高质量共建"一带一路"框架下加强标准合作与标准对接，在比较中相互借鉴、完善提高，进而形成相关合作方都愿意接受的标准。

对于共建"一带一路"与惠民生之间的关系，习近平总书记认为，首先必须坚持一个基本思想，那就是共建"一带一路"要坚持以人民为中心的发展思想，然后必须抓住"三个重点"，即消除贫困、增加就业、改善民生。② 习近平总书记非常重视国内脱贫攻坚工作，这是众所周知的，他同样也非常重视共建"一带一路"在国际减贫方面的作用。习近平总书记明确指出，要"把'一带一路'建成'减贫之路'、'增长之路'，为人类走向共

---

① 《习近平在第三次"一带一路"建设座谈会上强调 以高质量可持续惠民生为目标 继续推动共建"一带一路"高质量发展》，http://politics. people. com. cn/n1/2021/1119/c1024-32287264. html，浏览时间：2021 年 12 月 1 日。

② 习近平：《齐心开创共建"一带一路"美好未来——在第二届"一带一路"国际合作高峰论坛开幕式上的主旨演讲》，《人民日报》2019 年 4 月 27 日第 3 版。

同繁荣作出积极贡献"①。因此，他总是强调要使我们的共建"一带一路"项目让项目所在地人民得到实实在在的好处；"一带一路"不仅要做大项目，也要多做"小而美"的项目，让老百姓真正得到看得见摸得着的实惠。总之，就是要通过共建"一带一路"，促进共建国家的人民福祉。

对于"一带一路"建设的可持续问题，根据习近平总书记在第二届"一带一路"国际合作高峰论坛上的演讲，这个问题主要体现在两个层面：一个是微观层面的可持续性问题，那就是要"确保商业和财政上的可持续性，做到善始善终、善作善成"②。也就是说，推进"一带一路"建设，我们首先要讲市场规律，市场机制是推动"一带一路"建设项目运作的基本机制，项目的运作主体是企业，因此就必须讲商业经营和财政收支上的可持续性，那就是不应该亏钱，不能造成财政赤字，否则就是不可持续的。这就直接涉及如何选好建设项目、如何管理好项目成本、如何控制好项目风险（包括债务风险）等具体问题。

另一个就是宏观层面，根据习近平总书记的论述，那就是要把支持联合国《2030年可持续发展议程》融入共建"一带一路"③，"走经济、社会、环境协调发展之路"④。这个层面主要

① 《习近平谈治国理政》第四卷，外文出版社2022年版，第494页。

② 习近平：《齐心开创共建"一带一路"美好未来——在第二届"一带一路"国际合作高峰论坛开幕式上的主旨演讲》，《人民日报》2019年4月27日第3版。

③ 习近平：《携手共命运　同心促发展：在2018年中非合作论坛北京峰会开幕式上的主旨讲话》，人民出版社2018年版，第7页。

④ 习近平：《在第二届"一带一路"国际合作高峰论坛记者会上的讲话》，《人民日报》2019年4月28日第2版。

强调的是促进整个社会的综合发展、促进联合国提出的 2030 年可持续发展目标得以更好实现的重要性。

三、推动共建"一带一路"高质量发展的核心内容

习近平总书记关于推动共建"一带一路"高质量发展的核心内容，说到底就是一个"通"字。如果我们将习近平总书记的不同提法进行概况的话，可以通俗地概况为"五通""一通""三通"三种说法。

我们知道，"一带一路"倡议的基本思路，最早体现在习近平总书记于 2013 年 9 月 7 日在哈萨克斯坦纳扎尔巴耶夫大学所做的演讲中。他首次提出了与欧亚各国共同建设"丝绸之路经济带"的倡议，主要内容就是开展"五通"建设，即政策沟通、道路联通、贸易畅通、货币流通、民心相通。① 后来做了一点修改，变成了政策沟通、设施联通、贸易畅通、资金融通、民心相通。②

"一通"的说法，指的是共建"一带一路"这件事的关键所在，因为共建"一带一路"是一个庞大的体系，所以就有一个抓住关键的问题。在 2019 年举行的第二届"一带一路"国际合作高峰论坛上，习近平总书记在"五通"基础上提出了"关键是互联互

---

① 习近平：《弘扬人民友谊 共创美好未来——在纳扎尔巴耶夫大学的演讲》，《人民日报》2013 年 9 月 8 日第 3 版。

② 国家发展改革委、外交部、商务部：《推动共建丝绸之路经济带和 21 世纪海上丝绸之路的愿景与行动》，http://www.scio.gov.cn/31773/35507/35519/Document/1535279/1535279.htm，浏览时间：2015 年 3 月 30 日。

通"①的思想，指的就是要"加强全方位互联互通"②。因此，高质量的互联互通，就是高质量共建"一带一路"的核心内容。之所以说是全方位的，是因为互联互通的涵盖面很广，包括基础设施的、贸易的、资金的、人员的、信息的、政策的，等等，无所不包。但不论多么广泛的内容，归结到一点，就是互联互通。

"三通"的说法，指的是习近平总书记于2021年11月在第三次"一带一路"建设座谈会上对高质量共建"一带一路"主要内容的新提法，即基础设施"硬联通"、规则标准"软联通"、同共建国家人民"心联通"。"硬联通"是重要方向，"软联通"是重要支撑，"心联通"是重要基础。③

四、推动共建"一带一路"高质量发展的机制保障

九年来的实践表明，要推动共建"一带一路"高质量发展，必须有一定的保障作为前提。譬如说，资金保障很重要，安全保障也很重要。除此之外，还有一点很重要，那就是共建机制方面的保障。2019年，习近平总书记在倡导高质量共建"一带一路"时特别提出了机制保障方面的要求，这主要包括三个方面：一是要着

---

① 习近平：《齐心开创共建"一带一路"美好未来——在第二届"一带一路"国际合作高峰论坛开幕式上的主旨演讲》，《人民日报》2019年4月27日第3版。

② 习近平：《高质量共建"一带一路"——在第二届"一带一路"国际合作高峰论坛圆桌峰会上的开幕辞》，《人民日报》2019年4月28日第2版。

③ 《习近平在第三次"一带一路"建设座谈会上强调 以高标准可持续惠民生为目标 继续推动共建"一带一路"高质量发展》，http://www.gov.cn/xinwen/2021-11/19/content_5652067.htm，浏览时间：2021年11月30日。

力构建良好的互联互通伙伴关系；二是要继续实现相关国家发展战略、相关区域发展议程、相关国际组织的国际发展议程等与共建"一带一路"倡议及具体实施方案之间的有效对接；三是务实合作，促使共建项目取得实实在在的成果。①

在高质量共建"一带一路"国际合作框架下，习近平总书记提到了构建伙伴关系机制的问题。2019年，习近平总书记强调的是构建全球互联互通伙伴关系，后来因为新冠疫情和国际形势的变化，习近平总书记又强调了要构建另外三种伙伴关系，即卫生合作伙伴关系、绿色发展伙伴关系、开放包容伙伴关系。

构建全球互联互通伙伴关系是高质量共建"一带一路"的基础，如果这样一个最基础性的保障机制不能有效地构建起来，就很难构建起其他伙伴关系。因为交通基础设施（如铁路、公路、港口、机场）和电力基础设施建设起着基础性作用：交通基础设施建设将直接有利于降低全球运输成本、提高运输效率；电力基础设施建设则为交通、产业等互联互通提供动能，也具有重要的基础性作用。教育、培训、科学技术、文化艺术、旅游、公共卫生、规则制度、政策法规、研究交流等属于"软联通"的内容，同样是全球互联互通的重要组成部分。令人欣慰的是，经过共同努力，"六廊六路多国多港"的全球互联互通基本架构已经形成，制度规则"软联通"也取得重要进展。在此基础上，180多个国家和国际组织已初步构建起基于"一带一路"国际合作的互联互通伙伴关系。

除了互联互通伙伴关系外，习近平总书记还提到要与共建国家建设另外三个方面更紧密的伙伴关系，即建设更紧密的卫生合

① 习近平：《高质量共建"一带一路"——在第二届"一带一路"国际合作高峰论坛圆桌峰会上的开幕辞》，《人民日报》2019年4月28日第2版。

作伙伴关系、绿色发展伙伴关系和开放包容伙伴关系。① 这样，伙伴关系就拓展到了四个重要领域。

2013 年以来，中国已经比较成功地将"一带一路"倡议与越来越多的国家和国际组织的发展战略、发展规划进行密切对接，仅仅是习近平总书记在讲话中所提到的将共建"一带一路"倡议与部分国家各自发展战略进行有效对接的就有二十多个，包括哈萨克斯坦的"光明之路"战略、蒙古国的"草原之路"倡议、土耳其的"中间走廊"战略、越南的"两廊一圈"战略、波兰的"琥珀之路"战略、俄罗斯的欧亚经济联盟发展战略、菲律宾的"大建特建"发展规划、阿联酋的"拥抱中国"发展计划、乌兹别克斯坦的"五大优先发展方向"战略、印度尼西亚的"全球海洋支点"战略、老挝的"陆联国"战略、土库曼斯坦的"复兴丝绸之路"战略、埃及的"埃及 2030 愿景"等。

除了与国家发展战略对接外，"一带一路"建设还与许多区域发展战略和全球发展战略进行了对接。习近平总书记在他的讲话中曾提到与东盟的《互联互通总体规划》实现对接，以及与东盟的"印太展望"开展深入合作的问题。此外，共建"一带一路"还与非盟的《2063 年议程》和"非洲基础设施发展规划"、亚太经合组织的"互联互通蓝图""中亚互联互通倡议"、欧盟的"欧亚互联互通战略"实现了对接。

"一带一路"国际合作的另一个重要特点就是务实合作。也就是说，这一合作具有很强的结果导向性质，最终必须使合作各方都获得实实在在的好处，不论是国家层面，还是企业层面，特别是相关地区的人民都必须从中受惠。

共建"一带一路"倡议提出并实施以来，已经有许多项目建

---

① 习近平：《同舟共济克时艰，命运与共创未来——在博鳌亚洲论坛 2021 年年会开幕式上的视频主旨演讲》，《人民日报》2021 年 4 月 21 日第 2 版。

设完成，如肯尼亚的蒙内铁路、巴基斯坦的卡拉奇核电站和卡洛特水电站、埃塞俄比亚和吉布提的亚吉铁路、白俄罗斯的中白工业园、柬埔寨的西港经济特区、蒙古国的机场高速公路、老挝和中国的中老铁路、土耳其的 1915 恰纳卡莱大桥、孟加拉国的帕德玛大桥等，已形成很多造福人民的既有成果。

综上可见，习近平总书记关于高质量共建"一带一路"的思想已经形成一套内容丰富的完整系统，既对前九年的共建提供了科学的指导，也为今后的高质量共建指明了前进的方向。

顺应时代潮流　赢得世界喝彩
——"一带一路"五周年：进展与前瞻①

五年前的金秋时节，习近平主席基于当时世界发展的基本形势，结合中国发展阶段的客观需求，高瞻远瞩地提出了"一带一路"倡议。五年来，这一倡议的基本理念已经转化为行动，这一倡议的美好愿景正在变成现实。"一带一路"制度体系已初步确立，合作重点扎实推进，项目建设成就辉煌，尽管仍面临一些挑战，但是赢得了世界的积极响应。在"一带一路"倡议提出五周年之际，我们应该热烈地喝彩，冷静地思考，以使未来的路走得更稳、更顺、更好。

---

① 本文发表在 2018 年 8 月 23 日的《光明日报》上。

一、响应者众参与方多

　　"一带一路"倡议提出以来，国际社会的总体反映积极踊跃。从国家层面来看，至本文写作时为止，与中国签订共建"一带一路"政府间合作谅解备忘录的国家已超 70 个。在此基础上，中国与沿线多国共同编制了十分详细的合作规划，如《中巴经济走廊远景规划》《建设中蒙俄经济走廊规划纲要》，以及《关于"丝绸之路经济带"建设与"光明之路"新经济政策对接合作规划》（中哈）等，把中国与相关国家的发展战略通过规划对接而实现实际对接。2017 年在北京举行的"一带一路"国际合作高峰论坛上，共有 140 多个国家的高级别代表团参加，这就是说，世界上绝大多数国家愿意开展"一带一路"合作；29 位外国国家元首和政府首脑出席论坛，说明共建"一带一路"是一项具有重大国际影响力的事业；论坛形成了包括 5 大类 76 大项 279 项的成果清单，而且清单中的具体项目已有超过 90％转化为常态性工作，说明合作是可实施的、务实的、潜力巨大的。

　　从国际组织层面来看，绝大多数国际组织对"一带一路"倡议积极开展深入研究，大量组织国际会议研讨，纷纷发表看法甚至发表决议和倡议，与中国政府签署合作协议并在一些领域开展项目合作。比如，一些区域性专业机构如亚洲开发银行、欧洲投资银行、欧洲复兴开发银行等都对"一带一路"合作持积极态度，并与中国各相关对口部门签署了比较具体的合作协议。东盟、欧盟、非盟等一些区域性组织总体上也对"一带一路"给予高度评价。

　　其中，联合国对"一带一路"倡议尤为看法积极、行动主动。

从联合国的基本立场来看，"一带一路"建设直接有利于促进联合国《2030年可持续发展议程》的实施，有利于构建国际合作新模式，改善全球治理，促进全球基础设施建设和贸易发展，推动参与国在合作中实现互利共赢。因此，2016年3月，联合国安理会将"一带一路"倡议内容写入第S/2274号决议。联合国开发计划署、联合国亚太经社会等联合国专门机构还与中国签订了在"一带一路"国家合作框架下加强合作的谅解备忘录、协议、行动计划、执行计划等。

从跨国公司层面看，出于对新投资机会的敏感性，绝大部分跨国公司对"一带一路"倡议持积极态度，特别是从事基础设施建设、金融服务类的公司积极性更高。根据汇丰银行2018年3月发布的一份研究报告，来自全球26个经济体的6000多家国际性大企业在对欧盟、东盟、中东、拉美以及美国、英国、中国等主要经济体的政策环境和经贸主张未来可能给企业带来的正面影响进行排序时，"一带一路"倡议位居榜首，得到其中四成企业的高认可率。实际上，不少世界500强企业已经以不同的方式积极参与到"一带一路"建设中了，比如通用电气、西门子、博世集团、霍尼韦尔、卡特彼勒、ABB、DHL、林德、巴斯夫、马士基、双龙（韩国）等，有的公司已经参与几年，从中获得很大的收益。

二、制度体系初步确立

基于五年的实践，"一带一路"作为一种创新的制度安排，已经初步形成了一个基本框架，大致由五个方面构成。

一是最终目标。共建"一带一路"的最终目标，就是共建人类命运共同体。"一带一路"要建设成和平、繁荣、开放、创新、文明之路，有助于构建持久和平、普遍安全、共同繁荣、开放包容、清洁美丽的世界。在 2017 年 12 月举行的中国共产党与世界政党高层对话会上，习近平总书记在主旨演讲中明确提出，"一带一路"倡议就是要实践人类命运共同体理念。

二是核心特性。作为一个新的国际平台，"一带一路"有许多新特性，最核心的特性是开放性和包容性。所谓开放性，既包括贸易、投资、金融、信息、技术等与经济发展直接相关的各方面开放，也包括文化、教育、医疗卫生等方面的开放，最终实现不同文明和民族在开放中发展，在融合中共存。所谓包容性，主要是指互利共赢，在广泛参与的基础上所取得的成果应该为所有人群共享，贫困阶层的人和贫穷的国家也能从中获得实际利益。

三是共建原则。2017 年 5 月由推进"一带一路"建设工作领导小组办公室发布的《共建"一带一路"：理念、实践与中国的贡献》明确指出，建设"一带一路"的基本原则就是要"坚持共商、共建、共享原则"。"一带一路"之所以说是国际社会的大合唱而非中国的独角戏，就在于其秉承共商共建共享原则。这开创了合作共赢新模式，是"一带一路"建设得到国际社会广泛响应的重要原因。

四是基本精神。建设"一带一路"，中国倡导和秉承的是以和平合作、开放包容、互学互鉴、互利共赢为核心的丝路精神。历史和现实都证明，只要坚持合作共赢的基本思路，就能很好地处理不同国家、民族、人民之间的关系，实现共同发展。

五是建设内容。在三部委于 2015 年 3 月发布的《推动共建丝绸之路经济带和 21 世纪海上丝绸之路的愿景与行动》中，明确政策沟通、设施联通、贸易畅通、资金融通、民心相通这

"五通"为"一带一路"合作重点内容。"五通"扎实推进，标志着"一带一路"建设逐渐从理念转化为行动，从愿景转变为现实。

三、重点合作成果丰硕

作为"五通"之首，政策沟通是"一带一路"合作的前提与保障，为"一带一路"建设提供顶层设计与政策支持。目前，诸多"一带一路"相关国家已经出台政策规划，与"一带一路"倡议实施对接。

设施联通取得丰硕成果，尤其是六大经济走廊和"多国多港"建设中的一些重大基础设施建设项目稳步推进。比如，至本文撰写时，中蒙"两山"铁路已完成前期准备工作；中国国内开通中欧班列的城市数量在 2018 年上半年已达 48 个，涉及 27 个国家、约 40 个境外城市；喀喇昆仑公路二期扩建工程和巴基斯坦 1 号铁路干线的升级项目正在建设之中；中缅气、油管道项目分别于 2013 年和 2017 年完成；印尼雅万高铁、泰国高铁等铁路项目都在进行中；等等。此外，至本文撰写时，我国在非洲建设中的总铁路里程数超过 6000 公里，建设中的公路超过 5000 公里，还有一批港口和机场也在建设之中，完成的重点项目包括 2017 年 5 月通车的肯尼亚"蒙内铁路"，2017 年 7 月通车的尼日利亚"阿卡铁路"，2017 年 10 月通车的从埃塞俄比亚到吉布提的"亚吉铁路"等。

就"多国多港"而言，中国公司参与到相关 10 多个国家和 20 多个重点港口建设之中。比如，巴基斯坦的瓜达尔港建设进展顺利，瓜达尔港经济开发区第一期建设基本完成；缅甸的皎漂港建设已开工；斯里兰卡的汉班托塔港和科伦坡港口新城建设回到正轨；非洲的吉布提港口项目顺利进行。

贸易畅通的合作重点在于推进贸易投资的便利化，包括就避免双重征税（中国与 50 多个国家签了协定）、商标标准化（中国与 10 多个国家实行"互认"）、海关协调联络机制建设、跨境监管程序协调等，做一些更合理的政策安排。

为促进贸易畅通，中国加快建设境外经贸合作园区。据商务部统计，截至 2018 年上半年，中国共在 46 个国家建设初具规模的经贸合作区 113 个，累计投资 348.7 亿美元，入区企业4542 家，上缴东道国税费 28.6 亿美元，为当地创造就业岗位28.7 万个。此外，中国与 24 个经济体签署了自贸区协定，其中东盟、巴基斯坦、格鲁吉亚、马尔代夫等都属于"一带一路"相关经济体；中国还与近 20 个国家建立了国际产能合作机制。这些都有力地促进了"一带一路"相关国家的贸易与投资发展。

资金融通方面取得了突破性进展。一是中国或中国公司联合相关国家在 2015 年和 2016 年两年间新创立三个国际金融机构，即亚洲基础设施投资银行（亚投行）、金砖国家新开发银行和丝路国际银行。前两个银行有相当比例的资金用于服务"一带一路"建设，丝路国际银行则主要是为企业在非洲参与"一带一路"建设提供金融服务。二是专门为"一带一路"建设设立了一系列基金，包括丝路基金、人民币海外基金、中非发展基金、中哈产能合作基金、中国—东盟投资合作基金、中国—欧亚经济合作基金、中俄地区合作发展投资基金等。三是中资银行加快在相关国家布局发展。至本文撰写时，有 11 家中资银行在27 个相关国家（主要在东南亚、西亚和俄罗斯）设立了 71 个分支机构。四是通过发债筹集资金，支持"一带一路"建设融资。中国银行、国家开发银行等银行和招商局港口控股有限公司等公司已经发行了具有相当规模的"一带一路"专项债券（包括部分熊猫债）。

从民心相通来看，文化、教育、科技、卫生、体育、旅游以及政党、民间交流自 2013 年以来得到快速发展。以教育为例，2013 年约 200 个国家和地区的来华留学总人数约为 35 万人，2017 年仅来自"一带一路"相关国家的留学人数就达到 30 万左右。再看旅游，2013 年来华旅游人数约为 2600 万人次，其中约 60％来自亚洲；2017 年来华旅游者约为 4300 万人次，其中约 75％来自亚洲。

四、前景可期有理有据

我们对"一带一路"建设前景抱积极乐观的态度，既有理论依据，也有现实支撑。从理论上讲，适时提出"一带一路"倡议、与相关国家开展国际合作是大势所趋，具有客观必然性。一方面，"一带一路"相关国家多为发展中国家，促进经济增长是关键，解决基础设施短缺问题是当务之急。不少国家自然资源比较充足，绝大多数国家劳动力十分充足，很多国家甚至劳动力过剩，这些国家现阶段的发展主要问题是资本存量严重不足，导致缺乏必要的铁路公路等基础设施，使得产品无法与市场对接，即便是想要连接区域性市场也比较困难，或运输费用偏高。很多国家电力严重短缺，连维持基本的生活都很难，遑论生产。另一方面，经过改革开放 40 年的发展，中国积累了一定的资本、产能和发展经验，到了适度增加对外投资，更加合理地配置资本、技术等要素的发展阶段。

从现实来看，"一带一路"倡议提出后，很快就得到了世界许多国家、国际组织、跨国公司的热烈响应和积极参与，说明这一倡议的适时提出比较好地满足了全球共同发展的需要。特别是相关项目完成后，很快就给所在国带来多方面的积极效果，更使越来越多的人相信"一带一路"建设是一件可以促使国家发展、人民幸福的伟大事业。比如，蒙内铁路修成后，积极效果马上显现出来：货物运输成本大幅下降，带动了沿线区域的经营活动，沿线城市和农村就业机会增加，甚至促进了沿线小城镇的复兴与繁荣，国家税收也得到增加。据报道，肯尼亚官方认为，蒙内铁路为该国经济增长每年带来 1.5 个百分点的增量。再如，巴基斯坦的萨希瓦尔燃煤电站项目于 2017 年完工后，满足了当地上千万人的用电需求，直接提升了当地民众的生活质量。

正因为"一带一路"建设可以为相关国家和百姓带来实实在在的好处，所以，我们认为推进这样的事业是有价值的。展望未来，总体上讲"一带一路"前景是积极可期的，但在新形势下也面临着新的压力和挑战。我们必须在总结经验教训的基础上，沉着应对，把这项伟大事业做成做好，为构建人类命运共同体作出应有的贡献。

共建"一带一路"：把握航向 走深走实[①]

2018 年 8 月 27 日，中共中央总书记、国家主席、中央军委主席习近平出席推进"一带一路"建设工作 5 周年座谈会并发表重要讲话。讲话中对五年来共建"一带一路"的工作进行了总结，对"一带一路"建设所面临的形势进行了分析，对推进"一带一路"建设下一步的工作作出了部署。在目前错综复杂的国际形势下，认真学习理解习近平总书记的讲话精神，具有十分重要的意义。

---

① 2018 年 8 月 27 日上午，推进"一带一路"建设工作 5 周年座谈会在北京人民大会堂举行，笔者受邀参加了这次座谈会。当天下午，应《光明日报》邀请撰文谈参加座谈会的感受与体会，于是形成此文，并在次日（8 月 28 日）的《光明日报》上发表。

一、理念变行动成效显著

对于“一带一路”倡议提出五年来的总体评价，习近平总书记强调，共建“一带一路”正在成为我国参与全球开放合作、改善全球经济治理体系、促进全球共同发展繁荣、推动构建人类命运共同体的中国方案。

在“一带一路”国际合作框架下，我国积极推进基础设施建设国际合作和国际产能合作，更好地构建中国与世界互联互通的网络，同时大力推进发展中国家的工业化进程，这既有利于促进我国经济结构调整，有利于促使供给侧结构性改革进一步落到实处，也有利于促进我国西部地区、内陆地区的发展，有利于推进人民币国际化进程，有利于促进我国经济的高质量发展。同时，在共建“一带一路”过程中，我国不断增加自贸试验区建设数量并提高质量，更多地对世界开放市场，更大幅度地降低进口关税，大力推进贸易投资便利化，并在相关国家建立了越来越多的对外经贸合作区等。

共建“一带一路”五年来，中国在沿线及相关国家已经投入了一定量的资金，主要从事基础设施建设和开展产能合作，在不少国家建设了公路、铁路、桥梁、港口、电站等，也在一些国家修建了钢铁厂、水泥厂、汽车厂、炼油厂、食品加工厂、服装厂等，一方面为这些国家的经济腾飞创造了先决条件，另一方面也直接带动了这些国家的产业发展，推进了这些国家的工业化进程。

共建“一带一路”，增进了政治互信，在此前提和基础上，实现经济互融，增进文明互通，这些都对促进全球繁荣、维护世界和平以及加强全球治理起到了积极的推动作用。中国倡导创立了金砖国家新开发银行和亚投行，为改进全球金融治理起到了十分重要的积极作用；中国与世界上广大的发展中国家分享减贫经验，有利于促进全球减贫事业取得新进展；中国派出越来越多的人员参与国际维和行动，为维护世界和平作出了重要贡献。

二、大力推进恰逢其时

对于推进"一带一路"建设的宏观形势，习近平总书记指出，当今世界正处于大发展大变革大调整时期，我们要具备战略眼光，树立全球视野，既要有风险忧患意识，又要有历史机遇意识，努力在这场百年未有之大变局中把握航向。在这样的历史时期，"一带一路"倡议应运而生，许多国家特别是发展中国家都看到了这一倡议给世界已经带来或将要带来的积极影响，因而都十分积极地响应并参与其中。

目前我们所面临的时代，是一个百年未有之大变局发生的时代，因而形势十分复杂。在这种复杂的环境中，我们必须选择做一些对未来发展具有积极意义的事情，共建"一带一路"就是这样的大事。通过"一带一路"建设，世界得以更好地互联互通，贸易投资更加便利化，经济要素得以更加自由流动，交易成本下降，经济效率提高，给整个世界带来繁荣和发展。"一带一路"还有利于促进新的更加包容的全球化发展，促进创新发展，发展中国家就有机会和可能争取后发优势，实现跨越式发展，中国在数字经济领域的实践已经证明了这一点。

但是，推进"一带一路"建设，还需要把握火候，如果推进得太早，条件不成熟，就很难成功；如果推进得太晚，就有可能错失良机。从这五年的实践来看，目前这个时间节点是比较适宜的，因而需要大力且扎实地推进。特别是从目前的现实情况来看，在全球化出现回潮、多边贸易制度受到一定程度干扰的情况下，"一带一路"实际上已客观地成为一个促进世界多边贸易体系建设的新平台，这不仅仅是中国的需要，也是世界的需要。

三、抓好重点走深走实

五年的"一带一路"建设，已经取得了一些重要进展。如何做好接下来的推进工作，习近平总书记在讲话中既指明了方向，也提出了很务实、很具体的想法。

首先，强调了共建"一带一路"的基本定位。"共建'一带一路'是经济合作倡议，不是搞地缘政治联盟或军事同盟；是开放包容进程，不是要关起门来搞小圈子或者'中国俱乐部'；是不以意识形态划界，不搞零和游戏，只要各国有意愿，我们都欢迎。"[①]经济合作的基础在于相互信任，目的在于促进互利共赢，努力实现文明互鉴，最终共建人类命运共同体。习近平总书记强调这一点是很有必要的，因为许多误解都是出在这个基本定位上面，以为中国推进"一带一路"建设就是要扩张自己的势力范围，就是要扩大自己在地区和世界的影响力，就是要改

---

① 《习近平出席推进"一带一路"建设工作5周年座谈会并发表重要讲话》，http://www.gov.cn/xinwen/2018-08/27/content_5316913.htm，浏览时间：2018年10月8日。

变世界规则，就是要在世界上搞新的政治联盟，等等。这是不符合实际的，因为共建"一带一路"的重点在于基础设施建设和产能合作，与政治联盟和军事同盟完全没有任何关系。

其次，习近平总书记指出，在保持健康良性发展势头的基础上，推动共建"一带一路"向高质量发展转变，这是下一阶段推进共建"一带一路"工作的基本要求。在推进工作的新阶段，对于项目建设、开拓市场、金融保障等方面都提出了新的要求，而对于推动教育、科技、文化、体育、旅游、卫生、考古等领域交流，规范企业投资经营行为，高度重视境外风险防范等具体的方面，习近平总书记也给出了很详细和有针对性的建议。

最后，习近平总书记强调，要加强党对共建"一带一路"工作的领导。各地区各部门要增强"四个意识"、坚定"四个自信"，主动站在党和国家大局上谋划推动共建"一带一路"工作。具体到统筹协调工作，他更进一步指出，各地区要加强共建"一带一路"同京津冀协同发展、长江经济带发展、粤港澳大湾区建设等国家战略对接，促进西部地区、东北地区在更大范围、更高层次上开放，助推内陆沿边地区成为开放前沿，带动形成陆海内外联动、东西双向互济的开放格局。

从"大写意"到"工笔画"，习近平总书记的讲话为推进"一带一路"建设工作提供了根本遵循，将推动共建"一带一路"走深走实，造福沿线国家人民，推动构建人类命运共同体。

"一带一路"五周年：实践与思考①

　　2013 年秋，习近平总书记提出了与世界各国共建"一带一路"的宏伟倡议，随后迅速地引起了国际社会的积极反响。5 年来，理念已转化为行动，愿景已变为现实，共建"一带一路"的基本制度框架已经形成，一系列重大建设项目已经落地，有些建设项目更是已经完成，取得了一些早期收获。在五周年这样一个时间节点，我们需要梳理一下这几年都做了些什么，更需要思考我们为什么要做这些，以及未来的发展前景如何等问题。

① 本文发表在《中国科学院院刊》2018 年第 9 期。

一、共建"一带一路"：做了什么？

自"一带一路"倡议提出以来，中国与相关国家密切合作，共同努力，已经做了很多事情。如果把这些事情进行归类的话，大致可以归为三大类，即构建制度、推进项目、提供保障。

(一)构建制度

通过国家领导人之间的互访、举办"一带一路"国际合作高峰论坛、签署国家间"一带一路"合作协议以及制定共建"一带一路"国家战略对接详细规划等方法，不断地增进了解，凝聚共识，形成了关于共建"一带一路"的一整套制度框架，即由"一体""二性""三共""四互""五通"等具体内容构成的制度框架；再加上其他相关方面的内容，基本上形成了"一带一路"制度框架体系。

1."一体"

"一体"即构建人类命运共同体，这是共建"一带一路"的最终目标。习近平总书记2017年1月18日在联合国日内瓦总部发表了《共同构建人类命运共同体》的演讲，从5个方面对人类命运共同体进行了深刻的界定，那就是要致力于构建一个"持久和平、普遍安全、共同繁荣、开放包容、清洁美丽"的世界。[1] 后来，在同年5月举行的"一带一路"国际合作高峰论坛开幕式上，习近平总书记在演讲中提到了要把"一带一路"建设成为"和平之路、

---

[1] 《习近平谈"一带一路"》，中央文献出版社2018年版，第202页。

繁荣之路、开放之路、创新之路、文明之路"①。这实际上与以上所提到的 5 点基本思想是一致的，最终目标都是要共同构建人类命运共同体，实现共同发展。这也是解决目前世界出现的发展失衡、治理困境、数字鸿沟、公平赤字等国际共性问题的中国方案。

2. "二性"

"二性"即开放性、包容性，这是共建"一带一路"的两个最核心特性。"一带一路"作为一个新的国际平台，有许多新的特性，其中最核心的特性有两个——开放性和包容性。这两大特性既体现在习近平总书记提出的关于共建"一带一路"的目标之中，也体现在习近平总书记在"一带一路"国际合作高峰论坛开幕式上的演讲中特别强调的"丝路精神"之中，还体现在习近平总书记努力推进的经济全球化进程之中（建设开放、包容、普惠、平衡、共赢的经济全球化）及他所倡导的构建更加公正合理、普惠均衡的全球治理体系之中。所谓开放性，既包括了贸易、投资、金融、信息、技术等与经济发展直接相关的各方面的开放，也包括了文化、教育、医疗卫生等方面的开放，最终是不同文明和不同民族在开放中发展，在融合中共存。所谓包容性，主要指的是在广泛参与的基础上，取得的成果应该为所有人群共享，包括贫困阶层的人们和贫穷的国家都能从共建"一带一路"中获得实际利益。

3. "三共"

"三共"即共商、共建、共享，这是共建"一带一路"的基本

---

①　习近平：《携手推进"一带一路"建设——在"一带一路"国际合作高峰论坛开幕式上的演讲》，https://www.yidaiyilu.gov.cn/xwzx/xgcdt/13208.htm，浏览时间：2017 年 5 月 30 日。

原则。习近平总书记于 2014 年 6 月在中阿合作论坛第六届部长级会议开幕式上讲到，"中阿共建'一带一路'，应该坚持共商、共建、共享原则"①。在 2017 年 5 月由我国推进"一带一路"建设工作领导小组办公室发布的《共建"一带一路"：理念、实践与中国的贡献》中，也明确地提到了建设"一带一路"的基本原则，即"坚持共商、共建、共享原则"②。这实际上也很好地体现了互信、互利、平等、协商、尊重多样文明、谋求共同发展的"上海精神"，两者之间具有很强的异曲同工之处，体现的都是中国方案的基本原则。

4."四互"

"四互"即相互和平合作、相互开放包容、互学互鉴、互利共赢，这是共建"一带一路"的基本精神，也就是习近平总书记着重强调的"以和平合作、开放包容、互学互鉴、互利共赢为核心的丝路精神"③。习近平总书记在 2017 年举行的"一带一路"国际合作高峰论坛开幕式演讲中，对这 4 句话进行过十分详细的解释，主要是强调了中国与其他国家之间友好合作的重要意义和价值。其中包括通过和平的方式共同建设陆上和海上丝绸之路；不同文明、宗教、种族之间求同存异，共同发展；来自不同文化、知识背景中的不同民族和人民相互交流，相互学习，相互借鉴；最终的结果是从相互的交流与合作中，大家都能收获成功的果实，促进共同发展。历史和现实都证明了，只要坚

---

① 《习近平在中阿合作论坛第六届部长级会议开幕式上讲话》，http://www.gov.cn/xinwen/2014-06/05/content_2694830.htm，浏览时间：2017 年 6 月 7 日。

② 推进"一带一路"建设工作领导小组办公室：《共建"一带一路"：理念、实践与中国的贡献》，外文出版社 2017 年版，第 7 页。

③ 《习近平谈治国理政》第二卷，外文出版社 2017 年版，第 506 页。

持合作共赢的基本思路，就能很好地处理不同国家、民族、人民之间的关系，实现互利共赢。

5."五通"

"五通"即政策沟通、设施联通、贸易畅通、资金融通、民心相通，这是共建"一带一路"的主要内容。习近平总书记2013年9月的提法是"政策沟通、道路联通、贸易畅通、货币流通、民心相通"[①]；后来在国家发展和改革委员会、外交部和商务部三部委于2015年3月发布的《推动共建丝绸之路经济带和21世纪海上丝绸之路的愿景与行动》中，进一步明确为"政策沟通、设施联通、贸易畅通、资金融通、民心相通"5个方面的"合作重点"内容。[②]

(二)推进项目

共建"一带一路"的重点项目主要集中在两个方面：基础设施建设、国际产能合作。

1.基础设施建设

基础设施建设的重点项目集中体现在六大经济走廊建设和"多国多港"建设体系中。同时，也根据现实需要在"一带一路"国际合作框架下开展了一些其他的基础设施建设项目。

（1）六大经济走廊建设。①在中蒙俄经济走廊建设框架下，至本文撰写时，滨洲铁路已经完成了电气化改造任务，中蒙和中俄之间共有约10条输电线也已建成，中蒙"两山铁路"已完成前期准备工作。②在新亚欧大陆桥经济走廊建设框架下，越来

---

① 《习近平谈治国理政》，外文出版社2014年出版，第289—290页。

② 国家发展改革委、外交部、商务部：《推动共建丝绸之路经济带和21世纪海上丝绸之路的愿景与行动》，http://www.xinhuanet.com/world/2015-03/28/c_1114793986.htm，浏览时间：2017年6月7日。

越多的国家和城市修建了越来越多的铁路线与新亚欧大陆桥这一主干线连接。至本文撰写时，中欧班列已将中国与欧洲的15个国家的43座城市连接起来了，累计开行数量已超过了1万列。③在中国—中亚—西亚经济走廊建设框架下，中国企业在中亚建设的第一个铁路隧道，即乌兹别克斯坦的卡姆奇克隧道（"安格连—帕普"铁路隧道）已于2016年6月通车；至本文撰写时，中国铁路施工企业在中亚建成的第一条铁路，连接交通极其不方便的"高山国"塔吉克斯坦中部和南部的"瓦亚（瓦赫达特—亚湾）铁路"也已于2016年8月顺利通车；至本文撰写时，从中亚（主要是土库曼斯坦）到中国的天然气管道项目A、B、C线已建设完成并已正常通气，D线也在顺利建设之中。④在中巴经济走廊建设框架下，至本文撰写时，喀喇昆仑公路二期扩建工程向南延伸到巴基斯坦中部和南部的建设项目正在建设之中，巴基斯坦1号铁路干线升级的建设项目也在顺利推进之中。⑤在孟中印缅经济走廊建设框架下，中缅气、油管道项目已分别于2013年和2017年完成。⑥在中国—中南半岛经济走廊建设框架下，至本文撰写时，印度尼西亚雅万高铁、中泰铁路、中老铁路等铁路项目都在顺利进行中，中国、老挝、缅甸、泰国共同实施的澜沧江—湄公河一期整治工程已完成，正在推进二期整治工程。

（2）"多国多港"建设。从"多国多港"建设来看，至本文撰写时，巴基斯坦的瓜达尔港建设进展顺利，并且瓜达尔港经济开发区第一期建设也已经基本完成。缅甸的皎漂港建设已经开工。斯里兰卡的汉班托塔港和科伦坡港口新城建设在经历过一段时间的周折后，现已回到建设正轨。至本文撰写时，中国公司通过各种方式已经参与到了沿"21世纪海上丝绸之路"的20多个国家的超过50个港口建设之中。

（3）其他建设。除六大经济走廊建设和"多国多港"建设外，也有许多其他基础设施建设项目在"一带一路"上展开。譬如，至本文撰写时，我国在非洲参与建设中的铁路总里程数就超过了 6000 公里，在建公路总里程数也超过了 5000 公里，还有一批港口和机场也在建设之中（如吉布提港）。有些基础设施建设项目已经完成并开始正常营运了。例如，肯尼亚的蒙内铁路，已于 2017 年 5 月通车；尼日利亚的阿卡铁路，也已于 2017 年 7 月通车运行；从埃塞俄比亚到吉布提的亚吉铁路，也是在 2017 年建成通车的；等等。

2. 国际产能合作

除了基础设施建设外，推进共建"一带一路"的另一个重点就是促进国际产能合作，其中的一个重要内容就是建设海外产业园区。到 2018 年 8 月底，"一带一路"倡议提出 5 年时间，中国仅在沿线国家建设的境外经贸合作区就达 82 个，进入合作区的企业已近 4000 家，累计投资 289 亿美元。在沿线国家以外的地区，如非洲一些地区，也投资建设了不少产业园区。

（三）提供保障

为了使共建"一带一路"切实落到实处，有一些基本的保障必须跟上，否则共建"一带一路"就是一句空话。其主要包括资金保障、民心保障、安全保障、法律保障等。以下主要介绍资金保障和民心保障两个问题。

1. 资金保障

为了促进"一带一路"建设，中国或中国企业联合相关国家新创立了 3 个国际金融机构，即亚洲基础设施投资银行（亚投行）、金砖国家新开发银行和丝路国际银行，并且都是在 2015—2016 年两年间新创建的。前两个银行并不完全只是为"一带一路"建设项目提供资金支持，但也有相当大比例的资金是用于这方面的；丝路国际银行则主要是为中国企业在非洲参与"一带一路"建设项目提供金融服务。

中国还专门为"一带一路"建设设立了一系列的基金，包括丝路基金、人民币海外基金、中哈产能合作基金、中非发展基金、"澜湄合作"专项基金、中国—东盟投资合作基金、中国—欧亚经济合作基金、"21世纪海上丝路"产业基金、亚联投海外基金、中俄地区合作发展投资基金、联合融资基金等，以及许多中国地方或企业也设立了"一带一路"产业投资基金。至本文撰写时，仅丝路基金就已为"一带一路"建设项目实际出资64亿美元，项目主要分布在俄罗斯、蒙古国两国以及中亚、南亚和东南亚地区。此外，中资银行加快在"一带一路"沿线国家进行布局发展。至本文撰写时，已有11家中资银行在27个沿线国家（主要为东南亚、西亚国家以及俄罗斯）设立了71个一级机构。至本文撰写时，中国的国家开发银行已经在"一带一路"沿线国家累计发放贷款超过1800亿美元；中国进出口银行为支持"一带一路"建设，也累计发放贷款超过1200亿美元。

此外，中国银行、国家开发银行等银行和招商局港口控股有限公司等还专门发行了具有相当规模的"一带一路"专项债券（包括部分熊猫债），为"一带一路"建设融资。

2. 民心保障

共建"一带一路"，如果没有相关国家人民的支持是很难成功的，因此可以说，民心相通是一个基础性的保障工程。正因为如此，习近平总书记在共建"一带一路"的主要内容中，专门提到了"民心相通"这一点。

民心相通涉及面很广，从其中的一些主要方面来看，2013年以来，文化、教育、科技、卫生、体育、旅游以及政党、民间交流都得到了快速发展。以教育为例,"一带一路"沿线国家来华留学人数大幅增长。2013年来自约200个国家和地区的在华留学生总人数大约为35万;到2017年年底,仅来自"一带一路"沿线国家的留学生人数就达到了30多万。旅游相关数据也很能说明问题,根据权威部门发布的报告,2017年海外来华的总旅游量约为4300万人次,其中约75%来自亚洲。而到2019年,中国仅仅与"一带一路"沿线国家之间的双向旅游人数就超过了2017年的全部海外游客人数。

通过促进"一带一路"沿线国家教育、旅游等行业的发展,增进了中国与相关国家的了解和友谊,增进了各相关国家人民对共建"一带一路"的理解和支持,为共建"一带一路"取得好的效果奠定了牢固的民心基础。

二、倡导"一带一路":为了什么?

中国在世界上首倡共建"一带一路",既有出于自身发展的考虑,也有促进世界各国共同发展的考虑。也就是说,这是在综合考虑了国内、国际两个大局的基础上提出的一个宏大倡议。共建"一带一路",将直接促进中国与世界的繁荣、发展、稳定与和平,最终直接有利于推动构建人类命运共同体。

(一)中国视角

从中国的视角来看,共建"一带一路"主要可以从3个方面直接促进中国的可持续发展。

1. 利用"一带一路"国际合作平台,进一步加强与相关国家的贸易关系

通过"一带一路"平台,进一步加强中国与相关国家的贸易关系，进口一些中国需要的产品，保障中国基本供给得以较好满足。譬如，2017 年中国进口原油 4.2 亿吨，同年国内的原油产量只有 1.9 亿吨，进口量占总需求的 68.9%；2017 年中国共消费天然气 2373 亿立方米，其中进口了 838 亿立方米，占全年消费量的 35.3%；2017 年中国从国际市场上净进口大豆 9542 万吨，占当年国内总消费量 11059 万吨的 86.3%；2017 年中国还净进口铁矿石 10.7 亿吨，占当年总需求 23 亿吨的 46.5%。还有许多其他产品，中国都需要大量从国际市场上进口。

正是因为有这样的需求，于是中国在中亚建设了比较完善的能源管道网，包括天然气管道和石油管道。至本文撰写时，中国—中亚天然气管道有 A、B、C、D 共 4 条线，除了 D 线仍在建设之中外，其他 3 条线都已经建成输气。中国也根据需要，建设了中国—哈萨克斯坦石油管道，从哈萨克斯坦西部的阿特劳通过管道向中国境内输入石油。至本文撰写时，中国每年从中亚进口的天然气大约占中国天然气进口总量的 60%，中国从哈萨克斯坦进口的原油也已累计达到了 1 亿吨左右。因此，中国是能源资源比较丰富的哈萨克斯坦、土库曼斯坦和乌兹别克斯坦最大的能源出口市场。

2. 促进中国构建全面对外开放新格局

因为"一带一路"是一个完全开放、包容的国际合作平台，它有利于促使中国的大门开得更大，与世界各国的联系越来越多，越来越紧密。共建"一带一路"的这 5 年，中国加强了与 64 个沿线国家的关系；2018 年中非合作论坛北京峰会后，"一带一路"建设加紧与非洲发展进行对接，中非合作进入历史发展新阶段；未来，中国还会依托这一平台，深化自身与拉丁美洲以及世界其他国家的合作。

3. 有利于促进中国边境地区发展

由于共建"一带一路",中国与接壤的国家纷纷开始共建边境经济开发区,如中哈边界的霍尔果斯经济开发区、中老边界的磨憨—磨丁经济合作区等,这就使得过去分别属于相关邻国的边缘地区城镇和乡村,变成了现在双边甚至多边的中心地带,极大地促进了这些地区的繁荣和发展。

4. 其他方面

除此之外,国际产能合作和增加对外投资,还对促进中国目前正在积极推进的供给侧结构性改革有积极意义,对推进人民币国际化也具有一定的积极意义。

(二)全球视角

从全球的视角来看,共建"一带一路",也将至少可以给世界带来三大好处。

1. 促进全球经济增长,尤其是对促进发展中国家经济增长具有非常积极的意义

发展中国家目前的发展受到了一些客观因素的制约,其中一个最主要的制约就是缺乏发展所需要的资金。资金不足,投资就不足,这直接导致了交通与通信基础设施条件很差,贸易成本很高;很多国家还严重缺电,直接影响其工业和其他产业的发展,甚至也影响人民生活。于是,中国拿出一些资金向这些发展中国家投资。

以中亚为例,到2016年年底,中国对中亚的投资存量已经达到了91.4亿美元。其中,对哈萨克斯坦的投资最多,为54.3亿美元,占中国对中亚总投资存量的59.4%;中国现已成为哈萨克斯坦的第二大投资来源国,对其的投资量已经大大超过了俄罗斯对该国的投资量。中国目前还是土库曼斯坦、吉尔吉斯斯坦和塔吉克斯坦三国的最大投资国。此外，中国还针对中亚地区产业发展比较薄弱的问题，在这一地区大力推进国际产能合作，建设工业园，促进现代农业发展。中国拿出 20 亿美元成立了专门的中哈产能合作基金，用于中国优质产能落地哈萨克斯坦。中国与乌兹别克斯坦合资创建了鹏盛工业园，既促进了加工制造业在乌兹别克斯坦的发展，也为所在地提供了 1000 多个新的就业机会，为所在州提供了 20％的税收。中国民营企业在吉尔吉斯斯坦创办了独资的亚洲之星农业产业园，促进了现代农业在中亚的发展。

2. 使更多的发展中国家及其人民能够从全球化和全球治理中获得实实在在的好处

由于"一带一路"国际合作平台具有比较强的开放性和包容性，以及"一带一路"国际合作所秉承的是共商、共建、共享的基本原则，因而参与各方在"一带一路"上平等合作、互利共赢。这就有利于维护和加强国际多边合作机制，特别是多边贸易与投资机制，遏制单边机制；有利于推进全球化，甚至推进现有全球化的转型升级发展[1]，改善全球治理；有利于让更多的发展中国家平等地参与到全球共治的行列、队伍和进程之中，使更多的发展中国家及其人民能够从全球化和全球治理中获得实实在在的好处。

3. 最终有利于推动构建人类命运共同体

共建"一带一路"，遵循了绿色发展和可持续发展的理念，加上十分重视基础设施建设和社会发展，因而十分契合联合国《2030 年可持续发展议程》的主要目标和内容。因此，共建

---

① 胡必亮：《"一带一路"建设与全球化转型》，《光明日报》2017 年 5 月 13 日第 8 版。

"一带一路"在相当程度上有利于促进全球可持续发展，最终有利于推动共建人类命运共同体。

三、思考"一带一路"：前景如何？

"一带一路"建设实践，到本文发表时整整 5 年。从以上提到的实际效果来看，不论是构建制度，还是实施项目，以及提供保障方面，都已取得了比较好的阶段性成效。那么接下来的情况会怎样？最终前景如何？都是需要我们认真思考的问题。不仅需要我们进一步从实践层面思考，也需要我们从理论层次思考。

就目前而言，共建"一带一路"的绝大多数参与国都是发展中国家。发展中国家的主要任务就是促进发展，其中促进经济增长尤其重要。这些国家中的不少国家是有比较丰富的自然资源的，绝大多数国家还有十分充足的劳动力，很多国家甚至面临劳动力过剩的问题。这些国家在目前发展阶段的主要问题是资本存量严重不足，包括缺乏必要的铁路和公路等资本品。因此，其产品无法与市场对接，哪怕是连接区域性的市场也都比较困难；即使勉强能够连接市场，运输费用也很高。很多国家存在严重的电力短缺问题，不仅无法生产，就连基本的生活都很难维持。总之，解决这些国家的基础设施短缺问题是当务之急。

从中国的情况来看，经过改革开放 40 年的发展，中国积累了一定的资本，既包括银行储蓄，也包括外汇储备，到了适度增加对外投资、更加合理地配置资本和技术等要素的发展阶段了。因此，从理论上讲，现在确实需要有一个国际平台，将中国在资金、设备和一些适用技术方面的供给与一些发展中国家在这方面的需求进行有效对接。"一带一路"倡议的提出，正好契合了这一历史时期的客观需要。"一带一路"倡议的开放性、包容性、综合性等特性，决定其可从相当程度上促进中国与相关发展中国家的共同发展。因此，共同推进"一带一路"国际合作是大势所趋，具有客观必然性。

从现实来看，"一带一路"倡议提出后，很快就得到了世界许多国家、国际组织、跨国公司的热烈支持与积极响应。不少国家、国际组织和重要公司都已经积极参与到共建"一带一路"过程中了。这也说明了这一倡议在这个时期提出来，比较好地满足了全球发展的共同需要。

特别要提到的是，一些"一带一路"建设项目完成后，很快就给项目所在国带来了多方面的积极效果，这使越来越多的人相信"一带一路"建设是一件可以促进国家发展、人民幸福的伟大事业，有着良好的发展前景。譬如，蒙内铁路建成后，积极效果马上就显现出来了：据报道，货物运输成本很快就降低了接近80%，带动了沿铁路线两旁区域的经营活动，甚至促进了两旁小城镇的复兴与繁荣；列车上和靠近车站的城市和农村的就业机会得以增加，国家税收也得以增加。一条铁路的建成，带来了一系列的巨大变化，最终直接促进了所在国的经济社会综合发展水平的提升，这就是"一带一路"建设成果的缩影之一。毫无疑问，贡献是巨大的。再如，巴基斯坦萨希瓦尔燃煤电站项目于2017年完工后，满足了当地上千万人的用电需求。

正因为"一带一路"建设可以为各国及其老百姓都带来实实在在的好处，因此我们认为推进这样的建设事业是有价值的。但要做好"一带一路"建设事业，并不是一件容易的事。基于5年来的经验教训，我们认为在未来的"一带一路"建设中，应该特别重视以下三个问题。

第一，要特别注意项目所在国的债务问题，以免陷入债务危机。作为重要的投资方，中国政府和企业一方面要从宏观上密切关注项目所在国的经济增长、贸易平衡状况、资本流入和流出情况、税收情况及其变化，尤其是要特别关注该国的财政赤字和债务水平及其变化。另一方面，我们也要从微观上关注与项目相关的各项财务指标情况及其变化（包括原材料价格的变化、人力成本、设备等方面的变化），并严格监控总成本，详细地分析具体的投资安排（包括投资规模、分阶段的资金安排、还款方式和分期还款安排等），严格管理好项目财务问题。

第二，要特别注意硬件与软件的密切配合，降低成本。要将硬件方面的交通基础设施建设与软件方面的贸易便利化措施密切结合起来，尽快地降低运输成本。促进合作方货物出口，特别是促进其特色商品的出口，使相关国家尽快从"一带一路"建设项目中获得出口促进带来的好处。

第三，要特别注意增强沿线国家的自身"造血功能"。要将宝贵的资金使用与发展实体经济、促进国家工业化和农业现代化密切结合起来，增强相关国家的"造血功能"，实现其自身经济的健康快速发展。如果共建"一带一路"不能很好地增强各参与国的"造血功能"，实现其更快的经济增长和更合理的产业结构、经济结构、社会结构变迁，那就应该做深入的研究，找出问题，调整战略与思路，并尽快回到这些方面来。

推动"一带一路"境外经贸合作区高质量发展

——基于对几个境外经贸合作区实地调研的初步总结与思考①

共建"一带一路"正从总体布局的"大写意"向精谨细腻的"工笔画"铺展。作为共建"一带一路"的重要实践，境外经贸合作区创新了对外投资合作模式，推动中国与所在国经济开放包容发展，受到广泛关注。携手推动境外经贸合作区实现高质量发展，成为广泛共识。

2019 年上半年，笔者先后到老挝、埃塞俄比亚、泰国、白俄罗斯等国就"一带一路"经贸合作区发展问题进行实地调研，结合之前在哈萨克斯坦、吉尔吉斯斯坦、格鲁吉亚等国所做的类似调研，深深感到促进境外经

---

① 2019 年上半年，笔者先后赴老挝、埃塞俄比亚、泰国、白俄罗斯等国实地调查主要由中国企业投资建设的境外商贸合作区，然后写成了这篇调查报告，发表在 2019 年 7 月 28 日的《光明日报》上。

贸合作区实现高质量发展，对于推动共建"一带一路"走深走实具有十分重要的意义。

一、高质量发展的六个特点

"一带一路"倡议提出以来，中国加快了在境外建设经贸合作区的步伐，以促进我国与相关国家之间的国际产能合作，推进相关国家的工业化发展进程，实现共同发展。经过几年、十几年甚至更长时间的发展，很多境外经贸合作区发展得很好，也有的目前仍处于探索阶段。初步概括起来，发展较快、质量较高的境外经贸合作区一般都具备几个明显的特点。

(1)具有明显的区位优势，基础设施完备。这些经贸合作区通常位于交通便利之地，离机场或港口近，离城市中心也不远，甚至在两国或多国交界处，确保其市场腹地广阔，比如在白俄罗斯首都明斯克建设的中白工业园、在泰国建设的罗勇工业园等。同时，基础设施条件完备，既包括能够满足入区企业基本需求的基础设施条件，如水电路气等，也包括技术性较强的基础设施条件，如通信、互联网等，还包括一些配套的社会层面的基础设施条件，如教育、医疗等。

(2)产业定位清晰、准确，具有长远的发展前景。经贸合作区内，可以是以一个主导产业来带动其他相关产业的发展，也可以是多个产业在园区里共同发展。这主要根据不同经贸合作区及其东道国的具体情况而定。最重要的是真正实现优势产业在特定空间的有效聚集，最好是能够形成具有国际竞争力的独特产业体系。

(3)入园区的企业质量高且多元化。园区吸引了在特定的产业链里具有较强引领力和影响力的企业，这些企业生产效率高，创新能力强，产品在国际市场上具有一定的竞争力。同时，入驻的企业来自不同国家、不同地区，在国别上尽可能多元化。

（4）园区管理委员会和企业与东道国和投资国的相关政府部门建立起了良好的合作伙伴关系。尤其是东道国政府愿意提供有法律保障的优惠条件和相关制度安排。

（5）经贸业绩表现好。经贸业绩表现好，是实现高质量发展的一个十分重要的落脚点。这方面的体现指标很多，主要包括吸引外来投资的数量、园区所生产的产品的出口情况及其创汇收入情况、为东道国所创造的 GDP 数量、为中国创造的境外收入情况、为当地创造的税收以及就业机会等。

（6）适应时代发展新要求，境外经贸合作区除了要在经贸方面有突出表现外，还要在环保、节能、清洁能源、扶贫等可持续发展方面作出成绩，为东道国有效落实联合国《2030 年可持续发展议程》作出积极贡献。

二、走深走实的基本经验

经过多年发展，很多境外经贸合作区在经济效益和社会效益以及可持续发展方面都取得了不俗的成绩，需要我们认真加以总结，目前已经有了比较清晰的几点高质量发展经验，值得我们开展更加深入的调查研究和更进一步的探讨。

1. 构建起经贸合作区内良好的产业集群体系

境外经贸合作区是一个不同产业落地的空间载体，即使是建设"产城融合"综合体，也是以产业集群落地为前提条件的。凡是发展得好的经贸合作区，都有很强的产业支撑，如果有一些对上中下游产业具有更强带动力的企业入驻，则效果更好。例如，中策橡胶等企业入驻泰中罗勇工业园之后，一批与这些公司在经营上有关联的上下游企业也随之进入园区，对近几年该工业园的快速发展起到了直接的推动作用。当然，泰国政府及时改进服务、改善交通条件等因素也起到了积极作用。

2. 利用境外经贸合作区平台，构建起中国与东道国以及其他国家之间产业发展的良性互动关系

埃塞俄比亚东方工业园里的大部分企业，都在中国与埃塞俄比亚、美国、欧盟国家的产业体系之中构建起了不错的合作共赢关系，这一方面有利于加速埃塞俄比亚的工业化发展进程，另一方面满足了欧美市场的需求，同时也有利于中国企业对外投资以及中埃之间的产能合作发展。

3. 充分发挥政府和社会资本合作模式（PPP 模式）的优势，利用多方力量建设经贸合作区

目前境外经贸合作区的建设主体已经实现多元化，既有国企，也有民企。比如，中白工业园区的建设主体就是国企，而泰中罗勇工业园的建设主体则是民企。笔者最近在老挝调研磨憨—磨丁经济合作区时，发现位于老挝一方的磨丁经济特区就是由一家来自云南的民企开发的，仅仅用了两年左右的时间，就在老挝北部与中国云南西双版纳交界处的磨丁初步建设起一座新城，速度之快、效率之高，令人叹服。

4. 将长远发展与当前实际紧密结合

在借鉴中国经济开发区发展经验的基础上，结合东道国的实际情况和具体要求，将长远发展与当前实际紧密结合，确定实事求是的境外经贸合作区发展的质量标准，不追求一步到位，但强调不断改进，不断完善，逐步达到高标准。

5. 赢得东道国政府的积极大力支持

一般而言，东道国都会对中国投资的境外经贸合作区提供较好的优惠条件。仍以中白工业园为例，白俄罗斯政府为中白工业园提供了各方面的优惠条件，不仅提供了良好的区位，出台了相应的政策，而且还为工业园的开发建设制定了专门的法律，为园区的长期健康发展提供了强有力的法律保障。

三、推动经贸合作区行稳致远

广大发展中国家加快工业化城镇化，进而实现经济独立和民族振兴方兴未艾。以境外经贸合作区为代表的"一带一路"建设项目之所以得到广泛支持，主要是因为其反映了各国特别是广大发展中国家对促和平、谋发展的愿望。今后在推进"一带一路"经贸合作区建设过程中，我们应着力加强在产业、市场、投融资、可持续发展等方面的探索，推动境外经贸合作区又好又快发展。

1. 培育优势产业

从长远看要综合考虑四个层次的产业发展需要：一是经贸合作区本身发展所需要的优势产业，二是东道国实现工业化所需要的优势产业，三是投资国通过东道国和其他国家开展更加有效的国际产能合作的优势产业，四是国际市场所期待发展的产业。当然，要做到这四个方面匹配发展是非常困难的，但是可以分步到位，同时重点考虑发展全球市场需求旺盛的特色产业。

2. 多层次地开拓市场

基本思路是从东道国的市场、包括中国在内的投资国的市场、东道国所在的区域市场和全球市场这四个层次进行开拓，扩大市场辐射范围。值得一提的是，东道国与中国要在产业、经济、金融、社会等方面建立更加密切的互动关系，进一步构建互利共赢的利益共同体、责任共同体、命运共同体。

3. 创新投融资机制，拓展投融资渠道

就境外经贸合作区建设而言，资金融通是一个很重要的问题，我们需要创新投融资机制，最重要的是设计一套可以充分利用国际资本市场的投融资机制，如发债、上市、专项基金等方式，也可以根据实际情况运用PPP、BOT等模式。

4. 要特别重视可持续发展

境外经贸合作区一定要把建设可持续发展合作区作为重要的发展方向，结合东道国在落实联合国2030年可持续发展目标方面的规划而推进相关工作，努力实现经贸合作区在经济、社会、环境等方面全方位发展。

加强互联互通　实现合作共赢
——"一带一路"八周年①

　　2021 年是中国提出共建"一带一路"倡议八周年。八年来，不仅倡议得到了绝大多数国家和国际组织的理解和认同，并积极参与其中；更重要的是，中国积极作为，与共建"一带一路"国家经过共同努力，已经取得了许多实实在在的建设成果，并满怀信心地开创共建"一带一路"新局面，期待取得更大成就。

　　共建"一带一路"倡议倡导通过加强全球互联互通，建设更好的全球发展伙伴关系，打造开放包容的新合作模式，实现全球共同繁荣发展，推动构建人类命运共同体。

　　这一倡议的基本逻辑是首先加强以基础

---

　　①　本文发表在 2021 年 10 月 22 日的《光明日报》上。

设施互联互通为基础的全球网络体系建设，从而促进包括货物、资本、技术、人员、信息等经济要素在全球更加畅通的流动，发挥各自不同的比较优势，各种经济资源都得以有效配置，促进增长联动，进而参与共建各方都可以从中获取最大利益，实现共同繁荣与共同发展。同时，在这样的合作过程中，相关各方进一步增进了解和信任，基于发展导向的伙伴关系变得更加密切，最终形成你中有我、我中有你、休戚与共的人类命运共同体。

正是基于这样的精神和逻辑，八年来，中国与共建"一带一路"国家紧密地团结合作，以基础设施互联互通建设为起点和重点，共同建设了许多重大项目，仅中央企业投资建设的重大项目和重大工程就有 3000 多个，其中相当数量的投资都集中在基础设施建设领域，对切实改善相关国家的基础设施状况发挥了重要作用。

以铁路建设为例，全长 1000 多公里的中老铁路于 2021 年 10 月 12 日完成全线铺轨任务，动车组随即于 10 月 16 日运抵新建成的中老铁路万象站，通过检测后即将开始正式运营；蒙内铁路早已于 2017 年 5 月建成并开始商业运行，报道称，东非地区的货运成本因而下降 70% 多，促进了肯尼亚的贸易发展和沿线经济发展，为该国经济增长常年贡献 1.5 个百分点左右；亚吉铁路开通运行后，不仅大大促进了埃塞俄比亚的贸易发展，而且促进了沿这条铁路线而建的多个产业园区的快速建成与发展；匈塞铁路塞尔维亚段已经有两段分别于 2020 年和 2021 年 3 月顺利通车，匈牙利段的奠基仪式 2021 年 10 月 15 日已经举行，施工进展顺利；中国在印尼建设的雅万高铁和在泰国建设的中泰铁路也都在顺利建设推进之中。

除了铁路建设外，八年来中国企业也在共建"一带一路"国家建设了大量的公路项目。以吉尔吉斯斯坦为例，该国大量的公路都是由中国公司建设的，而且绝大多数都是近几年建设完工的。还有港口项目，希腊的比雷埃夫斯港经过中国公司升级改造后，已从前几年的衰落境况迅速转变为亚洲、欧洲、非洲三大洲海运业务枢纽；斯里兰卡汉班托塔港及其临港产业园建设完成后，将成为斯里兰卡南部地区重要的新经济增长极；巴基斯坦瓜达尔港港区的作业能力已经得到很好提升，贸易量正在逐步增长，瓜达尔港及其经济开发区也已经基本建成；缅甸的皎漂港已经在发挥重要作用，从该港口输入的石油和天然气已经通过中缅油气管道向云南输送原油和天然气多年，缅甸从中得到的实际收入超过数亿美元。

总的来看，在"一带一路"国际合作框架下，中国与相关国家共建了很多基础设施项目，既包括立体化的海陆空交通基础设施项目，也有用于输送石油天然气的管道项目，还有信息高速公路项目，直接改善和提升了亚洲乃至全球交通、能源、电信等领域的互联互通水平，对促进区域和全球经济增长提供了重要支撑。

除硬件方面的基础设施建设项目外，互联互通也包括很多软件方面的互联互通建设项目。譬如，中国与共建"一带一路"国家在规则、制度、战略、标准、政策、法律法规等方面都进行了很多有效的沟通协商，形成了双边、多边都认可的一些新的宏观经济政策、贸易投资规则、财政税收制度、工程技术标准、法律法规条例等。这样就促进了中国与相关国家之间的软联通建设，推动各国的制度性开放发展，降低交易成本，提高合作效率和水平。

八年来，中国与共建"一带一路"国家和相关国际组织始终把加强互联互通网络体系建设放在"一带一路"国际合作的重要位置，不仅在硬联通和软联通建设两个方面都取得了许多重大成果，而且这些建设项目和建设成果已经开始发挥十分重要的积极作用，中国和相关国家也都已经从中获得实实在在的好处，实现互利共赢发展。

一是有效支持各国共同抗击新冠疫情。基于"一带一路"国际合作平台，中国从新冠疫情暴发初期就以视频方式积极与许多国家分享抗疫经验，随后分期分批地向一些国家派出医疗队，帮助抗击疫情，并向许多国家捐赠医疗设备和防护产品，现在又与一些共建"一带一路"国家开展联合疫苗试验和合作生产，并根据各国的不同诉求而通过不同形式源源不断地向全世界提供中国生产的疫苗，及时地挽救人民生命，保障人民身体健康。据统计，中国已累计向世界近百个国家提供了用于抗击疫情的医疗设备和防护产品；到 2021 年 9 月，中国已向世界提供超过 12.5 亿剂疫苗，全年将达到 20 亿剂。这些都对支持和保障全球抗疫取得最后胜利起到了重要作用。

二是大力促进各国加快经济复苏。鉴于疫情全球大流行的特殊情况，在共建"一带一路"国际合作框架下，中国通过加快中欧班列发展而努力保持"一带一路"沿线国家的供应链产业链稳定，同时也支持抗疫斗争的有效进行。2020 年中欧班列开行数量同比增长 50％；2021 年 1—8 月，中欧班列开行 10030 列，发送集装箱 96.4 万标箱，同比分别增长 32％、40％。为了促进全球经济尽快复苏，中国克服了巨大的困难，利用率先控制住了疫情扩散的优势，开足马力生产，向世界各国提供尽可能多的助力经济复苏和支持民生的设备与产品，2020 年，中国货物贸易进出口总值同比增长 1.9％。同时中国也加大投资力度，2020 年中国对外投资 1537.1 亿美元，同比增长 12.3％，大力增加向世界各国的投资，支持全球经济早日复苏。

三是有力推动全球绿色转型发展。中国承诺将力争在2030年前实现碳达峰、2060年前实现碳中和；还提出中国不再新建境外煤电项目。中国自身近年来进一步推进可再生能源发展，加大环境保护力度，加快建设国家公园，大力保护生物多样性等，同时也越来越多地在共建"一带一路"国家投资建设可再生能源，推进数字化转型发展，重视环境保护，正在努力把"一带一路"建设成为绿色发展之路。

四是加强发展能力建设。基于自身发展经验，中国特别重视共建"一带一路"在坚持发展导向方面的积极意义，那就是通过促进发展来解决发展中国家在发展过程中遇到的困难与问题。除基础设施建设等硬件方面的因素外，发展中国家的发展能力建设也非常重要。因此，中国充分利用共建"一带一路"合作平台，积极与相关国家探讨和交流治国理政经验，举办了许多相关培训项目，也举办了一些与"一带一路"建设相关的高端国际教育项目，提高相关国家的政府领导力，提高政府效能，提高使用技术的水平，还在很多国家联合创办示范基地，为提高粮食产量、促进小工业发展等开展专门试验，将能力提升与效率提高紧密结合，以促进国家经济社会发展。

五是构建和深化发展伙伴关系。通过在"一带一路"国际合作框架下加强互联互通伙伴关系建设，以及在百年未有之大变局和新冠疫情相互交织背景下经过共同抗疫和共同促进经济复苏的考验，中国与共建"一带一路"国家不仅形成了更加紧密的发展伙伴关系，而且这种伙伴关系也逐步得到深化和升华，为合力推动构建人类命运共同体打下了坚实基础。

以共建"一带一路"促高质量共同发展^①

2020 年以来，尽管全球疫情形势严峻，国际环境日趋复杂，但共建"一带一路"仍然取得了显著成就。

又有多个国家加入共建"朋友圈"。截至 2022 年 4 月，我国已与 149 个国家、32 个国际组织签署了 200 余份共建"一带一路"合作文件；中欧班列 2021 年开行 15000 多列，同比增长 29%，截至 2022 年 1 月 29 日，中欧班列累计通达欧洲 23 个国家 180 个城市；跨境电商海外仓近 2000 个，大幅增长 80% 多；中老铁路、以色列海法新港等一批重大建设项目顺利竣工；我国进出口总额 2021 年首次突破 6 万亿美元大关，比上年增长 21.4%，其中对"一带一路"沿线国家进出口增长 23.6%，比整体增

① 本文发表在 2022 年 4 月 4 日的《光明日报》上。

速高出 2.2 个百分点；2021 年对外非金融类直接投资额增长 3.2%，其中对"一带一路"沿线国家非金融类直接投资额增长 14.1%。到 2021 年年底，我国已向 120 多个国家和国际组织提供了超过 21 亿剂新冠疫苗，其中许多提供给共建"一带一路"国家，为其有效抗疫提供了重要支持。总之，"一带一路"各项建设事业继续表现出逆势向上、快速发展的良好势头。

2022 年，我国周边国家和地区疫情呈进一步蔓延之势，加上俄乌冲突及其背后复杂的地缘政治博弈，百年未有之大变局更加扑朔迷离。如何进一步做好"一带一路"建设工作，需要有更加成熟的思考。2 月，习近平主席在会见来华出席北京冬奥会开幕式的外国元首时，特别提到了中国与这些国家在共建"一带一路"方面开展合作的基本原则、努力方向、重点工作等，为我们提供了基本遵循。我们要在新的历史条件下深刻认识和理解共建"一带一路"的重要性和必然性，进一步明确共建"一带一路"的目标和使命，全面、准确地理解新发展理念及其与共建"一带一路"的联系，稳步推进共建"一带一路"高质量发展。

一、促发展：为共建国家发展注入新动能

尽管当前的国际环境十分复杂，但世界各国人民对和平、发展、合作的热爱与追求并没有发生改变。第二次世界大战结束以后，超过半个多世纪的时间内没有发生世界大战，和平大环境保证了国际合作与全球发展事业进展总体还是比较好的。尤其对于发展而言，目前作为发展基础的经济发展水平仍然较低，2020 年全球人均 GDP 只有 10925 美元，世界上只有 80 多个国家和地区属于高收入经济体，其余的 130 多个国家和地区

都属于中低收入经济体，因此人们普遍渴望得到进一步发展。2021 年的数据显示，在 149 个共建"一带一路"国家（包括中国）中，高收入国家只有 35 个，占 23.5％，其余的 76.5％都属于中低收入国家。这 149 个国家的人均 GDP 只有 9032 美元，只相当于全球平均水平的 83％。因此，如何促进国家经济发展、提高人民收入水平，仍然是当今世界普遍关注的重要问题。

中国倡导与世界各国共建"一带一路"，就是基于自身发展经验，支持和帮助共建国家加快公路、铁路、港口、机场、发电厂、通信网络等基础设施建设，并在此基础上加强产业园区、制造业等建设，快速实现国家经济结构的转型升级发展，加快推进国家现代化进程。这一发展阶段需要大量的资金支持，而发展中国家往往都面临资金短缺问题。因此，在共建"一带一路"国际合作框架下，中国既为共建国家提供条件优惠的融资，同时也对这些国家开放市场，为共建国家提供了一种强有力的新动能，创造了经济发展的新机遇。据粗略估算，从 2013 年提出共建"一带一路"倡议以来，截至 2021 年 9 月，我国与沿线国家货物贸易额累计达 10.4 万亿美元，对沿线国家非金融类直接投资超过 1300 亿美元。

通过共建"一带一路"，国家、地区之间的互联互通水平更高，产业联系更紧密，进而形成了良好的伙伴关系，促进了共同发展，"一带一路"正在被打造成造福世界的"发展带"。

二、惠民生：为共建国家人民谋幸福

中国积极倡导共建"一带一路"，最根本的落脚点是为相关国家人民谋福祉、谋幸福，使当地民众能够从"一带一路"建设中得到实实在在的好处。2021 年 4 月，习近平主席在博鳌亚洲论坛2021 年年会开幕式上的视频主旨演讲中强调，我们将本着开放包容精神，同愿意参与的各相关方共同努力，把"一带一路"建成"减贫之路""增长之路"，为人类走向共同繁荣作出积极贡献。倡导把"一带一路"建成"减贫之路"，一方面是从我国消除绝对贫困中得到启示，希望更多发展中国家也能尽快消除绝对贫困，过上更加美好的幸福生活；另一方面是因为联合国《2030 年可持续发展议程》中，最重要的任务就是实现全球减贫目标。

中国不仅这么说，也这么做。基于自身的扶贫经验，从2017 年开始，中国在老挝、柬埔寨、缅甸 3 个国家选择 6 个村庄，实施为期 3 年的"整村推进"和"精准扶贫"试验，重点做了四项工作：一是通过"一带一路"基建项目建设实现基建脱贫，包括修建铁路、公路、港口、桥梁等方式，实现对贫困地区的"超级连接"；二是通过"一带一路"产业项目实现产业脱贫，主要依托当地资源发展特色产业如传统手工业、特色旅游、中草药种植，发展当地有优势的养殖业和发展庭院经济等；三是通过"一带一路"绿色发展实现脱贫，主要是雇用一些员工从事与环境保护相关的岗位和职业；四是直接通过援助帮助受援地区及其人民减贫，如中国近年来向发展中国家提供的"6 个 100"项目支持就是典型案例。结果是，3 国 6 村的试验效果非常好，表明中国的扶贫经验在这些国家是有效的。

从增加就业的情况来看，共建"一带一路"通过投资、贸易、国际产能合作、园区发展等方式，为当地提供了诸多就业机会。截至 2021 年年末，纳入中国商务部统计的分布于 46 国的境外经贸合作区，累计为当地人民提供了 39.2 万个就业岗位，为东道国缴纳税费 66 亿美元。

笔者在中国国家电网有限公司在巴西的办公室座谈时，公司负责人告诉笔者，仅该公司在建设美丽山特高压输电一期项目和二期项目过程中，就为巴西提供了 4.5 万个就业岗位，为巴西政府缴纳了 15 亿雷亚尔税收，还开展了很多社会公益事业。笔者在中白工业园实地调研时了解到，该园区 2019 年就为当地提供了超过 5000 个就业岗位。笔者在老挝实地调研时发现，在靠近中国边境的磨丁，中国企业家投资建设了一座全新的城市，为当地人民提供了许多就业岗位。2022 年 3 月，国务委员兼外交部部长王毅在十三届全国人大五次会议记者会上提出，将"一带一路"打造成惠及各国人民的"幸福路"，这比较真实地反映了现实情况。

三、高质量：新发展阶段的成功探索

为有效应对气候变化、更好落实联合国《2030 年可持续发展议程》，为使"一带一路"建设不仅取得良好的经济效果，也取得良好的社会效果，共建"一带一路"必须实现高质量发展。概括来说，习近平主席从三个维度提出了高质量共建"一带一路"的系统思想，即秉承共商、共建、共享原则，坚持绿色、开放、廉洁理念，实现高标准、惠民生、可持续的目标。这些基本思想与我国新发展理念高度吻合，同时也对共建"一带一路"实践起到重要引领作用。

共建"一带一路"是个系统工程，涉及很多的国家、行业、产业和项目，需要依靠共商、共建、共享三原则来确定跟谁干不跟谁干、干什么不干什么、先干什么后干什么。好事大家商量着办，一起获得收益。当然，共建"一带一路"是有基本要求的。譬如，要把绿色作为底色，大力推动绿色基建、绿色投资、绿色金融；共建"一带一路"对所有国家、地区都开放，不搞封闭排他的小圈子；所有的合作都在阳光下运作，共同以零容忍态度打击任何形式的腐败，共建廉洁"一带一路"。此外，我国的创新、协调、绿色、开放、共享的新发展理念也都在共建"一带一路"过程中得到了良好体现。如果"一带一路"在共建过程中体现了这些新发展理念和新发展特征，促进了国家发展，增加了人民福祉，那就是实现了高质量发展。

从绿色"一带一路"建设情况来看，到2020年，中国在共建国家建设的能源项目已经以可再生能源项目为主。2021年9月，中国更加明确表示，将大力支持发展中国家能源绿色低碳发展，不再新建境外煤电项目。中国在巴基斯坦、老挝、阿根廷、克罗地亚等国建设了很多水电站、风电站、太阳能电站，即使是修建铁路也十分重视环境因素。

高质量共建"一带一路"必然是开放的。一方面，中国欢迎更多国家和国际组织加入共建行列；另一方面，经过近年来的互联互通建设，中国陆海空货运范围得到了较快拓展。至本文发表时，国际道路连通可达19国，国际水路运输航线已达100多国，国际航空货运通航80国，中欧班列连通23国的180座城市。今后，像中老铁路这样的国际铁路线会越来越多，将使中国更加深入地融入世界，也使像老挝这样的内陆国家不断融入世界产业链价值链中，实现共同发展。

从创新发展来看，中国的北斗卫星导航系统已经开始在共建"一带一路"国家特别是非洲国家落地应用，为当地的智慧农业、矿业开采、数字经济发展发挥着越来越重要的作用；中国与俄罗斯在"国际月球科研站"项目开展积极合作；中国与埃及合作开展智能灌溉技术研发，促进埃及沙漠农业发展；中国在非洲国家用科学方法选育良种，提高了粮食产量；中国与葡萄牙共同创建了星海"一带一路"联合实验室；等等。

此外，中国与相关国家通过共建"一带一路"，大力推进了经济一体化发展进程，对推进《区域全面经济伙伴关系协定》(RCEP)、欧亚经济联盟、非洲经济一体化等都直接起到了重要的助推作用，有助于实现区域与国别经济社会的均衡协调发展。

经过近 9 年的共同努力，高质量共建"一带一路"早已不再是一个口号，而是成为一个成功的实践，相关国家和地区已从中获得了巨大的红利。

新征程上推动共建"一带一路"更上层楼[1]

　　党的二十大报告在总结新时代十年伟大变革及其所取得的巨大成就时明确指出，共建"一带一路"成为深受欢迎的国际公共产品和国际合作平台。报告对我国迈上全面建设社会主义现代化国家新征程、向第二个百年奋斗目标进军的各项战略任务和重点工作进行了部署，提出要继续"推动共建'一带一路'高质量发展"。共建"一带一路"为什么会成为深受欢迎的国际公共产品和国际合作平台？我们如何更好地推动共建"一带一路"实现高质量发展？这是我们学习和领会党的二十大报告精神时需要关注的重要问题。

---

[1]　本文发表在 2022 年 12 月 25 日的《光明日报》上。

一、共建"一带一路"助力全面推进中华民族伟大复兴

党的二十大报告十分明确地提出了新时代新征程中国共产党的中心任务，那就是"团结带领全国各族人民全面建成社会主义现代化强国、实现第二个百年奋斗目标，以中国式现代化全面推进中华民族伟大复兴"[①]。共建"一带一路"九年多的实践证明，充分用好"一带一路"国际公共产品和国际合作平台有利于促进实现这一宏伟目标。

第一，有助于进一步推进我国更加全面、更加深入的对外开放。对外开放是我国的基本国策。党的二十大报告强调指出，"中国坚持对外开放的基本国策，坚定奉行互利共赢的开放战略"[②]，并提出要"实行更加积极主动的开放战略"[③]和"推进高水平对外开放"[④]，包括"稳步扩大规则、规制、管理、标准

[①] 习近平：《高举中国特色社会主义伟大旗帜 为全面建设社会主义现代化国家而团结奋斗——在中国共产党第二十次全国代表大会上的报告》，人民出版社2022年版，第21页。

[②] 习近平：《高举中国特色社会主义伟大旗帜 为全面建设社会主义现代化国家而团结奋斗——在中国共产党第二十次全国代表大会上的报告》，人民出版社2022年版，第61页。

[③] 习近平：《高举中国特色社会主义伟大旗帜 为全面建设社会主义现代化国家而团结奋斗——在中国共产党第二十次全国代表大会上的报告》，人民出版社2022年版，第9页。

[④] 习近平：《高举中国特色社会主义伟大旗帜 为全面建设社会主义现代化国家而团结奋斗——在中国共产党第二十次全国代表大会上的报告》，人民出版社2022年版，第32页。

等制度型开放"①。

从实际情况来看，至本文发表时，共建"一带一路"国际合作平台所凝聚的国家数量，已超过了世界国家总数的70%，这些国家（包括中国在内）的人口和国土面积都分别占世界总量的约65%，GDP则占世界总量的近40%。通过共建"一带一路"，中国客观上已深度融入一个巨大的新的国际体系之中，这对于促进中国在新征程上"形成更大范围、更宽领域、更深层次对外开放格局"将直接产生巨大的积极影响。

第二，有利于支持我国加快构建新发展格局。新发展格局，指的是以国内大循环为主体、国内国际双循环相互促进的发展新格局。我们要构建的新发展格局，一方面，要继续不断地做大做强国内市场；另一方面，要像党的二十大报告提出的那样，"提升国际循环质量和水平"②。国内循环和国际循环是两个紧密联系、不可分割的重要组成部分。

从现实情况来看，东盟10国都已加入共建"一带一路"国家行列。从1991年到2021年的30年间，中国与东盟双边贸易额增长超过100倍。从2022年1月1日开始，《区域全面经济伙伴关系协定》(RCEP)正式生效，进一步提升中国与东盟国家、整个亚洲地区共建"一带一路"深度合作，进一步促进中国与亚洲国家之间的贸易和投资便利化水平，有利于加快推进我国贸易强国建设进程。

中国与中亚五国建交30年来，同中亚五国贸易额增长

---

① 习近平：《高举中国特色社会主义伟大旗帜 为全面建设社会主义现代化国家而团结奋斗——在中国共产党第二十次全国代表大会上的报告》，人民出版社2022年版，第32页。

② 习近平：《高举中国特色社会主义伟大旗帜 为全面建设社会主义现代化国家而团结奋斗——在中国共产党第二十次全国代表大会上的报告》，人民出版社2022年版，第28页。

100 多倍，对中亚五国直接投资存量超过 140 亿美元。双方今后的合作重点是在共建"一带一路"框架下，加快推进中吉乌铁路项目建设、推进中国—中亚交通走廊建设等，这些都将对促进我国与中亚地区之间的经济循环、促进我国与整个欧亚大陆之间更加良好的经济循环起到积极作用，进而为促进构建我国新发展格局作出重要贡献。

同样，通过推动中非、中拉共建"一带一路"，也将对我国构建新发展格局起到积极促进作用。

第三，共建"一带一路"，有利于推进实现中国式现代化。中国式现代化是走和平发展道路的现代化，是在维护世界和平与发展的前提下通过合作共赢实现的。共建"一带一路"坚持的是共商、共建、共享原则，秉持的是以和平合作、开放包容、互学互鉴、互利共赢为特征的丝路精神。共建"一带一路"，不仅有利于实现中国式现代化，也有利于促进和带动所有共建国家都走和平发展的现代化道路。

二、共建"一带一路"助力推动构建人类命运共同体

九年多的实践表明，共建"一带一路"有助于推动构建人类命运共同体。

第一，促进真正的多边主义发展，推进经济全球化进程。共建"一带一路"的一个显著特征就是发展导向性，为共建国家提供新发展动能，创造新发展机遇。尽管经济全球化目前遭遇逆流，但它是一个客观的发展过程，必然继续向前发展，没有人可以终止其进程。我们清晰地看到，以共建"一带一路"国际公共产品和国际合作平台为基础的推进经济全球化继续发展的

强大力量，正在不断增长。这是一股新型的经济全球化推进力量，正在弥补当前经济全球化驱动力的缺失，成为当前和未来经济全球化发展的重要动力。

弘扬真正的多边主义精神，体现在大家的事情大家一起协商着办。共建"一带一路"正是在这样的基本精神指引下实施的。中国与"一带一路"共建国家开展了许多共建项目。截至本文撰写时，有些项目已经完成，如蒙内铁路、亚吉铁路、中老铁路、卡拉奇核电站、佩列沙茨跨海大桥等；有些正在紧锣密鼓地进行之中，如雅万高铁、匈塞铁路、中泰铁路等。很多国家及其民众已经从中获得了实实在在的好处，如巴基斯坦因为电站建设完工，更多人用上了电；肯尼亚由于蒙内铁路运营使货运成本大幅降低，贸易发展得到极大促进；很多国家的民众因为共建"一带一路"项目而获得了就业机会，政府获得了更多税收。

第二，完善全球治理体系。当前全球治理体系存在诸多问题。党的二十大报告提出，中国要"积极回应各国人民普遍关切，为解决人类面临的共同问题作出贡献"[1]，并提出未来五年要"在全球治理中发挥更大作用"[2]。通过共建"一带一路"，中国和共建国家可以为全球治理作增量性的贡献。比如，"一带一路"共建国家结成卫生合作伙伴关系，就新冠疫情防控与治疗、疫苗研发与生产、防护物资生产与供应等开展深入合作。针对全球气候变化，中国利用"一带一路"国际合作平台，在很

---

[1]　习近平：《高举中国特色社会主义伟大旗帜 为全面建设社会主义现代化国家而团结奋斗——在中国共产党第二十次全国代表大会上的报告》，人民出版社2022年版，第21页。

[2]　习近平：《高举中国特色社会主义伟大旗帜 为全面建设社会主义现代化国家而团结奋斗——在中国共产党第二十次全国代表大会上的报告》，人民出版社2022年版，第25页。

多共建国家修建了大量可再生能源发电站：在阿联酋建设太阳能电站，在巴基斯坦建设风电站，在柬埔寨修建水电站等。此外，共建"一带一路"还有助于完善全球基础设施建设治理体系、全球金融治理体系、全球减贫治理体系等。

三、推动共建"一带一路"高质量发展

党的二十大报告在部署今后的各项战略任务和重点工作时，明确提出要"推动共建'一带一路'高质量发展"[①]。

关于推动共建"一带一路"高质量发展的基本原则、理念和目标，习近平总书记已经阐述得很清楚了，那就是秉承共商、共建、共享原则，坚持开放、绿色、廉洁理念，努力实现高标准、惠民生、可持续的目标。

在世界进入新的动荡变革期后，要切实推动共建"一带一路"高质量发展，我们至少还要做好五方面的工作。一是继续稳定地推进重点基础设施项目建设，把"六廊六路、多国多港"等"一带一路"的四梁八柱建设得更加坚实，更加牢固。二是根据现实情况的变化，抓住新的发展机遇，拓展新的发展方向，积极促进"一带一路"绿色发展、数字发展、健康事业发展、减贫事业发展，共同为实现联合国 2030 年可持续发展目标作出贡献。三是需要特别地重视"一带一路"风险防范工作，按照习近平总书记提出的要求切实做好"五个统筹"，统筹发展和安全、

---

① 习近平：《高举中国特色社会主义伟大旗帜 为全面建设社会主义现代化国家而团结奋斗——在中国共产党第二十次全国代表大会上的报告》，人民出版社2022 年版，第 33 页。

国内和国际、合作和斗争、存量与增量、整体和重点，努力使"一带一路"投资取得良好的效果，实现长期可持续发展。四是统筹考虑我国战略需要和全球市场现实需求，未来共建"一带一路"要抓住重点，有选择性地在重点国家、重点行业选择重点项目，处理好推进速度与效率之间的关系，循序渐进，行稳致远。五是完善共建"一带一路"全球治理工作，包括更多地与国际组织和其他国家举行"一带一路"研讨活动，中国企业更多地与其他国家的跨国公司合作参与"一带一路"大型基础设施建设项目，建立共建"一带一路"国际协调机构等，以更好地促进"一带一路"国际合作，促进全球共同发展。

第二部分

促进共同发展

"一带一路"建设与全球化转型[①]

一、全球化是一个客观的历史过程

　　根据全球化问题专家、诺贝尔经济学奖得主斯蒂格利茨教授的看法，广义的全球化包括了知识、理念、文化等许多方面的内容，这些方面的国际流动与全球共享就是全球化；

　　① 2014年9月9日，习近平总书记在与北京师范大学师生座谈交流时号召全国广大教师做有理想信念、有道德情操、有扎实学识、有仁爱之心的"四有"好老师。随后北京师范大学党委宣传部举办"四有"好老师大讲堂，本文就是这个系列大讲堂中的一次专题讲座的内容，演讲时间为2017年5月4日，演讲地点在北京师范大学图书馆三层会议室。演讲内容在2017年5月13日《光明日报》的"'一带一路'国际合作高峰论坛特刊"上整版发表。5月14日，"一带一路"国际合作高峰论坛在北京举行，29位外国元首、政府首脑以及联合国秘书长等国际组织负责人出席论坛。

如果仅仅从经济角度来看，经济全球化指的是通过提高商品、服务、资本和劳动力在全球的流动，而使全世界国与国之间的经济结合得更加紧密。国际经合组织前任首席经济学家大卫·亨德森认为：所谓全球化，就是指商品、服务、劳动力和资本的自由流动，从而在全球范围内创造了一个统一的投入—产出市场。

我个人的理解，全球化的本质是全球联通、全球联系的程度不断得以拓展（广度）和深化（深度）的过程。从理想角度来看，最终会呈现出一种全球一体化的情形。也就是说，国家之间的联系、企业之间的联系、人民之间的联系都会不断增强，范围上越来越广、深度上越来越深。这样的一个过程，我认为就是全球化的本质。从这一点来看，欧盟的出现与发展，是符合全球化发展的基本方向的，从统一使用资源（煤、钢等）、统一安全防务、统一商品市场到统一要素市场、统一货币（欧元）等，一步步走向范围更广、深度越来越深的统一体，其方向应该是正确的。

全球化过程，并不是刚刚出现的新现象，而是具有相当长发展历史了。目前对于全球化发展历程，大多数人支持的观点是认为全球化过程早就开始了，如古丝绸之路就可以被看成全球化过程在当时的一种表现，这样看来，全球化的历史已经超过两千年。也许更长，但本文的重点并不是讨论全球化史。

全球化一旦启动，其发展势头就不可逆转。其主要的动因有三个。一是由于国家的区位不同，资源禀赋不一样，因而每个国家的比较优势也是不一样的。譬如，菲律宾产的香蕉、泰国产的榴梿就要更好吃一些，沙特阿拉伯盛产石油，俄罗斯和哈萨克斯坦盛产石油和天然气，巴西铁矿石资源丰富，法国、南非、智利、澳大利亚、阿根廷等国都生产优质红酒，等等。

我国的石油、天然气、铁矿石等的储存量都不多，需要通过进口来满足我们的需求。因此，客观上资源禀赋的巨大差异，使得国际贸易和国际投资不可避免，这对不同国家都是有好处的。俄罗斯、哈萨克斯坦、巴西等国家都通过这些产品的出口获得了大量的资金，促进了其基础设施建设和人力资本提升。

二是市场的力量，这是最根本的动力。资本、劳动力、技术等经济要素最终都是为了寻求高回报，在全球化的背景下，就是在全球范围内寻求高回报。在利益驱使下，资本、劳动力、技术等要素一定会流到投资回报高的国家或地区，或者通过贸易的方式，或者通过对外直接投资的方式，或者通过企业并购的方式等。由于国家之间资源禀赋差距通常比国内要大，因此比较优势在不同国家之间也比较大，跨国经营的收益往往也会更高一些。

三是技术的进步和创新，尤其是信息技术与数字技术的快速发展，将推进全球化不断地向纵深发展，因为信息、数字技术以及其他技术的不断创新与改进，会不断地降低成本。互联网的出现是革命性的创新，它把所有人在一定层次上的交易成本降到了零，免费为所有人提供公共平台和公共产品。正是因为有了互联网，才有了各种各样的"互联网＋"的新模式，为很多人提供了新的就业机会和新的盈利空间。随着互联网的进一步完善与发展，加上物联网等的发展，数字经济将得到快速发展，全球产业链将在更多空间和深度上得以构建起来，直接推进全球化的深化发展。

正是由于以上三股力量的共同作用，全球互联互通的广度和深度一定会继续加强，不会减弱；即使由于某些特殊原因（如两次世界大战的影响）而暂时有所减缓甚至停止，但事后也会以更强劲的势头反弹和恢复。因此全球化是一个客观的历史发展过程，谁也无法阻挡其发展势头与趋势。

二、全球化的红利与弊端

全球化是一个客观的、相当长的历史发展过程，其反映了人类发展的基本趋势，这说明全球化代表了人类发展的积极一面。但全球化也受到了不少人的指责与批评，甚至有政治家都采取了反全球化的强硬态度与政策。因此，我们应该给予全球化公正客观的评价，以便更好地发挥其优势的一面，抑制其消极的一面，促使全球化可持续健康发展。

从积极的一面来看，到目前为止的理论分析表明，全球化总体上对于经济增长是具有积极意义的，尤其对于促进发展中国家的快速发展具有重要意义。其主要原因在于全球化带来各种费用的持续降低，尤其是互联网和数字技术的发展，大大加快了知识、思想在不同国家之间的传播和流动，从而带来产业在不同国家之间的扩散，工业化等成为普遍现象，经济结构和收入在不同国家之间呈现出趋同的发展态势。

除了全球化对经济增长的影响外，很多人也专门研究了全球化对发展中国家的总体生活质量的影响，一般也认为全球化在促进发展中国家在人类发展各方面的质量尤其是对消除贫困具有重要的积极意义。

斯蒂格利茨的研究也表明，全球化将大大提高全世界所有人的生活水平。尤其是对贫穷国家而言，通过经济全球化，这些国家的产品有更多机会进入海外市场；也可以吸引到境外投资，从而用更低的成本制造出新产品；这些国家的人民也有机会到国外深造或工作，并将挣得的钱汇入国内资助他们的家庭，并拓展新的经营业务。

从实证数据来看，由市场力量引领和技术创新支持的国际投资在全球化过程中增长最快，以20世纪最后30年为例，20世纪70年代除了个别年份外，外国直接投资名义增长率达30％左右，80年代和90年代不仅延续了这样的增长，而且不少年份的名义增长率都超过了30％。21世纪的第一个10年的增长率同样很高，当然受国际金融危机影响比较严重的两年除外。尽管国际贸易增长率没有外国直接投资增长那么高，但比较稳定地保持在名义增长近8％（实际增长5％）的水平。国际投资和国际贸易的增长直接促进了经济增长，近40年来除特殊情况外，全球经济名义增长比较稳定地保持在6％（实际增长3％）以上。

对于全球化带来的影响，基本认识比较一致，那就是全球化大大促进了全球投资、贸易、经济增长，不论是发达国家还是发展中国家，都是全球化的受益者，发展中国家因为全球化得到了比较快的发展，全球贫困在全球化过程中得以大大缓解和消减。以我国的情况为例，在我们改革开放初期，1978年的贫困发生率为97.5％，经过近40年的发展，中国先是被动地融入世界，后来是主动融入世界，贫困人口共减少了7亿，截至2017年，贫困发生率已降至3.1％，再经过3～5年的努力，我们就可以在全国范围内消灭绝对贫困了。要是没有全球化力量的积极支撑，在不开放情况下这些是难以做到的。

全球化也会带来一些弊端和问题。第一个问题，是尽管我们说全球化使所有人受益，但每个人和每个国家的受益程度却是不一样的，于是就会造成在普遍受益基础上的收入差距扩大。客观地讲，这是有一定合理性的，由于市场力量的影响，不同的人或国家，由于受教育水平、资源禀赋、发展基础等各不相同，从全球化中得到的机会不同，就会导致收入的不同。

第二个问题，在全球化背景下，由于全球产业链的形成与发展，发达国家只负责产业链中很小部分的业务，主要是高端的研发与设计，其他诸如零部件生产、组装等业务通常都会转到发展中国家去，这是因为发展中国家劳动力成本低。苹果手机的全球生产网络体系就是一个典型的例子。由于全球生产网络体系不断向纵深发展，一些国家的生产过程逐渐迁往其他国家，有些国家就逐步形成了产业空心化现象，尤其是出现制造业空心化现象，其经济发展就受到一定程度的影响。

第三个问题，是直接与第二个问题相联系的，那就是国家的产业尤其是制造业出现空心化局面，直接影响到就业机会。譬如，美国的不少制造业转移到其他国家了，其制造业所创造的就业机会就会大大减少，从而形成就业压力，尤其是对受教育程度不高的人形成就业压力，失业率就有可能升高。即使受过比较好的教育的人，由于软件开发、公司呼叫中心、数据中心等业务往往都外包给印度等国家，美国、欧洲的一些发达国家在这方面的就业也受到了一定程度的影响。

第四个问题，全球化带来一些国家在经济结构和经济周期上的高度一致与趋同，因为市场力量驱使投资向赚钱的地区和行业不断集中，譬如，全球投资不断地向IT、金融、房地产等集中，当投资集中到一定程度后，某些行业就会形成巨大的泡沫，就有可能爆发经济危机。因为哪个地区和行业利益丰厚，投资就到哪里，最终出现高度同质化的投资，形成泡沫，只要泡沫破灭，就会出现危机。

因此，在全球化快速发展的情况下，如果管理不好风险，它的负面影响会很大，而且是全球性的，大家都会受到不利影响。

三、对全球化的两种不同态度

全球化既带来红利和好处，也带来弊端和问题。那么该如何选择呢？

目前基本上是出现了两种不同的态度和选择：一种比较强调全球化所带来的弊端和问题，于是选择往后退——从国际多边合作体系中退出，包括从多边治理体系（如欧盟）和多边合作条约（如《巴黎协定》）中退出，甚至从十分重要的全球治理机构中退出，减少对全球公共产品的提供，通过不同形式搞贸易保护，召回自己在其他国家的投资企业，严格控制进入自己国家的外国人，反对移民进入自己国家，甚至计划修筑高墙，等等。总之，其思路就是努力保护自己的利益，而不管全球事务，不管世界事务，"美国优先"就是典型的代表。

另一种选择就是客观、冷静地看待和评估全球化所带来的好处和弊端，在坚定不移地继续推进全球化的同时，将全球化的优势努力发扬光大，同时采取切实可行的政策措施克服全球化弊端，使全球化更好地造福世界各国及其人民。

四、积极推进全球化转型

全球化发展到今天，给人类带来的好处不言而喻，更重要的是需要我们针对目前出现的弊端与问题，实现对全球化过程的再平衡。我认为在新的历史条件下，正确的态度应该是根据新的情况和问题，积极推进全球化转型，使全球化转到另外一个更好、更合适的发展阶段、发展层次、发展模式，从而使全球化对人类发展的积极影响继续而且是更加充分地体现出来，同时限制和制约其不利影响。通过推进这样的全球化转型，全球化还是全球化，但从形式和内容上都具备了许多与以前不同的特点，属于一种新的全球化。由于中国在推进这样的全球化转型过程中将起到十分重要的作用，因此全球化转型过程以及转型后的新型全球化也就会具有一定的中国特色。

对于如何确定全球化转型的基本方向问题，我认为主要应该根据目前全球化所存在的问题来进行改进，同时进一步发挥好其优势和积极意义。全球化过程中目前存在的根本问题主要表现在三个方面。一是由于"华盛顿共识"影响席卷全球，私有化、自由化、市场化不断深化推进，有些方面出现了"市场失灵"的情况，需要对全球化进程实行有效监测和管理；有些方面则是出现了失控的情况，如对金融衍生产品创新以及对金融机构的监测方面没有发挥很好的作用。二是许多国家尤其是发展中国家的治理能力和管理水平较差，导致政局不稳、社会动荡、基础设施建设不足、国民受教育水平低下等，也出现了"政府失灵"的问题。三是全球治理方面存在比较严重的问题，主要表现为现有全球治理体系与机构不能满足现实的需求，需要通过改革提高能力、水平与效率。

针对目前全球化发展过程中的这些重大问题，我们推进全球化转型的基本思路就应该是建立起一个强力有效的"三足鼎立"体系：一是在全球范围内构建更加有效的市场体系，使市场在全球范围内配置资源的效率进一步提高；二是改进政府管理能力，包括国内政策协调与政府事务管理能力以及对全球化的监测和管理能力，及时发现问题并予以纠正；三是合作共建更加完善有效的全球治理体系，包括改革和完善现有的全球治理机构和根据需要增加新的全球治理机构。

基于目前的问题和转型思路，全球化转型的基本方向应该包括这样几个方面：一是更加开放；二是更加包容；三是争取正和效应最大；四是构建更好的全球治理体系，引领全球化转型，实现全球化可持续发展。

五、"一带一路"建设是转型的好"抓手"

全球化发展到今天，需要找到一个既有力也有效的"抓手"来推进全球化转型发展。从目前来看，最好的"抓手"就是通过"一带一路"建设实现全球化成功转型。

为什么"一带一路"可以实现全球化成功转型呢？简言之，就是"一带一路"建设的理念、目标、原则、做法等都是与我们以上讨论的全球化成功转型的基本方向高度契合的。

首先，理念高度契合。中国首倡的"一带一路"的基本理念就是开放，"一带一路"倡议及其建设是一个开放系统，不设定范围，没有任何歧视，只要愿意，谁都可以通过适当方式参与其中。

其次，目标高度一致。"一带一路"倡议及其建设的最终目标就是尽快消除贫困，实现共同富裕，让各国人民都过上幸福美满的好日子。这与我们以上提到的全球化转型发展所应体现的包容和普惠发展目标是完全一致的。

再次，原则可供借鉴。"一带一路"倡议及其建设的基本原则是共商、共建、共享，这是可以供全球化转型发展参考的地方，因为目前的全球化发展是没有体现出这一原则要求的，有一些合力推进全球化的表现，但是不充分，而且碎片化，因此全球化转型发展应该借鉴这一原则的精神。

最后，"一带一路"倡议及其建设内容的基本精神与全球化的本质是完全一致的。"一带一路"建设的"五通"所体现的就是全球联通的基本精神，这也正好是全球化的本质特点所在。在推进全球化转型发展过程中，这一本质特征是应该坚持和弘扬发展的。

那么，如何通过共建"一带一路"来促进全球化尽快地实现转型发展呢？以下几个方面在目前情况下要予以特别重视。

第一，合作共建"一带一路"的理念、目标和原则可以为全球化转型发展提供制度基础。目前的全球化框架基本上是延续了以前几轮全球化的框架，没有大的改变，贸易合作、投资合作、技术合作等，都是基于以前的合作框架基础。共建"一带一路"的合作方式，是一种全新的国际合作方式，包括开放、包容、普惠、均衡发展等理念都很值得我们在推进全球化转型过程中借鉴。尤其是通过合作共建"一带一路"而最终打造人类命运共同体的思想应该成为全球化转型的总的目标与方向。

第二，通过"一带一路"的项目，支持激活全球经济动能，支持世界经济尽快走出低迷，实现各国之间的联动增长。从目前中国的经济实力以及与相关国家政策沟通和协调的情况来看，"一带一路"建设可以马上从三个方面支持激活全球经济动能，支持经济全球化转型发展：一是通过在相关国家尽快动工条件已成熟的基础设施建设项目，以增加投资，拉动全球投资增长，增加就业机会；二是通过推进贸易和投资便利化谈判进程与制度改进，促进中国与相关国家之间的贸易与投资增长；三是推进国际金融合作与金融创新，为中国和其他国家的资金寻找到好的国际投资机会，用这些资金激活相关国家的资源开发、人力资本提升等，实现各国之间的联动增长和互利共赢发展。

第三，中国通过积极推进绿色、健康、智力、和平的丝绸之路建设而为全球化转型发展提供标本和经验，全球化转型发展可以吸收这些方面的成果和成熟经验，丰富其转型发展内容。

第四，通过构建合作共赢的"一带一路"建设，可以为全球化转型发展提供新的全球治理供给。为了促进"一带一路"建设和促进发展中国家的长期发展，中国和其他国家一道根据新时期发展的客观需要，经过共同努力，增加了一些涉及全球治理的机构与制度供给；中国还专门为支持"一带一路"建设设立了"丝路基金"，并已经投入了一批与交通和能源基础设施建设相关的项目，等等。这对于完善现有的全球金融治理体系具有一定的积极意义，对推进全球化转型发展也将起到积极的支持作用。

共建"一带一路"引领全球化[①]

2019 年 6 月 19 日，世界银行发布的《"一带一路"经济学：交通走廊的机遇和风险》研究报告分析称，"一带一路"倡议的全面实施，可使 3200 万人摆脱中度贫困（日均生活费低于 3.2 美元），可使全球贸易增加 6.2%，沿线经济体贸易增加 9.7%，全球收入增加 2.9%。对于沿线低收入经济体来说，外国直接投资增加 7.6%。

这份由米凯拉·鲁塔领导的世界银行集

[①] 为庆祝中华人民共和国成立 70 周年，《瞭望》杂志 2019 年第 27 期组织了专题报道《积厚十策》。第一策：宏观调控，六大创新工具稳定大盘。第二策：重塑两个市场。第三策：壮大实体经济"三支箭"。第四策：就业优先新场景。第五策：对标最高标准改革开放。第六策：敞开国门搞建设。第七策：共建"一带一路"引领全球化。第八策：做强发展质量。第九策：在数字沃土中深耕数字革命。第十策：关键创新向"无人区"突破。本篇是《瞭望》杂志邀请笔者所写的第七策。

团经济学家团队所做的研究发现，如果贸易便利度得到改善，贸易限制减少，"一带一路"经济体的实际收入可能是原来的二至四倍。

当前，一方面全球化面对着单边主义、保护主义抬头的历史性重大挑战，另一方面维护和推动全球化的力量也在快速积聚。至 2019 年 6 月，中国倡导的"一带一路"倡议受到世界上 150 多个国家和国际组织的积极响应，正在凝聚成日益深广的时代共识，努力引领并塑造新一轮全球化。

一、新一轮全球化的强劲力量

"一带一路"已从理念变成行动，从愿景变为现实。从倡议提出到全面实施，已经形成一股强劲的力量，不仅推动共建"一带一路"本身不断深入发展，而且也推动新一轮全球化不断向前发展。

倡议极具感召力。"一带一路"倡议于 2013 年提出不久，很快就得到了沿线一些国家的积极响应，不少国际组织特别是联合国的一些组织纷纷表示支持，至 2019 年 6 月，已有 150 多个国家和国际组织与中国签署了共建"一带一路"合作备忘录。正是因为有了这样一个众多国家和国际组织认同并积极投身共建的倡议，为世界各国共同维护世界良好秩序、继续推进全球化发展创造了新局面。

内容具备凝聚力。"一带一路"倡议的涉及面很广，其中最主要的内容就是"五通"，即政策沟通、设施联通、贸易畅通、资金融通、民心相通。其本质是通过共建"一带一路"构建起世界各国全面的互联互通，从而促进商品、资本、人员、信息等更好地在全球自由流动，这实际上就是反映了全球化的实质。因此，"一带一路"建设内容很快就得到了广泛认同，达成了广泛共识，进而形成了很强的凝聚力。

"对接"形成合力。共建"一带一路"一个很重要的战略就是在坚持"共商、共建、共享"基本原则的基础上，谋求广泛的"对接"，包括不同国家、地区之间在发展战略上的对接、在价值链上的对接、在建设工程项目上的对接，甚至与联合国《2030年可持续发展议程》进行有效对接。这样的对接，实际上就在世界上形成一股新的强劲动力，推进大家都认同的事业向前发展，从客观上推动全球化在新的历史条件下进一步发展。

机制增强保障力。"一带一路"国际合作属于一种十分务实的国际合作，其重要表现就是要将合作项目务实落地，促进相关国家、地区和人民的共同发展。做到这一点，必须有一套良好的机制作为保障。经过几年的探索，这套机制已基本成型，即政府引导、市场主导、企业主体、项目导向的运作模式，能较好地把政府和市场的作用充分发挥出来。这种机制运行的结果，直接促进了各种生产要素的国际有效整合，促进了"一带一路"作为平台支撑的新型全球化过程。

政策沟通保证执行力。共建"一带一路"特别重视政策沟通的价值与意义，因为不同政府之间在政策上保持有效沟通，将有助于项目的有效实施，以及共建目的更好实现，也就是说会产生更强的执行力。

二、塑造全球化的引领力

正是由于"一带一路"具备了几种很特别的"力"，因此它已经成为推动新一轮全球化的重要动力，还具备了引领和塑造新一轮全球化合作共赢的新功能。

引领目标清晰。共建"一带一路"的最终目标是构建人类命运共同体，促进全球共同的和平、繁荣、开放、创新、文明。基于此，中国又提出了"开放、包容、普惠、平衡、共赢"的经济全球化发展目标。很显然，这两者是高度一致与契合的。因此，中国与世界各国共建"一带一路"，实际上就是在共同推进全球化向着一个更符合人类可以持续发展的方向全面演进。

引领动力充足。首先，参与者众多，世界上大多数国家都已经参与进来，世界上最重要的国际组织也都参与进来；其次，内容覆盖广，包括基础设施、贸易、投资、金融、政策、人文交流等诸多内容，加上各国动员的资源也丰富，因此动力十足。

引领原则合理。共建"一带一路"的基本原则是共商、共建、共享。通过共建"一带一路"引领新一轮全球化建设的基本原则，也应该是共商、共建、共享。如此一来，就比较容易在相同原则下促进两者的高度一致发展。

引领精神合适。中国所倡导的共建"一带一路"的基本精神就是"丝路精神"，即和平合作、开放包容、互学互鉴、互利共赢。按照这样的基本精神去推进新一轮全球化，将会是一种新型的互利共赢的全球化，可以消除旧体系主导下全球化的不平衡、不充分和不可持续。

引领机制得当。将共建"一带一路"过程中如何处理好政府、市场、企业之间的关系的机制，运用到推讲新一轮全球化过程中，充分发挥政府、市场、企业各自的重要作用，相互配合，谋求共赢发展。

三、赋予新一轮全球化新特征

新一轮全球化客观上已打上了深刻的"一带一路"烙印，并形成了与此前历史上的几轮全球化所不同的时代特征。

一是创新性。"一带一路"倡议是一个重要的具有历史意义的创新性倡议，因此以共建"一带一路"为特征的新一轮全球化本身就具备了明显的创新性。这是不同于过去各种类型全球化的一种体制性和结构性创新，属于一种系统的整体创新。

二是综合性。"一带一路"倡议包括了经济、社会、文明等方面，摆脱了旧体系主导下全球化的纯粹经贸和跨国资本的发展特征，具有很强的发展综合性。

三是自主性。旧体系下的全球化主要依靠市场自发力量驱动，其天然的逐利性和发展不均衡性引发了一系列全球化困境。新一轮全球化，在"一带一路"共商、共建、共享机制影响下，如何有效发挥政府主动作为，以降低市场活动的盲目性，越来越成为世界各国的实践共识。

四是开放性。共建"一带一路"是一个完全开放的系统，无论国家、组织、企业，任何建设性力量都可以加入。因此，更大的开放性也成为新一轮全球化的必然特征。

五是包容性。合作共赢的"一带一路"倡议及其实施，正是对旧体制下非均衡的、贫富差别加速扩大的、赢者通吃的全球化弊病的全面更新，其所倡导的更多是普惠性、均衡性、共享性、共赢性的包容性发展特点，几年来已"润物细无声"地源源不断注入到了新一轮全球化的血脉之中。

加强和完善全球治理体系[①]

目前，全球性问题不少，有些还相当严重，比如，有些地区战事频发，贸易保护主义抬头，贫困问题没有得到根本解决等，而形成这些全球性问题的原因和机制是不一样的，因此解决问题的办法也不一样，这就要加强全球治理，就要对全球性问题进行规制管理，包括对相关制度与规则的制定与执行、实施。全球治理工作不是一次性就可以完成的工作，是一个不断改进的过程，需要不断地加强和完善。

[①] 本文发表于 2017 年 10 月 12 日的《经济参考报》，《新华文摘》2018 年第 2 期转载。

一、全球治理最终目的：提高世界人民福祉

习近平总书记于2016年9月初二十国集团领导人杭州峰会期间在中美气候变化《巴黎协定》批准文书交存仪式上就有效应对气候变化挑战提出了三条应对策略：一是要不断加强和完善全球治理体系，二是要创新应对气候变化路径，三是要推动《巴黎协定》早日生效和全面落实。现在看来，这些话是具有很强的提醒作用的，提醒各国要认真对待这一事关全球治理的非常重要的方面，要认真研究应对路径，切实加快落实。气候变化属于典型的全球性问题，直接关乎世界上所有人的利益和人类未来发展前景，世界各国及其人民都应该采取积极的一致行动，任何国家都不应有任何理由在这样一个极其重要的问题上持消极态度，采取消极做法。

实际上，除了气候变化外，全球性的问题还很多，而且目前的问题都很严重。比如，世界上还有一些地区战事频发，冲突不断；因此也就出现了许多战争难民，他们颠沛流离，流落他乡，有些甚至在逃难路上失去了生命；近年来的恐怖袭击事件也是频繁发生；全球化进程遇到了比较大的回流冲击，有些国家甚至出现了一定程度上的逆流；民族主义、贸易保护主义等势力抬头；贫困问题也没有得到根本性解决，世界上大约还有15%的人生活在绝对贫困的状态，基本需求得不到满足；重大传染性疾病跨境传播的情况时有发生，全球公共卫生面临严峻挑战；不少国家债务情况持续恶化，金融市场很不稳定，全球性金融危机产生的制度性、机制性根源依然存在；不少国家失业率持续上升，就业面临巨大压力；数字鸿沟、贫富差距

在有些国家也还在持续扩大……

　　总之，目前的全球性问题不少，而且程度严重。那么，我们应该怎么办呢？很显然，形成不同的全球性问题的原因和机制是不一样的，因此解决问题的办法也不一样，但有一点却是基本的，也是十分重要的，那就是习近平总书记所提出的基本思路，要通过不断地加强和完善全球治理体系来逐步解决这些问题。

　　所谓全球治理，简言之，就是指对全球性问题的规制管理，包括对相关制度与规则的制定与执行、实施。当然，制定出好的制度与规则以及实施好所制定的制度与规则的最终目的，都是促进维护世界和平稳定，促进全球更好发展，提高世界人民福祉。制定和实施全球性制度与规则是一个过程，在这个过程中，各种形式和力量都会以一定的方式参与其中，其中最有影响力的力量主要来自三个方面：市场、政府和社会。大家对于政府和市场的力量都很了解，而社会的力量通常是通过一定的社会网络形式参与其中并形成影响力的。要制定和实施好全球性制度与规则，最关键的工作就是要协调好这些力量发挥作用的方向、力度、方式及其影响。由于这些力量源于全世界各个地方、不同层级，协调起来往往十分困难。因此，全球治理工作不是一次性就可以完成的工作，而是一个不断改进的过程，需要不断地加强和完善。

二、全球治理的核心是共同治理，促进世界和平与发展

　　近年来，习近平总书记就全球治理及其加强与完善问题，提出了许多重要思想。认真学习领会这些重要思想并从实际出

发积极努力地做好相关工作，对于改善目前的全球治理必将起到十分重要的作用，不仅对促进我国的进一步可持续发展有利，也直接有利于促进世界和平与发展，使世界各国、各地区及其人民从中受益。习近平总书记关于全球治理的思想内容十分丰富。经过归纳和总结，我概括出了以下十个方面的主要思想。

（1）全球治理问题十分重要，加强和完善全球治理体系任务紧迫。习近平总书记十分重视全球治理以及全球治理体系的完善问题，为什么呢？第一个原因是我们目前处于全球化时代，各国发展变化都很快，而且表现出十分显著的你中有我、我中有你，一损俱损、一荣俱荣的特征，因此最好的办法就是共同构建良好的全球制度与规则，促进联动发展，最终使世界上所有的国家和所有的人民都得到好处；第二个原因是全球治理的问题属于治制的范畴，因此是需要大智的，也就是人们通常所说的"大智治制"，是天下的事，是天大的大事；第三个原因是全球治理目前的问题已经很严重了，处于"治理困境、治理赤字"的状况，如果我们不尽快想办法加强和完善全球治理体系，后果将会十分严重，因此此事不仅十分重要，而且十分紧迫，刻不容缓；第四个原因是完善全球治理体系有助于推动全球化尤其是经济全球化得以更好发展，逐步构建起一个开放、包容、普惠、平衡、共赢的新的全球化；第五个原因是构建合理的全球治理体系是促进世界经济尽快走出低谷并保持其可持续增长的重要制度保障。

（2）全球治理体系是一个综合性的概念，包括了十分丰富的内容。全球治理包括了许多方面的内容，是一个系统的体系。它既包括了大家所熟知的全球经济治理、全球金融治理、全球贸易治理、全球能源治理、全球基础设施治理等与经济发展密切相关的内容，也包括了全球社会治理、全球气候治理、全球发展治理等方面的内容。应该说，全球所有的事情，都有一个如何实现有效治理的问题，因此全球治理体系就是一个包含了与世界和平、发展相关的各方面的治理内容的系统。研究和构建全球治理体系，自然就是一项巨大的系统工程。

（3）在综合性的全球治理体系中，全球经济治理具有特殊重要性，尤其需要我们予以特别重视。这一方面是因为经济发展是维护世界和平与促进世界发展的基础，另一方面是因为目前世界经济发展出现了许多问题。从经济治理来看，也包括了方方面面，其内容也是十分丰富的。为此，习近平总书记特别提示我们，在目前完善和加强全球经济治理时，要重点抓好五个方面的建设：一是要努力构建公正高效的全球金融治理格局，保持经济金融稳定；二是要构建开放透明的全球贸易治理格局，促进全球贸易持续增长；三是要构建开放透明的全球投资治理格局，以更好地释放全球投资潜力；四是要构建绿色低碳的全球能源治理格局，推动全球绿色发展；五是要构建包容联动的全球发展治理格局，以更好地落实联合国《2030 年可持续发展议程》。

（4）构建新的全球治理的基本目标与方向在于构建更加均衡普惠的全球治理模式，为全球可持续经济增长提供制度与规制保障。这一思想是与以上强调全球经济治理的特殊重要性紧密联系的，是从另一个角度提出了如何保证合理的全球经济治理体系得以构建，以及经济增长得以可持续保持的问题，即要构建一种好的全球治理模式，而不是不好的全球治理模式，更不能是坏的全球治理模式。当然，其最终目标还是实现世界各国的共同繁荣，维护世界和平稳定，促进世界共同发展。

（5）全球治理的核心是共同治理，基础在于确保各国权利平等、机会平等、规则平等。平等参与全球治理，需要保证参与方具有广泛的代表性和发言权。这是习近平总书记最关心的一点，也是在他的讲话中被经常提到的一点。显然，这是具有很强针对性的，因为目前在这方面存在比较严重的问题，那就是目前的全球治理规则与制度，基本上都是由极少数国家主导制定的，甚至在不少领域，基本上也就是一两个国家说了算，严重地缺乏代表性，新兴市场国家和发展中国家参与严重不足。

但现实的情况是，自20世纪中期大批发展中国家获得独立以后，到21世纪初期，一批新兴市场国家开始崛起，其经济快速增长，成为推动世界经济持续增长的一股新生力量，尤其是从经济增量来看，情况更是如此：目前世界经济增量部分的80%来自新兴市场国家和发展中国家的贡献，也就是说增量部分只有20%的贡献来自发达经济体；仅金砖五国，近年来就贡献了世界经济增长的50%以上。同时，新兴市场国家和发展中国家也在气候变化、维和、反恐、消减贫困等方面成为世界舞台上十分重要的力量。但是，目前的全球治理体系并没有反映出这些十分重要的变化趋势，新兴市场国家和发展中国家在全球治理中的地位的实际改善并不大，提升并不高，在全球治理中仍然少有发言权。这就清楚地说明当前全球治理体系的代表性和包容性是很不够的，需要随着时间和具体情况的变化，及时调整新兴市场国家和发展中国家以及各国在全球治理体系中的参与度、发言权，要与时俱进、因时而变，不能一成不变。

因此，我们必须对不合理的治理结构进行改革，譬如，要在国际货币基金组织2010年改革方案的基础上，继续推进份额和投票权改革，继续增加新兴市场国家的代表性和发言权。至2017年10月，金砖国家，也就是中国、印度、俄罗斯、巴西和南非五国在国际货币基金组织中的投票权合计为14.18%（具体分别为 6.09%、2.64%、2.59%、2.22%、

0.64％），而美国一个国家的投票权仍然高达 16.52％，比金砖五国的合计数还要高出 2.34 个百分点；世界银行的投票权情况也大致如此，金砖五国合计为 12.98％，美国一个国家的投票权占 16.3％，比金砖五国合计数更是高出 3.32 个百分点。此外，要充分发挥国际货币基金组织的特别提款权的作用，同时要加强全球金融监管，防止金融危机发生，保证国际金融框架的稳定性和韧性。

（6）仅仅改革存量仍然是不够的，还需要做大增量。也就是说，还要增加新的全球治理供给，包括增加新的全球治理组织、机构、平台等。譬如，二十国集团就是为了共同应对全球金融危机而构建的新的全球治理平台；金砖国家就是为了促进新兴市场国家之间的深入合作与共同发展所构建的全球治理新平台；金砖国家新开发银行和亚洲基础设施投资银行都是为了更好地满足新兴市场国家和发展中国家对于基础设施建设资金的需求所构建的全球金融治理新组织、新机构。毫无疑问，为了更好地解决我们在文章开始提到的许多全球性的新问题，更多的全球治理新组织、新机构、新平台将因时因势地出现并得到发展。

（7）中国应更加积极地参与全球治理，尤其是全球经济治理、全球气候治理。经过 40 多年的改革开放，中国在世界上的经济实力和政治影响力大幅提升，已经成为促进世界和平与发展的一个十分重要的国家，因此中国更多更深地参与全球治理尤其是经济治理，已是客观必然，大势所趋。当然，参与全球治理的方式是多种多样的，其中一种建设性的参与方式，就是为全球提供更多更好的公共产品。比如，中国倡导并积极推进的"一带一路"建设，就是目前阶段中国为全球提供的十分重要的公共产品；此外，由中国创建的丝路基金对于实施和加快

"一带一路"建设项目具有直接的促进作用，也是一项重要的全球性公共产品。与金融方面的情况类似，中国在气候变化方面所提出的方案特别是中国已经实施的具体措施，对于改善全球气候变化治理也同样具有关键性作用。

（8）致力于巩固二十国集团、金砖国家作为全球经济治理重要平台的地位。正是由于目前的全球治理体系与格局存在许多问题，而改进这些问题又需要时间，因此新兴市场国家和发展中国家目前应该积极主动地增加或参与增加新的全球治理供给的各种努力，并对新的全球治理平台、机构充分地加以利用，尽可能地为促进其发展起到积极的支撑作用。目前要积极推进巩固二十国集团、金砖国家等新的全球治理平台的深度建设与完善工作，充分利用这两个新平台，一方面促进全球治理结构的改进与完善，另一方面利用这两个新平台使相关国家之间的合作更加紧密，促进各相关国家更好更快发展。

（9）重视和积极做好新疆域治理工作。根据时代发展的新需要，我们要十分重视并积极做好与深海、极地、外空、互联网等新疆域相关的各项治理工作。首先是要提出我们关于新疆域治理的基本原则，那就是和平、主权、普惠、共治的原则。在这一原则下，各国以平等身份参与到新疆域治理中来，实现共同有效开发。由于这些领域都是比较新的领域，我们要加强研究工作，积极参考其他国家的相关经验教训，形成不仅对我国有利而且对世界也有利的开发方案。在实施开发过程中，我们要加强与其他国家的紧密合作，共同开发，互利共赢。

（10）展望未来全球治理体系建设，应坚持共商、共建、共享，以及合作共赢的基本理念，以合作为动力，以开放为导向，促进全球化发展。基于中国 40 多年的改革开放发展经验，习近平总书记为未来构建的新的全球治理体系从几个重要方面，包括基本理念、主要动力、基本导向等，为世界各国共同推进新的全球治理体系构建贡献了中国智慧。同时，习近平总书记还将新的全球治理体系构建与促进全球化发展联系起来，这有利于促进全球化更好的发展。

三、中国积极参与全球治理的过程已经开始

由此可见，习近平总书记关于加强与完善全球治理体系的思想具有四个很鲜明的特征。

一是系统性。这既表现在所涉及内容的综合性和全面性方面，也表现在其分析问题的基本思路上，从谈这个问题的意义和重要性开始，接着就谈这个问题所涉及的内容，然后到重点，以及如何做，对未来的展望等，体现出很强的系统性。

二是针对性。不论是论述全球气候变化治理，还是突出全球经济治理，以及谈全球治理过程中代表性和发言权问题和对当前全球治理规制的改革与增强问题等，都是针对目前的现实而谈的，具有很强的针对性，因此也就对当前的相关工作具有很好的指导性。

三是务实性。谈现状和问题的目的是解决问题，因此在讲清问题的基础上，习近平总书记提出了许多有利于加强和完善全球治理的具体倡议和方案，譬如，全球共建"一带一路"的倡议、共同创建亚洲基础设施投资银行等新的全球治理机构的倡议等，并且将倡议逐步地加以实施，逐步地变成现实。

四是创新性。这在思想和行动方面都表现突出，包括提出了关于通过加强和完善全球治理而推进新的全球化发展和为世界经济增长走出低谷提供制度保障的思想、关于构建更加均衡

普惠的全球治理模式的思想、关于共同治理的思想、关于全球
治理要重视做增量的思想、关于中国应该积极参与全球治理的
思想等；从行动方面来看，不仅提出了共建"一带一路"倡议，
而且采取了一系列具体的政策措施积极推进"一带一路"建设落
到实处，包括积极倡导成立了金砖国家新开发银行、亚洲基础
设施投资银行等新的全球治理机构，并且都已开始成功运营。

习近平总书记已经代表中国提出了一套完整的关于加强和
完善全球治理体系的系统思想与方案，而且许多思想和方案已
经开始落实和实施，这表明中国积极参与全球治理的过程已经
开始。我们坚信，作为一个负责任的大国，中国积极参与全球
治理尤其是积极参与全球经济治理和全球气候治理，不仅对促
进中国自身发展有利，也将为维护世界和平稳定和促进世界更
好发展作出积极贡献。

"一带一路"与中国的全球治理观^①

据我的观察，我国高层大约是在 2008 年前后更加重视全球治理问题的，到本文发表时已 10 年时间。全球治理这个概念真正落实到文字上，则应该是习近平就任中共中央总书记之后的事，特别是 2015 年以来，使用这个概念比较多。我最近花了一点时间，比较系统地阅读了习近平总书记近年来与全球治理相关的系列讲话，将他的相关思想进行了提炼和总结，这应该可以代表中国在全球治理方面的基本思想与态度。

① 2017 年 12 月 15 日，笔者应邀参加中国社会科学院世界政治与经济研究所主办的研讨会：大国的全球治理战略与八国集团的问题和前景。这篇文章就是根据笔者在此次研讨会上的发言要点整理而成，发表在《中国发展观察》杂志 2018 年第 3、4 合期上。

一、中国全球治理观的基本要点

这里所概括的关于中国的全球治理观的几个要点，都来自习近平总书记近年来相关系列讲话，并没有考虑其他来源与依据。根据我的理解、归纳和总结，习近平关于全球治理的基本思想，也可以说是由他代表中国所提出的中国的全球治理观，至少包括七个方面的要点。

一是由于目前的全球处于比较严重的"治理困境"和"治理赤字"状况，加强和完善全球治理体系不仅十分重要，而且非常紧迫，中国应积极参与其中。鉴于我们处于一个全球化快速发展的时代，各国的发展变化都很快，而且表现出十分显著的"你中有我、我中有你"，"一损俱损、一荣俱荣"的特征，因此最好的办法就是共同构建良好的全球制度与规则，促进联动发展，最终使世界上所有的国家和所有的人民都得到好处。为此，中国应该积极参与促进全球治理体系得以加强和完善的各种努力，譬如，中国倡议共建"一带一路"，就是一种重要的积极努力和探索。

二是提出了构建"人类命运共同体"的新理念。通过这样一个新的理念，为构建新时代的全球治理体系提供了新的基本遵循。这个新理念的基本思路就是共商、共建、共享新的全球治理体系和全球公共产品。这个新的理念既对促进人权发展具有重要价值，同时对于促进其他各方面的全球治理都具有十分重要的意义。

三是提出了共同努力构建更加均衡普惠的全球治理模式的新目标。这样一种新的全球治理模式，是直接与构建"人类命运共同体"相联系的，通过促进均衡、包容的发展来改善发展中国家的人权；通过构建这样一种新的全球治理模式，促进世界各国的共同繁荣，而不仅仅是一部分国家的繁荣，进而更好地维护世界和平稳定，促进世界共同发展。

四是强调全球治理的核心在于共同治理，基础在于确保各国权利平等、机会平等、规则平等。平等参与全球治理，需要保证参与方具有广泛的代表性和发言权。但目前的现实是，全球治理规则与制度基本是由极少数国家主导制定的，甚至在不少领域，基本是一两个国家说了算，严重缺乏代表性，新兴市场国家和发展中国家参与度严重不足。这与当前世界经济的增量绝大部分来自新兴市场国家和发展中国家的贡献，同时新兴市场国家和发展中国家在气候变化、维和、反恐、消减贫困等方面成为世界舞台上十分重要的力量的现实不相匹配。因此，必须对当前不合理的治理结构进行改革。譬如，要在国际货币基金组织 2010 年改革方案的基础上，继续推进份额和投票权改革，继续增加新兴市场国家和发展中国家的代表性和发言权。至 2017 年 12 月，金砖国家，即中国、印度、俄罗斯、巴西和南非五国在国际货币基金组织中的投票权合计为 14.18％，而美国一个国家的投票权高达 16.52％，比金砖五国合计数还要高出两个多百分点；世界银行的投票权情况也大致如此，金砖五国合计 12.98％，美国一个国家的投票权占了 16.3％，比金砖五国合计数高出三个多百分点。

五是特别重视全球经济治理。全球治理的内容是十分丰富的，包括全球安全、经济金融、贸易投资、生态环境、基本人权、跨国犯罪等许多方面，中国特别强调全球经济治理的特殊重要性，主要原因大致是两个：一是经济发展是维护世界和平与促进世界发展的基础；二是目前世界经济发展出现了许多问题，需要予以突出。从经济治理本身来看，也包括了方方面面，其内容也是十分丰富的。中国目前的基本主张是重点抓好五个方面的建设：一是要努力构建公正高效的全球金融治理格局，保持经济金融稳定；二是要构建开放透明的全球贸易治理格局，促进全球贸易持续增长；三是要构建开放透明的全球投资治理格局，以更好地释放全球投资潜力；四是要构建绿色低碳的全球能源治理格局，推动全球绿色发展；五是要构建包容联动的全球发展治理格局，以更好地落实联合国《2030年可持续发展议程》。

六是提议一方面要改进和完善全球治理存量，另一方面要努力做大做强增量。也就是说，还要增加新的全球治理供给，包括增加新的全球治理组织、机构、平台等。譬如，二十国集团就是为了共同应对全球金融危机而构建的新的全球治理平台；金砖国家就是为了促进新兴市场经济国家之间的深入合作与共同发展所构建的全球治理新平台；金砖国家新开发银行和亚洲基础设施投资银行都是为了更好地满足新兴市场经济国家和发展中国家对于基础设施建设资金需求所构建的全球金融治理新组织、新机构。毫无疑问，为了更好地解决一些全球性的新问题，更多的全球治理新组织、新机构、新平台将因时因势地出现并得到发展。

七是重视和积极做好新疆域治理工作。根据时代发展的新需要，中国也十分重视并积极参与了与互联网、深海、极地、外空等新疆域相关的各项治理工作，并积极提出中国关于新疆域治理的基本原则，那就是和平、主权、普惠、共治，并强调在实施新疆域开发过程中，要加强与其他国家的紧密合作，共同开发，互利共赢。

二、共建"一带一路"，加强与完善全球治理体系

中国的这些关于全球治理的观念，要想在现实世界中得以实施，必须从多方面作出努力，有些方面的努力已经比较清楚了。譬如，中国正在努力将中国的新理念逐步纳入目前的全球治理体系中并发挥影响力，以期对世界繁荣发展与和平稳定作出更大贡献；再如，中国也在通过做增量的方式，增加全球治理平台和规制建设，丰富和完善全球治理体系。

对于前一点，联合国社会发展委员会第 55 届会议已于 2017 年 2 月 10 日将"构建人类命运共同体"写入了"非洲发展新伙伴关系的社会层面"决议，这是其首次被写入联合国决议中；3 月 23 日，"构建人类命运共同体"被联合国人权理事会第 34 次会议写入"经济、社会、文化权利"和"粮食权"两个决议之中；11 月 1 日，"构建人类命运共同体"理念被纳入联合国安全决议（"防止外空军备竞赛进一步切实措施"和"不首先在外空放置武器"两份安全决议）。这既说明中国对新时代改善全球治理已经作出了重要贡献，也说明国际社会对中国在这方面所做的努力是充分认可的。

对于后一点，即从做增量的角度来看，我认为中国目前在这方面所做的最大的一个增量就是倡导共建"一带一路"，共同搭建一个新的国际合作平台，以加强和改善全球治理体系。

结合以上所讨论的中国的全球治理观，我们不难发现，"一带一路"除了大力促进基础设施互联互通、贸易畅通、资金融通等与促进经济发展直接相关的作用外，也将对加强和改进全球治理体系起到巨大的支撑作用。

首先，这表现在中国所倡导的新的全球治理体系，是世界

各国携手共商、共建、共享的新全球治理体系，是以构建人类命运共同体为根本目的的新全球治理体系，中国倡导的"一带一路"，也是秉承共商、共建、共享的基本理念，通过共商、共建、共享"一带一路"而为世界提供公共产品的。

其次，"一带一路"倡议是一个完全开放包容的系统，任何国家都可以根据自己的实际需要决定是否参加，不论大国还是小国，不论富国还是穷国，都享有在平等规则下平等参与、平等共建、平等受益的平等权利。"一带一路"建设不排斥任何国家，任何国家也都没有特权。因此，积极推进共建"一带一路"，从一定意义上也将直接有助于推进构建新型全球治理体系。

再次，"一带一路"建设的重要内容是进一步促进国际经济合作，包括共同改善基础设施状况，共同推进贸易投资便利化，加强能源合作，深化金融合作，促进产业合作等，在保证世界经济繁荣的前提下，促进各方面事业的全面发展。这与中国十分重视和强调全球经济治理的基本思路也是一致的。

最后，为了推进"一带一路"建设，中国倡导新建了亚洲基础设施投资银行，并主导建立了丝路基金等金融机构，为全球基础设施建设提供了新的融资渠道。随着"一带一路"建设的进一步推进，也可能还要相应地增加别的新全球治理机构供给或其他方面的新全球治理供给，逐步克服和改善目前"全球治理困境""全球治理赤字"的情况。

总之，中国倡导共建"一带一路"与中国的全球治理观在基本理念、核心思想、主要内容、推进方式等方面都具有高度的一致性，因此，通过推进实施"一带一路"，将直接有助于推进构建新型全球治理模式，直接有助于建设一个更加美好的世界。这既是中国推进其全球治理观得以实施的很好机遇，也是中国作为一个负责任大国的历史责任。

"一带一路"给全球发展带来新机遇[①]

2013年秋，习近平主席提出了"一带一路"倡议。这对于中国的开放发展而言，其重点从"引进来"，发展到将"引进来"和"走出去"密切相结合的新阶段，使中国更加深入地融入世界，与世界各国一道，共建"一带一路"，促进共同繁荣，推动构建人类命运共同体。

共建"一带一路"不仅对中国在"百年未有之大变局"时代抓住新的历史机遇，以及对推进中国在新时代构建全面开放新格局产生关键性影响，也将对促进全球的共同发展发挥十分重要的作用。

---

① 本文发表于2019年10月8日的《参考消息》上，发表时的标题为《"一带一路"给全球带来发展新机遇》。

一、为全球增长提供新动能

共建"一带一路"，带来巨大的发展新机遇。"一带一路"倡议，是新时代的新倡议；共建"一带一路"，是新时代的新平台；共建"一带一路"所产生的机遇，是新时代的新机遇。这个新的倡议是基础，这一新的平台是载体，由此所产生的新机遇是结果。

共建"一带一路"以来，已经证明了的新机遇至少体现在四个层面：一是全球发展层面，二是国家发展层面，三是企业发展层面，四是个人职业发展层面。

从全球发展层面来看，首先，共建"一带一路"直接有利于推进全球化新发展。这是因为共建"一带一路"的核心在于全球在各方面都构建起更好的互联互通体系，在交通与通信、能源、货物贸易与服务贸易、资金融通、人员往来等方面都实现更好的互联互通，这样就有利于促进各种要素在全球范围内自由流动，促进国际贸易、国际投资、国际旅游等更快发展。而且因为"一带一路"这个平台是一个完全开放包容的平台，不论是大国小国，还是富国穷国，也不论是亚洲非洲的国家，还是欧洲拉美的国家，都可以参与进来，不搞区域主义，更不搞地缘政治，在自愿互利基础上通过平等合作来促进共同发展。这更利于推进全球化更加均衡、包容、普惠地一体化发展。

其次，共建"一带一路"有利于为全球经济增长提供新动能。因为在"一带一路"国际合作框架下，世界上不少国家与中国共建了很多基础设施项目，如在巴基斯坦进行的铁路升级改造工程项目、多个发电站建设项目、瓜达尔港口建设项目等，在老挝建设的中老铁路项目，在马来西亚推进的东部沿海铁路项目，在缅甸建设的皎漂深水港项目等。有些项目已经完成，譬如埃塞俄比亚与吉布提和中国共建的亚吉铁路、在巴基斯坦建设的萨希瓦尔电站、在肯尼亚建设的蒙内铁路等。这些建设项目涉及不同规模的投资，有的项目涉及十几亿甚至几十亿美元的投资，这就可以直接带动投资增长，同时还可以创造一些新的就业机会，这些都有利于促进消费增长。此外，中国与"一带一路"相关国家还共建了一批经贸合作区。

最后，共建"一带一路"有利于改善全球治理体系。除了对目前的全球治理体系进行必要的改革外，很重要的一点，就是在维护现有全球治理体系和现有全球治理秩序的前提下，通过"做增量"的方式改进现有全球治理体系。比如，为发展中国家提供基础设施融资的问题，由于种种原因，世界银行解决不了，供需之间的缺口很大，并且不是短期可以解决的问题。在这样的情况下，基于"一带一路"国际合作平台，中国与相关国家通过协商，可以通过创新的方式提供部分基础设施建设投资，促进相关国家的经济腾飞与发展，并为低收入人口提供新的就业机会，增加他们的收入。

二、为各国发展贡献新动力

从国家发展层面来看，最重要的是，共建"一带一路"将直接为发展中国家提供一股强大的动力，促使其经济腾飞。根据发展经济学的基本原理和一些国家的发展经验，要实现国家的经济腾飞，就必须在投资上有一个"大推进"，通常是先建设好重要的基础设施，如路桥、电站等，为接下来的工业化发展创造基础条件。

中国在"一带一路"国际合作框架下，贷款给一些发展中国家建设铁路、公路、桥梁、港口、机场，修建发电站等，就是为了支持这些国家的"大推进"计划的实施，促进其工业化发展，进而使经济结构发生改变，从单一的农业生产国转变为新型工业化国家，从而可以从国际市场上获取更多的经济增加值，从贫困走向富强。

从实际情况来看，这样的故事也在不断地发生着。比如，中国在肯尼亚投资建设的蒙内铁路通车后，肯尼亚运输成本大幅降低；针对巴基斯坦严重缺电的情况，中国在该国完成了萨希瓦尔电站建设后，已经满足了巴基斯坦超过10％人口的用电需求。

由此可见，中国与相关国家共建"一带一路"的逻辑是非常清晰的，那就是以投资基础设施为重点，增强相关国家的"造血"机能，促进其经济实现快速增长，帮助其尽快实现从不发达国家到发达国家的转型发展。

从企业发展层面来看，共建"一带一路"为中国企业以及相关国家的企业和全球性公司提供了许多新商机。这些新商机体现在广泛的领域，从资源开发到基础设施建设，从农业到制造业合作，从特色贸易到旅游开发，从房地产项目合作到金融合作，从工业园区开发到智慧新城建设，等等。很显然，伴随着共建"一带一路"国际合作不断向纵深发展，企业参与建设的商机也就会越来越多，受益的不仅是中国企业，也包括世界各国的企业。

从个人职业发展来看，由于共建"一带一路"扩展了新的国际投资、贸易、金融、基础设施建设、产业园区建设等方面的合作机遇，也因此给很多人的职业发展带来了新的机会。仅以我们与沿线 24 个国家建设的 82 个境外经贸合作区为例，到 2019 年年初就已新增就业约 30 万人。特别是对于那些国际化高端人才而言，他们更有可能找到充分发挥自己作用的工作机会，成就自己的职业发展梦想。

三、高质量可持续的共建

为了保证共建"一带一路"取得更好效果，我们要在认真总结过去 6 年经验教训的基础上，做得更好，行稳致远。我认为今后要从两个方面继续努力：一方面是高质量，另一方面是可持续。

从建设高质量的"一带一路"来看，关键的是要坚持"三大理念"，那就是开放、绿色、廉洁理念；此外，要继续坚持"共商共建共享"的基本原则，也要坚持在继续做好政府引领与发展战略对接的同时，充分发挥和坚持市场主导和企业主体作用，正确处理共建"一带一路"过程中的政府、市场、企业之间的关系，逐步建立比较完善的"一带一路"建设机制。

从建设可持续的"一带一路"来看，首先，要特别重视债务可持续性问题。要做好充分的项目论证，量力而行，做出切合项目建设国实际的投资、贷款安排，不贪大求全，防止发生债务危机。其次，考虑到"一带一路"建设中的很多项目都是由中国出资建设的，因此要探索更多地使用人民币贷款来建设这些项目的制度性安排；除了贷款外，今后要考虑更多地通过发行人民币债券的方式进行融资。再次，共建"一带一路"，不能只用中国一国的资金，而必须广泛地汇聚各种资源，多从国际资本市场上融资。最后，除了筹好钱、用好钱、防风险外，参与共建"一带一路"的企业，还必须坚持履行社会责任，包括企业经营要符合联合国《2030年可持续发展议程》提出的目标要求，尤其是要充分考虑企业经营对环境和气候变化的影响，同时还要特别注意促进民生发展，使建设项目尽可能多地为当地人民提供新的就业机会，为缩小社会差距而作出贡献。

"一带一路"促进全球经济发展①

　　"一带一路"倡议提出五年多时间来，经过中国与相关国家和国际组织的共同努力，共建"一带一路"的制度框架已基本构建成型，一大批项目已实质性落地，并且有些已经取得了良好的早期收获。

　　实践已经证明，共建"一带一路"对于促进全球基础设施建设和贸易增长，以及对于推进全球化转型发展和完善全球治理都创造了良好条件，提供了历史性的新机遇。在目前全球经济增长面临下行压力的情况下，抓住这样的机遇，具有重要意义。

---

　　①　本文发表在 2019 年 10 月 9 日的《经济参考报》上，发表时的标题为《"一带一路"为全球发展提供新机遇》。

一、为全球基础设施建设提供了大发展机遇

经济学的基本原理和无数国家的实证经验都已证明，建设良好的基础设施对于促进经济增长具有极其重要的基础性作用。没有水，农作物产量就会很低甚至颗粒无收；没有电，制造业就没法发展，更谈不上国家工业化；没有路，原材料就无法运送到生产基地，产品也无法销往市场。如果这些方面的条件都很差的话，外国直接投资（FDI）也不会进来。

长期以来，发展中国家与发达国家的一个很大的差距就表现在基础设施建设的数量和质量上，这也成为广大发展中国家在其早期发展阶段的一个十分重要的制约因素。如果这一制约因素得不到有效的缓解和克服，国家或地区的经济增长就会处于长期停滞状态。

世界上许多国家就处于这样一种状态，一个多世纪以来乃至更长的历史时期，其经济发展都处于一种低质发展状况，普遍贫困、绝对贫困已是常态。要从根本上解决这一问题，就必须构建起一种新的发展机制，使自身具有良好的"造血"功能。

从哪里突破呢？建设良好的基础设施应该是一个重要选项。当然，也得有其他各方面的相应改进与提升，譬如说也应该相应地提供和改善国家治理水平，优化制度安排等。

截至本文发表时，发展中国家整体的基础设施水平都比较低。根据世界银行的研究，如果把基础设施建设水平的满分设定为5分的话，"一带一路"沿线国家的平均水平只有2.7分；如果换算成百分制，也就是只能打54分。但这些国家之间的差别很大，中国、新加坡的基础设施水平比较高，阿富汗、伊拉

克、叙利亚就比较差了。

要建设良好的基础设施，发展中国家普遍存在的一个问题就是资金严重不足。根据亚洲开发银行的研究结论，在2016年至2030年，亚洲发展中国家每年平均的基础设施建设所需要的投资大约为1.75万亿美元（其中电力基础设施建设所需要的投资为9800亿美元、交通基础设施建设所需要的投资为5600亿美元、电信基础设施建设所需要的投资为1533亿美元、供水和卫生设施建设所需要的投资为533亿美元），但这些国家实际投资于这些基础设施建设的年均资金还不到所需要资金的一半，年均不到8000亿美元。这就有巨大的缺口，怎么办？

中国倡导的"一带一路"建设就可以从一定程度上弥补这样一个缺口。5年多来，中国已经在"一带一路"相关国家投资建成了一批重要的铁路，如肯尼亚的蒙内铁路、跨埃塞俄比亚和吉布提的亚吉铁路、尼日利亚的阿卡铁路、土耳其的安伊高铁、安哥拉的本格拉铁路等；也建设完成一批重要的港口，如希腊的比雷埃夫斯港、巴基斯坦的瓜达尔港、斯里兰卡的汉班托塔港、缅甸的皎漂港等；已建设完成或在建的电站有巴基斯坦的萨希瓦尔电站、卡拉奇核电站等。

总之，中国在"一带一路"国际合作框架下，已经为许多发展中国家投资建设了大量基础设施，为这些国家形成有效的支持其经济增长的"造血机能"作出了巨大努力和贡献。

二、为全球贸易增长提供了大发展机遇

无数研究成果已经表明，当我们以上所说的基础设施尤其

是交通基础设施一旦得以改善，贸易成本就可以得到不同程度的降低，进而贸易流量也随之增加。这三者之间的关系是非常确定的，不太确定的只是幅度问题。

有研究表明，当贸易成本降低1％时，贸易量就会相应地增加3％，当然也有研究认为不到3％或高于3％的。有研究表明，不靠海的内陆国家运输成本的平均水平要比沿海国家的平均水平高出50％，进而两者的贸易额通常也会差出3～4倍。

世界银行最近的研究结果表明，"一带一路"合作将使全球贸易成本降低1.1％～2.2％，推动中国—中亚—西亚经济走廊上的贸易成本降低10.2％，还将促进2019年全球经济增速至少提高0.1个百分点。

总之，交通基础设施条件的改善与提高对于促进贸易发展具有直接的积极影响。肯尼亚的蒙内铁路开通后，整个国家的货运成本大幅降低，进而每年对经济增长可以贡献1.5个百分点。跨埃塞俄比亚和吉布提的亚吉铁路开通后，尽管还存在着配套方面的问题，但其运输成本也已降低了许多，特别是在急需化肥时，对保障该国化肥充足按时供应起到了重要作用。

在"一带一路"国际合作框架下，还有很多铁路线、公路线都正在建设之中。据不完全统计，截至本文撰写时，仅中国企业在非洲建设的公路累计超万公里，铁路也有6000多公里。这将对促进非洲经济发展起到十分重要的作用。

通过共建"一带一路"，亚非拉欧发展中国家的交通基础设施将得到大幅改进，进而为这些国家的贸易增长提供良好机遇。

三、促进全球化转型发展

全球化发展到今天，遇到了巨大阻力。何去何从，面临巨大挑战。客观地讲，这与目前全球化本身存在的一些问题密切相关，其中最大的问题就是，伴随着全球化的发展，这个世界变得更加地分化：一部分国家和一部分人越来越富裕；另一部分国家和另一部分人，相对而言却变得越来越贫困。

于是差距越来越大，社会不均等的情况愈演愈烈。当然还有一些别的问题，譬如说伴随着全球化的发展，有些国家出现了产业空心化的问题，进而失业率上升；还有人认为，全球化也是造成全球经济危机的一个原因，等等。

于是就有国家开始搞贸易保护主义、单边主义，从多边主义体系中退出，甚至大搞逆全球化。这样的一种思维从根本上就是错误的，因为全球化是不可逆的，世界上没有任何一个国家，或者是任何一个人可以逆转全球化发展趋势。因为没有人能够改变这样三种客观存在：一是自然资源在不同国家的分布天然地存在巨大差别，因此通过国际贸易互通有无就不可避免；二是资本的本性就是流向回报高的地方，因此投资的国际化趋势也是无人可以改变的；三是科技的发展速度很快，其传播和扩展在市场机制的作用下不受国界限制，也是客观必然的。

因此，目前有的国家所选择的退出全球化的做法是不明智的，既不可能使自己从中受益，更不可能使别人从中得到好处。正确的做法应该是找出问题的根源，大力推进全球化转型升级，从而使目前的一种不是太好的全球化变得更好，不仅让所有国家和所有人都有机会参与全球化过程，更重要的是要使所有国家和所有人都能从全球化中得到实实在在的好处。

正是在这样的一种历史背景下，中国提出了共建"一带一路"的倡议，也就是倡议将"一带一路"共同打造成一个国际合作平台和公共产品，只要愿意，都可以参与其中，不分国家类型，也不管地处何方，在共商、共建、共享的基本原则下，平等参与，充分发挥各自比较优势，最终实现互利共赢，促进共同发展。

共建"一带一路"的重点在于构建全球基础设施互联互通网络体系，而且是包括了"海陆空天电网"的一个立体的网络体系。这样就将直接促进全球产业体系更好地一体化，也能更好地促进贸易和投资的便利化，再加上在"一带一路"框架下的更好的政策协调和民心相通的保障，就有可能构建一种新的全球化，也就是转型升级之后的一种新全球化，这种全球化的主要特征就是开放性、包容性、普惠性、均衡性。

简言之，新全球化就是让世界上尽可能多的国家和人民都可以享受到新的全球化所带来的好处，而不仅仅只有极少数国家和人民可以享受。

四、完善全球经济治理体系

全球经济治理体系是一种公共产品，主要是通过为发展中国家提供其发展所需的一些基本要素而促进其发展，这些要素包括资本、技术、知识等，其中世界银行主要通过提供资金来改善发展中国家的基础设施状况，减缓贫困，同时也为发展中国家提供政策咨询、培训服务，以加强发展中国家的能力建设；

世界贸易组织主要是促进世界多边贸易的公平发展，反对贸易保护主义；国际货币基金组织主要是维护全球金融市场稳定；等等。

目前，全球经济治理体系主要是第二次世界大战后形成的，70多年来对促进全球经济繁荣发展、维护世界和平起到了十分重要的作用，但也存在一些问题，主要表现为相当一部分发展中国家的参与度很低，话语权很小，因此从中得到的好处也很少，甚至得不到什么好处。

伴随着一批发展中国家的快速发展，改革目前的全球治理体系已刻不容缓，但确实也有很大的难度，因为目前处于主导地位的一些国家并不喜欢这样的改革，所以如何通过做增量的方式来弥补现有全球治理体系的不足就成为一个很必要也很有意义的选择。

我们上面提到过，亚洲发展中国家每年对于基础设施的实际投资还不到需求的一半；麦肯锡的研究结果也表明，全球平均每年对于基础设施建设投资的资金需求大约为3.3万亿美元，实际也是远远满足不了需求的。

正是在这样的情况下，中国通过共建"一带一路"，给很多国家提供了大量的资金，积极投资建设这些国家的基础设施，为其经济腾飞创造良好条件。这就是从金融方面为完善全球金融治理体系做了增量。

中国的扶贫经验，特别是中国的精准扶贫经验，也是可以为世界上很多发展中国家借鉴和参考的，特别是在目前世界各国都在实施和执行联合国《2030年可持续发展议程》的过程中，中国的脱贫经验也可以通过共建"一带一路"这样一个平台，向世界传播，使那些目前仍然还处于绝对贫困状态的国家和人民尽快脱贫致富。这与联合国《2030年可持续发展议程》的基本精神高度吻合，这也应该被视为对完善全球经济治理特别是对扶贫治理模式创新作出的重要贡献。

总之，共建"一带一路"，将从促进全球经济增长、缓解全球贫困、促进全球共同发展等多方面提供良好机遇。

"一带一路"建设与新时代区域发展前景[①]

2018 年秋季是"一带一路"倡议提出五周年纪念。五年来,"一带一路"已从理念转化为行动,从愿景转变为现实,取得了一系列重要建设成果。为了更好地理解"一带一路"倡议与"一带一路"建设,特别是为了更好地通过"一带一路"建设促进我国和相关国家的全面发展、区域发展,促进海南的高质量发展,我们有必要对以下几个相关问题进行进一步研讨。

---

① 应海南省委宣传部邀请,笔者于 2018 年 4 月 14 日在"海南自贸大讲坛"上以"'一带一路'建设与新时代区域发展前景"为题发表公开演讲。经笔者同意和修订,这次的演讲内容在《南海学刊》2018 年第 3 期上发表。

一、"一带一路"：中国扩大开放的新举措

总体而言，习近平总书记提出"一带一路"倡议最基本的出发点，就是希望在新时代通过这样一个新平台，推进我国的开放事业更上一个新台阶，促进构建全面开放发展新格局，以开放促进我国更好的发展。①

1978 年以来我国的发展与进步都是积极推进改革开放的结果，而且改革和开放相伴而行、相互支撑、相互促进。40 多年来，我国主要积极地推进了四次大开放，由此中国才得以成功地走到今天，取得了一系列辉煌的发展成就。

第一次大开放：创办经济特区。从 1979 年 7 月开始，先是试办出口特区，当时选了深圳、珠海、汕头、厦门进行试验。翌年，出口特区改名为经济特区。1988 年 4 月，又增加了一个新的经济特区，那就是海南经济特区。海南是全国唯一一个整个省都被划定为经济特区的经济特区，自然也是最大的经济特区。其他的 4 个经济特区——深圳、珠海、汕头是隶属广东省的三个城市，厦门则是隶属福建省的城市。到了 20 世纪 90 年代初期，为适应上海市开放发展的需要，国家在上海建设了浦东新区，它也属于经济特区，而且是更高层次的经济特区。

建立经济特区，主要目的是推进我国的开放发展。当时很重要的一个直接目的，就是通过直接出口特区所生产的商品，

---

① 习近平：《决胜全面建成小康社会 夺取新时代中国特色社会主义伟大胜利——在中国共产党第十九次全国代表大会上的报告》，人民出版社 2017 年版，第 58—60 页。

获取更多的外汇。同时，我国当时的资金十分短缺，也需要在这几个地方通过实施特殊的优惠政策，以吸引更多的外资。大量的外资进入和大量的工业品出口，使中国的外向型经济通过建设经济特区得到了初步发展。

第二次大开放：我国于 2001 年加入了世界贸易组织（WTO）。这是促使我国融入世界经济体系的一次重大开放，因为我们必须与国际贸易规则全面接轨。尽管之前有经济特区的经验，但即使是经济特区的规则，也与全球通行的贸易规则有一定的差别，经济特区之外的地区差别则更大。因此，为了加入 WTO，我国修订了许多规则，尤其是贸易规则，以保证与世界通行规则一致。

加入 WTO 后，外资通过多种形式进入我国的各个行业，许多企业尤其是国有企业通过海外上市的方式，融入大量资金，获得了快速发展，国际竞争力快速提升，不少企业已经成为实力相当强并具有国际竞争力的世界级企业，许多行业也逐步从弱变强。

第三次大开放：通过建立自由贸易区的方式进一步推进我国的开放事业。这一试验开始于 2013 年 8 月，上海自由贸易试验区首先被批准成立。2015 年又增加了 3 个，即广东、天津、福建自由贸易试验区，2017 年再增加 7 个，即浙江、辽宁、四川、重庆、湖北、河南、陕西自由贸易试验区。到 2017 年年底，我国共成立了 11 个自由贸易试验区。2018 年 4 月 13 日，习近平总书记在庆祝海南建省办经济特区 30 周年大会上宣布，将海南全岛建成一个新的自由贸易区，即中国(海南)自由贸易试验区。[1]

通过自由贸易试验区的建设，我国在商品、服务、关税、

---

[1]　习近平：《在庆祝海南建省办经济特区 30 周年大会上的讲话》，人民出版社 2018 年版，第 13—16 页。

配额、创业等方面都将更大幅度地开放，这将直接促进中国和世界的贸易发展。

第四次大开放：中国主动提出倡议，与世界各国一道，通过共建"一带一路"，促进全球的共同繁荣与发展，构建人类命运共同体。通过"一带一路"建设，中国的发展与世界的发展将紧密地联系在一起，进而相互支撑，相互促进。

习近平总书记在博鳌亚洲论坛 2018 年年会上讲话的核心，就是要把中国的发展和世界的发展联系起来。做到这一点，十分重要的一条是通过共建"一带一路"，实现互利共赢，促进共同发展。

二、"一带一路"建设的全球价值

提出"一带一路"倡议，推进"一带一路"建设，一方面是我国在新时代积极构建对外开放新格局的主动作为，另一方面也是促进全球共同发展和世界繁荣的重要举措。因此，"一带一路"可以比较好地兼顾到国内和国际两个大局的发展，实现两个大局的互利共赢。

（一）从国内大局来看，"一带一路"建设至关重要

1. 构建新时代以"一带一路"建设为重点的我国对外开放新格局

党的十九大报告明确提出了新时代构建我国对外开放新格局的基本思想，即把"一带一路"作为重点，既要引进来，也要走出去，最终形成陆海内外联动、东西双向互济的开放

格局。① 新时代以"一带一路"建设为重点推进我国新一轮的对外开放，有两个方面十分重要。一方面是我国自身要更大力度地开放市场，既要向国外投资者开放，也要向国内的私人投资者开放，尽快形成真正意义上的统一市场；同时要进一步降低关税，大力改进营商环境，形成良好的营商文化。另一方面，中国经济发展已经到了加大走出去力度的发展阶段，对外投资的作用越来越大，要充分利用"一带一路"平台和国际产能合作机会，更多地通过走出去以增加财富。

2. 与世界上更多的国家构建更好的多边贸易关系

利用"一带一路"这个新的国际平台，按照国际公认的贸易规则，如 WTO 的规则，进一步加强与世界上越来越多的国家之间的贸易联系。由于客观上存在的各国之间在资源禀赋上的巨大差距，国际贸易就成为客观必然。如我国需要从国际市场上进口石油、天然气、铁矿石等资源性产品，也需要从国际市场上进口芯片、精密仪器等高新技术产品，这对于我国经济的可持续发展非常必要。同样，我国巨大的消费市场对其他国家而言，也具有重要的战略价值。发展中国家由于资本短缺，基础设施条件较差，医疗教育水平较低，保持一定量的燃料、原材料对中国的出口，将直接有利于这些国家获得宝贵的初始资金，促进基础设施建设和人力资本提升，为其经济起飞创造最基本的条件。对于发达国家而言，保持一定量的高新技术产品对中国的出口，有利于保持其贸易和经济的较强竞争力，保持其贸易和经济增长的活力。

---

① 习近平：《决胜全面建成小康社会 夺取新时代中国特色社会主义伟大胜利——在中国共产党第十九次全国代表大会上的报告》，人民出版社 2017 年版，第 58—60 页。

3. 有利于促进我国的供给侧结构性改革，使改革举措真正落到实处

目前情况下，供给侧结构性改革是我国经济改革的主线，怎么推进？当然是要不断增加好的、优质的、市场需要的供给，同时减少不好的、劣质的、市场上不需要的供给。基本的办法是通过市场出清的方式实现优胜劣汰，淘汰一批企业、缩减一些产能。但是，这直接涉及一个很重要的问题，那就是很可能会有许多人因此而"下岗"、失业，失业率有可能会上升。当然，通过产业的转型升级以及创新创业的方式，能部分地解决此问题，但短期内很难全部消化。因此，通过共建"一带一路"的方式，与有需求的国家开展产能合作，在有市场需求的国家，用我国的适用技术，加上部分投资和劳动力，建设生产基地，形成新的产能，一方面有利于放慢某些产能在国内的生产，另一方面也有利于促进相关国家的基础产业和基础设施建设的发展，最终帮助这些国家尽快实现工业化。

4. 加强和深化国际金融合作

"一带一路"建设涉及大量的资金投入，因此必须通过金融创新的方式融通更多的资金，否则很难使"一带一路"倡议与建设落到实处。亚投行、丝路基金、中哈产能合作基金等都是加强国际金融合作的结果，也是金融创新的结果。从这一点来看，"一带一路"倡议与"一带一路"建设激发了国际金融合作与创新。随着"一带一路"建设的不断推进，国际金融合作与创新的广度和深度都将进一步扩大。

(二)从国际大局来看，"一带一路"建设非常及时

1. 及时地支持了全球经济增长

2008 年全球金融危机后，各国的经济增长一直都十分乏

力，尽管 2010 年出现了一波新兴市场国家（如中国、印度、巴西、南非等国家）经济快速复苏的情况，但持续时间很短，很快又回落了。因此，提出"一带一路"倡议的一个直接原因，就是希望通过"一带一路"建设，尽快促进全球经济增长，这也是"一带一路"倡议把设施联通、贸易畅通、资金融通作为重要内容提出来的原因。共建"一带一路"的国家主要是发展中国家，这些国家的基础设施条件一般比较差，通过参与"一带一路"建设，可以尽快改善其交通、能源、通信等方面的基础设施状况，为其长期经济发展创造重要的前提条件，同时也可以通过增加固定资产投资带动投资增长；投资进入一些基础设施建设项目（如铁路、公路、机场、电站等）后，会产生许多新的就业机会，就业增加，人民的收入也会增加，进而带动消费增长；交通基础设施条件的改善，则有利于实现更好的贸易畅通，降低物流成本，提高贸易效率。因此，共建"一带一路"，将直接促进全球经济增长，尤其是发展中国家的经济增长。事实也证明了这一点，在"一带一路"倡议提出并付诸实施后，其对不少国家的经济增长都起到了直接的促进作用，如肯尼亚的蒙内铁路建成后，据该国官方估计，每年对该国经济增长的贡献率为1.5 个百分点[①]。

2. 及时地推进全球化进程

近年来，国际上出现了一股逆全球化、反全球化的力量，对全球化的继续发展形成了很大的威胁和制约。"一带一路"实际上就是提供了一个新的平台，助力继续推进全球化进程并促

---

① 贾兴鹏、于洋：《蒙内铁路通车：肯尼亚等了一个世纪 中国建了不足3 年》，http://finance.people.com.cn/n1/2017/0601/c1004-29312014.html，浏览时间：2017 年 6 月 7 日。

进全球化得以转型升级发展①。不仅如此，由于这个平台所秉承的开放性原则，基于"一带一路"所进一步推进的全球化就在很大程度上具备了包容性的特色，使更多的地区、国家、人民都能享受到全球化带来的好处。

3. 及时地促进全球治理体系的完善与加强

现在的全球治理体系基本上是第二次世界大战后由少数国家主导的全球治理体系，很多国家并没有话语权。伴随着经济的快速发展及政治地位的提高，一大批新兴市场国家和发展中国家也更加积极地要求参与全球治理，贡献自己的智慧和力量，共同为世界提供更多、更好的公共产品。因此，目前的全球治理体系应该逐渐改革和进一步加强。改革是进行调整，难度比较大，因此重点可能还在加强上，重点是做增量。比如，适应"一带一路"建设的需要，中国与相关国家共同组建了新的国际金融机构——亚洲基础设施投资银行，以便更好地为发展中国家的基础设施建设提供资金，这就从一定程度上健全了全球金融治理体系；又如中国与其他金砖国家一起，组建了金砖国家新开发银行，也是为了给发展中国家提供资金支持。

4. 构建一个新的国际合作模式

过去的国际合作模式是传统的，都是基于地缘政治的，通常只在邻近的国家之间开展合作。非洲和拉丁美洲都有很多这样的区域合作组织。我们不能说这样的合作模式不好，但同时也需要一些完全开放的国际合作平台，在这样的新平台上，没有歧视，不论国家大小、不论富强或贫弱、不论位于哪个地方，都可以平等地参与其中，这就是国际合作的一种全新的模式，"一带一路"

---

① 胡必亮：《"一带一路"建设与全球化转型》，《光明日报》2017 年 5 月 13 日第 8 版。

就是这样一个新的国际合作平台，就是这种新模式的新探索。

三、中国推动"一带一路"建设的政策措施

"一带一路"建设是一个巨大的系统工程，涉及方方面面的工作。2017年"一带一路"国际合作高峰论坛提出了将"一带一路"建设成为和平之路、繁荣之路、开放之路、创新之路、文明之路，使得"一带一路"倡议的目标更加清晰明确。政策沟通、设施联通、贸易畅通、资金融通、民心相通，这"五通"作为"一带一路"建设的重要内容也已得到广泛认同。金融合作制度创新取得显著成就，亚投行、新开发银行、丝路基金、国际产能合作基金等都为"一带一路"建设提供了融资支持。贸易便利化的制度框架建设也正在逐步构建和完善之中，包括大通关、交通基础设施互联互通建设、人民币国际化等都对促进"一带一路"贸易发展提供了有力支撑。

(一)政府层面的政策和战略的协调与沟通

中国现在已经与100多个国家或国际组织签订了关于"一带一路"的合作备忘录，这说明总体而言国际反响是很积极的，尤其是联合国系统的不少组织与部门都将"一带一路"倡议及其建设原则写进了其文件之中，作为重要的国际准则，逐渐得到体现与落实。

(二)经济走廊建设

经济走廊建设是"一带一路"建设的核心内容。截至本文撰

写时，正在积极建设过程中的经济走廊有六条：一是中蒙俄经济走廊，目前的重点是交通基础设施建设以及经济开发区和一些关于社会发展方面的合作项目；二是新亚欧大陆桥经济走廊，重点内容有两项——中欧班列和经济开发区建设；三是中国—中亚—西亚经济走廊，重点是天然气管道建设和石油管道建设，以及我国为中亚和西亚国家建设电站和交通通道；四是中巴经济走廊，这个经济走廊建设所涉及的内容十分丰富，包括了公路建设、铁路建设、城市轻轨建设、电站建设、港口建设、经济开发区建设等内容，项目比较多，投资也比较大；五是孟中印缅经济走廊，主要包括皎漂港建设、石油和天然气管道建设等；六是中国—中南半岛经济走廊，主要是各类交通基础设施建设和经济开发区建设。①

(三) 港口建设

这主要是为了支持 21 世纪海上丝绸之路建设。一方面，需要对国内的十多个相关港口进行改造升级，提高水平和档次；另一方面，通过多种不同的方式参与国际港口的经营，截至本文撰写时，已经参与的有 20 多个国家的超过 50 个港口。

(四) 中国企业走出去

现在有一半的央企已经在不同程度上参与"一带一路"建设，下一步应该会有更多的民营企业也积极参与其中。比如，蒙内铁路、萨希瓦尔燃煤电站等都已建成，分别为促进肯尼亚经济增长和解决巴基斯坦电力供给短缺问题发挥了十分重要的积极作用。

---

① 推进"一带一路"建设工作领导小组办公室：《共建"一带一路"：理念、实践与中国的贡献》，外文出版社 2017 年版，第 11—17 页。

当然，企业走出去的速度也须与我国金融改革开放的步伐协调一致，因为企业走出去是与资金更加自由的流动密切相关的。

(五)国际金融合作与创新

国际金融合作与创新是"一带一路"建设得以顺利推进的基础，没有金融支持，一切都是空谈。尤其是对于"一带一路"建设而言，基础设施建设是重点，资金保障是关键，因此国际金融合作与创新非常重要。

四、"一带一路"建设给区域发展带来的新机遇

(一)"一带一路"建设促进区域发展的缘由

从经济学理论上讲，其主要有两种密切相关的解释。一种解释认为，目前我国一些边远地区发展滞后，如我国的西北地区、西南地区、东北地区，各种要素的匹配性不是太好，但劳动力资源比较丰富，甚至可以说有一定量的剩余，因此大量劳动力从这些地区流出，到东南沿海地区或到各级各类城市打工。虽然这些发展滞后地区的自然资源也是比较丰富的，但有效开发和深度加工都受到了一定程度的制约。其主要是资本品短缺：有的是交通基础设施太差，缺少必要的公路、铁路、港口、码头、机场；有的是缺电，无法进行正常的生产经营活动；等等。因此，如果能够推进交通基础设施建设，这些地区的发展就会加快。"一带一路"建设最重要的任务，就是大力加强交通基础设施和能源基础设施建设，这将在很大程度上解除这些制约，

各种要素得以更好地匹配，进而将直接促进这些地区的发展。另一种解释认为，区域欠发达的一个十分重要的原因在于要素流动受到了制约，这样的情况在内陆地区以及边境地区表现尤其明显，我国和其他国家都一样，中亚国家的情况特别突出。"一带一路"，一个重要的内容，就是通过各种方式加强与相关国家特别是相邻国家之间的联系，如通过加强交通建设、共同举办边境地区经济合作区、提升通关便利度等方式，可以把不同国家的要素整合起来，并使之充分地流动起来。要素充分流动的结果是经济效率的改进与提高，各相关国家和地区的贸易、投资乃至整个经济发展水平就会得以提高。这就是在市场力量作用下所产生的联动增长效应。从这两个方面来看，通过共建"一带一路"促进经济增长乃至全面发展，不仅是促进我国区域发展的需要，也是相邻国家区域发展的需要。正因为如此，"一带一路"倡议一经提出，很快就赢得了相关国家的积极响应和大力支持，与我国接壤的国家如俄罗斯、蒙古国、哈萨克斯坦、吉尔吉斯斯坦、塔吉克斯坦、阿富汗、巴基斯坦、尼泊尔、老挝等尤其欢迎和支持，并已深度参与其中。

(二)"一带一路"建设给区域发展带来的机遇

实施"一带一路"建设不仅给我国的区域发展带来新机遇，也会给我国之外的一些相关区域的发展带来新机遇。

1. 从国内区域发展来看

首先，共建中蒙俄经济走廊，将有利于为我国东北地区注入新的动力和活力。东北的制造业优势与蒙古国和俄罗斯西部的需求实行有效对接，有利于促进东北制造再创辉煌。如果中蒙俄经济走廊进一步向朝鲜半岛延伸的话，东北的发展机会将会更大。其次，对于我国西北五省区而言，2000年前后我国已经启动了"西部大开发"战略，但五省区的发展并没有太大的起色。"一带一路"建设的重要内容之一就是建设新亚欧大陆桥经济走廊、中国—中亚—西亚经济走廊和中巴经济走廊，这三大经济走廊建设的核心地段都在新疆，并延伸至我国的整个西部地区，将有利于促进西北五省区对中亚、中东欧、南亚的出口及相关特色服务业的发展。再次，从我国西南地区的广西、云南、西藏的情况来看，由于这三个省区直接构成"一带一路"建设中的中国—中南半岛经济走廊和孟中印缅经济走廊的重要组成部分，因此当交通基础设施条件得以改善，加上一些特色经济区的建立，其贸易发展必将从中受益。最后，从我国东南沿海地区的情况来看，海上丝绸之路建设与长三角一体化建设和粤港澳大湾区建设相互促进，相互受益，从而带动我国东南沿海地区更好的高质量发展。

2. 从国际情况来看

我国在巴基斯坦投资的火电站 2017 年已经有一个建成发电，大约可以为上千万巴基斯坦人提供用电。[①] 截至本文撰写时，还有许多电站（包括核电站、水电站、火电站）都在建设之中。受益于"一带一路"建设，3～5 年后，巴基斯坦的用电问题基本上可以得到较好的解决。我国也在中亚和西亚的一些国家建设电站、铁路、公路、桥梁、涵道等交通基础设施，几年后他们也将直接从这样的建设项目中受益。俄罗斯的西部地区和蒙古国，由于积极参加中蒙俄经济走廊建设，不仅交通基础设施状况得以大幅改善，而且会逐步地建立起一定的工业产业，

---

① 徐伟：《中国速度创造巴基斯坦电力建设奇迹 萨希瓦尔燃煤电站项目全面建成投产》，http://world.people.com.cn/n1/2017/0703/c1002-29380223.html，浏览时间：2017 年 7 月 5 日。

工业化水平将会得以提高。东南亚国家已经从积极参与"一带一路"建设中获得了一些实际的好处，如泰国曼谷附近的罗勇工业园区，前几年发展很慢，中国企业很少进入，但"一带一路"倡议提出后，这几年有大量中国企业进入该园区，从而推动园区快速发展，截至本文撰写时，园区建设已经进入第三期。又如，老挝由于资金短缺，铁路交通建设一筹莫展，在"一带一路"框架下，由我国提供贷款，开始修建中老铁路，并在我国云南与老挝的边境区，共同建设经济开发区；多个经济开发区在柬埔寨也已建成，运行情况良好；我国投资建设的印度尼西亚和泰国高铁项目亦在建设之中；等等。这些都将为促进东南亚各国的进一步发展提供新的动能。一旦这一地区与我国形成更加密切的联系，其发展潜力将得以进一步发挥。

五、"一带一路"建设与海南发展的新机遇

恰逢"一带一路"倡议提出 5 周年、"一带一路"建设如火如荼推进之时，习近平总书记于 2018 年 4 月 13 日在庆祝海南建省办经济特区 30 周年大会上发表了重要讲话，对海南的发展提出了新的目标、新的定位、新的战略，明确要求海南服务和融入国家重大战略，其中就包括要积极推动海南与"一带一路"沿线国家和地区开展高效务实的合作，努力把海南建设成为 21 世纪海上丝绸之路的重要支点。毫无疑问，这将为海南提供新的重大发展机遇。海南应该充分利用这一千载难逢的历史机遇，加快促进自身的深层次、跨越式发展。

(一)"一带一路"建设给海南发展带来的新机遇

从区域发展的视角来看,海南具有十分鲜明的独特性和重要性,因为海南正好处于中国和东南亚各国所形成的一个重要区域(南海区域)的中心位置,"一带一路"建设给海南发展带来的机遇相对更多、更大。

1. 从 21 世纪海上丝绸之路建设的重点内容来看,海南本身就是其中的重要组成部分,必将直接从这一建设中受益

21 世纪海上丝绸之路的建设线路有两条:一条是从我国沿海港口过南海到印度洋,再进一步延伸到欧洲;另一条则是从我国沿海港口过南海到南太平洋。两条线路都经过海南,海南的两个港口(海口和三亚)被列入 21 世纪海上丝绸之路的沿海城市港口建设之中,以后根据实际发展的需要,海南可能还会有更多的港口被列入其中。因此,海南十分特殊的地理位置决定了其必然在 21 世纪海上丝绸之路建设中承担起重要使命,同时也会获得重大机遇。

2. 从丝绸之路经济带的重点建设内容来看,共建经济走廊特别重要,海南可利用其区位优势赢得发展先机

在目前①正在建设的六大经济走廊中,中国—中南半岛经济走廊离海南最近,主要涉及国际产能合作和交通基础设施建设两大方面。海南可以利用这一机会,通过共同开发建设特色产业园区,将有些产业的进一步发展重点放到越南、老挝、柬埔寨等国,从而改进海南的产业结构乃至整个经济结构,促进海南的高质量发展。我国台湾地区的许多产业都不是放到台湾岛上发展的,而是放到东南亚国家发展,海南的发展目前已经

---

① 指本文撰写时,下同。

进入这样一个阶段了，因此台湾地区的相关经验值得海南借鉴。

3. 通过将 21 世纪海上丝绸之路建设与粤港澳大湾区建设进行对接而赢得新的发展机遇

习近平总书记一再强调，共建"一带一路"要与京津冀协同发展、长江经济带发展、粤港澳大湾区建设等国家战略对接，带动形成陆海内外联动、东西双向互济的开放格局。粤港澳大湾区覆盖的地域面积大，经济结构呈现出多样化特点，而且经济实力强，加上开放程度高，经过一段时期的建设，必将发展成为世界上最大的湾区。如果海南抓住机遇，主动将自身的海上丝绸之路建设规划与粤港澳大湾区进行有效对接，就可以在两个开放程度都很高的地区形成合力，促进相互的高质量发展，实现互利共赢。

(二)海南如何利用"一带一路"所带来的新机遇

从海南实际出发，结合以上提到的由"一带一路"建设带来的可能，建议抓好以下三方面工作。

1. 加强运输大通道建设，建设起更好的海南与粤港澳大湾区、北部湾沿岸城市、越南等的互联互通网络

这是一项紧迫的建设任务。同时，也要进一步改进海南岛内的交通状况，更好地把整个海南岛内的重要节点城市、乡镇、社区更好地连接起来。

2. 利用开放发展优势(自贸区、自贸港建设)，深化与东南亚各国的合作，率先构建区域合作新格局

结合海南和东南亚国家各自的优势和特色，合作领域十分广阔。首先，可以在热带农业方面与越南、老挝、柬埔寨等密切合作；其次，贸易合作潜力也比较大，现在创办了自贸试验区，将直接有利于促进这方面的合作；再次，开展双向投资合作，新加坡、泰国、马来西亚等国是有兴趣投资海南的，海南也可以考虑投资越南、老挝、柬埔寨等国家；最后，旅游、医疗健康等方面的合作机会也比较多。

3. 积极推动构建南海经济圈，以共同开发促进经济繁荣和我国与周边国家的和平共处与长期友好

为了避免造成政治误解，可由海南发起并牵头做这件事，以海洋合作作为切入点，逐步开始启动这些工作。可以从共同建设一些基础设施开始，然后过渡到海洋研究、海洋资源开发等。可以从小范围合作开始，逐步发展到与南海周边国家的广泛合作。

"一带一路"倡议为中非合作插上翅膀[①]

2000 年以来，中国与非洲国家之间的合作在"中非合作论坛"（FOCAC）框架下加速发展，三次中非合作论坛峰会对大力推进中非合作发展起到了十分重要的作用。2006 年的中非合作论坛北京峰会上，中国提出了"八项措施"，显著地加大了对非洲发展的支持力度；2015 年的中非合作论坛约翰内斯堡峰会上，中非达成了"十大合作计划"，把大力推进非洲国家的农业现代化和工业化进程确定为两大重点任务，以培养非洲国家自身发展能力；2018 年的中非合作论坛北京峰会最显

---

① 笔者于 2019 年 3 月 15—20 日赴埃塞俄比亚就亚吉铁路、亚的斯亚贝巴轻轨、东方工业园等重要的"一带一路"建设项目进行实地调研，并与世界银行驻埃塞俄比亚办公室、埃塞俄比亚财政部等部门的专家就"一带一路"建设融资、债务可持续等问题进行座谈交流。这是笔者撰写的调查报告之一，发表在 2019 年第 4 期的《中国与非洲》杂志上。

著的特点是把共建"一带一路"与中非合作密切对接。一方面，中非合作为新时代"一带一路"建设向非洲延伸、中非共建"一带一路"提供了重要平台；另一方面，共建"一带一路"也为新时代中非合作提供了强有力的新动力。

因此，在 2018 年中非合作论坛北京峰会上通过的《中非合作论坛——北京行动计划（2019—2021 年）》文件中，处处都能看到共建"一带一路"与加强中非合作之间的密切互动——从历史和自然延伸的角度看非洲参与共建"一带一路"的客观必然，到"一带一路"倡议所遵循的共商、共建、共享原则对中非深化合作的重要借鉴意义，再到共建"一带一路"促进中非产能合作和非洲基础设施建设、能源资源开发、农业和制造业发展、全产业链综合开发，以及为非洲发展拓展更广阔的市场和空间、提供更多元化的发展前景，还将"一带一路"同联合国《2030 年可持续发展议程》、非盟《2063 年议程》和非洲各国发展战略紧密对接。

总之，"一带一路"为新时代中非合作提供了强有力的新动力，用王毅的话讲，那就是 2018 年的中非合作论坛北京峰会让中非合作插上了"一带一路"的强劲翅膀，可以飞得更高，飞得更远，最终有利于中非实现合作共赢、共同发展，更好地造福中非人民。

一、中非合作提速

很显然，2015 年中非合作论坛约翰内斯堡峰会以来，中非合作强劲提速，这应该与习近平总书记于 2013 年提出"一带一路"倡议直接相关。由于"一带一路"倡议的提出及其实施，特别是 2017 年召开"一带一路"国际合作高峰论坛以来，"一带一路"客观上已经成为中非合作的强劲驱动力量。从宏观的视角来看，中非约翰内斯堡峰会上提出的中非"十大合作计划"实施效果良好，尤其是与经济发展相关的各个方面都已全面地得到了落实，进一步促进了中非经济合作。

据统计，从基础设施建设来看，中国企业累计在非洲建设的公路大约为3万公里、新增输变电线路3万多公里、增加发电能力2万兆瓦左右；从产能合作来看，中国企业在非洲已建了25个经贸合作区，入区企业400多家，投资额累计已超过60亿美元，上缴东道国税收9亿多美元，雇用外籍员工4万多人，这直接有力地促进了非洲工业化发展；从贸易发展来看，2000年中非贸易总额只有100亿美元，到2017年增长到1700亿美元，2018年继续增长到超过2000亿美元；从中国对非投资来看，2000年的投资流量只有2亿美元，2017年增长到了31亿美元，各类投资存量已经超过了1000亿美元。

二、埃塞俄比亚的故事

"一带一路"倡议提出五年多来，"一带一路"相关项目的落地，确实给这些国家带来了巨大变化。以东非地区的埃塞俄比亚为例，我和我的研究团队2019年3月去这个国家对中非共建"一带一路"的标志性项目亚吉铁路和亚的斯亚贝巴轻轨进行了实地调研。

亚吉铁路是非洲大陆第一条长距离跨国电气化铁路，也是中国在非洲建设的第一条通过使用中国技术、中国设备、中国资金而建设的电气化铁路，属于典型的"一带一路"建设早期收获的重要成果之一，也是中非"十大合作计划"和中非产能合作的标志性工程。

亚吉铁路跨越埃塞俄比亚和吉布提两个国家，从埃塞俄比亚的首都亚的斯亚贝巴到吉布提港，全长 760 公里，已于 2016 年 10 月通车，经过一年多的试运行后于 2018 年 1 月正式交付商业运行。

由于埃塞俄比亚是非洲的一个内陆国，不直接通海运，因此这条铁路通车后，最直接的变化就是大大促进了其进出口贸易的发展。铁路运行一年多来，列车已累计运送集装箱 4 万多个、散装货物 5 万多吨。由于运输更加方便了，该国进口的化肥大幅增加，这将直接有利于提高该国的粮食产量。另一个重要变化就是，截至本文撰写时，沿铁路线两端已经建成了 10 个工业园区，主要从事纺织服装、食品加工、制药、家具等产业，这对于促进该国制造业发展、推进该国工业化进程具有直接的积极作用。

"一带一路"建设在埃塞俄比亚的另一标志性项目就是亚的斯亚贝巴轻轨。亚的斯亚贝巴轻轨是中国公司在非洲承建的首个城市轨道线，是埃塞俄比亚以及东非地区第一条城市轻轨，也是除南非外的、撒哈拉沙漠以南非洲的第一条轻轨线。这条轻轨也全部采用了中国技术、中国机车设备（机车、供电通信等）、中国资金、中国物资整个体系。轻轨设计总长 75 公里，至本文撰写时，已经完成一期工程总长 31 公里，列车的最高运行速度每小时 70 公里。从 2015 年 9 月开通运营到本文撰写时为止，3 年半多的时间，累计运营总里程超过 820 万公里，日均开行 314 列次，客运总量超过 1.3 亿人次，日均客流超过 10 万人次。

作为一个拥有 300 多万人口的大城市，亚的斯亚贝巴的交通拥堵情况十分严重，人们出行每次平均的候车时间为 40 分钟，公共汽车的平均速度为每小时 15 公里。根据我的调研，每天的上班时段和下班时段，公共汽车站的侯车队伍多则 300 米，少则 100 多米，也有的车站排队到超过 500 米的。毫无疑问，这条轻轨的开通运行，对于缓解城市交通应该说是起到了很大作用的。

三、中国经验

另一个重要项目是东方工业园。里面有一些由中国民营企业家在园区经营的企业，有做皮鞋的，也有做牛仔裤的，还有做陶瓷的。车间都很大，一个车间里通常都有 1000 多名甚至更多的年轻工人在工作，基本上是简单机械加手工作业，都是典型的劳动密集型行业，生产的产品主要出口到欧美国家。

一些企业的负责人对他们企业在埃塞俄比亚的发展充满信心。其中一位负责人表示，他们对这种经营模式非常熟悉，也积累了大量的经验。"我们曾经这样都干过一遍了，你说我们还会失败吗？一定会成功的嘛！而且，我们也很清楚接下来的一步一步该怎么走"。

那么，把共建"一带一路"与促进中非合作密切结合，究竟意味着什么呢？我想最主要的就是意味着这些来自埃塞俄比亚的故事，也会在更多的非洲国家发生；意味着更多的铁路、公路、桥梁、电站在非洲大陆建设起来，非洲发展所需要的基础设施条件将得到极大的改善与提高，从而为其工业化和农业现代化进而为非洲的腾飞与发展奠定良好的基础；意味着更多的轻轨会在更多的非洲城市开通运行，人们上下班会更加方便轻松，人们的出行会更简单容易，人们将更好地享受城市生活；意味着更多的工业园区会在广袤的非洲大陆建设起来，为越来越多的非洲人提供新的就业机会；意味着更多的外国直接投资进入非洲国家，不仅来自中国，也来自世界其他许多国家；意味着非洲对外贸易的更快发展，尤其是更多的出口，帮助一些国家尽快地从贸易逆差转变为贸易顺差；意味着非洲大陆所创造的财富会越来越多，非洲人民的生活会越来越好，非洲对世界的贡献也会越来越大。

"一带一路"倡议下的国际区域经济合作机制建设[①]
——以中国—乌兹别克斯坦合作为例

一、引言

"一带一路"倡议是一个开放的国际合作平台,"一带一路"相关国家基于但不限于古代丝绸之路沿线范围,各国和国际、地区组织均可参与。近年来共建"一带一路"倡议得到了越来越多国家和国际组织的积极响应,受到国际社会的广泛关注,影响力日益扩大。而"一带一路"倡议的实施离不开经济合作机制的支撑,随着"一带一路"在顶层设计、投资、贸易和产能等方面合作机制的不断完善,

---

① 本文发表在《广西师范大学学报(哲学社会科学版)》2020年第5期上;冯芃栋参与合作研究,是本文的第二作者。

以及与现有多边、双边合作机制和相关战略的对接，共建"一带一路"合作已形成了较为系统的运行机制。

截至 2020 年 1 月底，已有 138 个国家和 30 个国际组织与中国签署了共建"一带一路"的官方合作文件。其中，乌兹别克斯坦在"一带一路"倡议提出之初就积极参与其中，并作为亚洲基础设施投资银行的创始成员国与中国共同开展"一带一路"倡议下的各项合作。乌兹别克斯坦地处中亚地区的中心位置，位于欧亚大陆的中心地带，也是中国—中亚—西亚经济走廊的重要组成部分。由于其独特的地理位置优势，2000 多年前，乌兹别克斯坦就是古丝绸之路的必经之地，通过古丝绸之路与中国在历史上保持着密切的经济贸易联系。2013 年习近平总书记提出"一带一路"倡议以来，中乌两国在经济、贸易、投资等方面的合作更加紧密，两国在交通、能源等基础设施建设领域的合作项目纷纷落地，双方都相互成为对方越来越重要的合作伙伴。① 从目前的情况来看，中乌两国在经济合作机制的建设中既拥有良好的机遇，同时也面临着一些不容忽视的挑战。

在新的历史条件下加强对中乌两国在"一带一路"倡议下的经济合作机制建设的研究，对于研究整个"一带一路"倡议实施的合作机制、进一步提升中乌友好关系、加强中乌合作，以及对于促进共建"一带一路"的高质量发展都具有重要意义。

---

① 杜畅：《商务部部长与乌兹别克斯坦国家投资委员会主席阿赫梅德哈扎耶夫签署水电、基础设施和中小企业领域合作文件》，http://www.gov.cn/xinwen/2017-05/12/content_5193256.htm，浏览时间：2017 年 6 月 1 日。

二、"一带一路"倡议的实施与国际区域经济合作机制建设现状

"一带一路"倡议的提出，为中国和世界各国提供了一个全新的国际区域经济合作新平台。在这个新的平台上，中国与相关国家以共商、共建、共享为原则，经过几年时间的探索，已初步建立起了一些创新型的国际区域经济合作机制，为促进中国与相关国家的经济繁荣和共同发展打下了良好的基础。

"一带一路"倡议本身可以说是一种新型的国际区域经济合作机制，它与传统意义上封闭的国际区域组织机制不同，具有开放性和包容性的特点。自2013年该倡议提出以来，它的内涵不断地得到丰富和完善。为了更加系统地研究"一带一路"倡议下的国际区域经济合作机制，我们先对相关概念作简单介绍。

国际区域经济合作机制与国际区域经济一体化有关。区域经济一体化是指地理上邻近的国家和地区，为了维护共同的经济利益并加强经济联系与合作，相互间通过契约和协定，在区域内逐步消除成员间的贸易与非贸易壁垒，进而协调成员间的社会经济政策，形成一个跨越国界的商品、资本、人员和劳务等自由流通的统一的经济区域的过程。① 区域经济一体化是一个过程，而机制是指各要素之间的结构关系和运行方式，因

① 高洪深：《区域经济学（第五版）》，中国人民大学出版社2019年版，第215—216页。

此可以将国际区域经济合作机制理解成一体化过程的实现方式，同时它也是这一过程的表现形式。

传统意义上经济一体化组织的类型多种多样，根据一体化从低到高的程度来划分主要包括：特惠关税区、自由贸易区、关税同盟、共同市场、经济同盟以及完全的经济一体化等形式。但"一带一路"倡议与单纯的自由贸易区、关税同盟、共同市场、经济一体化或政治经济一体化都不相同，"一带一路"建设的目的并非要形成一个排他性的国际组织，而是在具有广泛包容性的基础上形成多元化的合作机制。也就是说"一带一路"倡议本身作为一种新型的国际区域合作机制，在实施过程中又涵盖了包括经济走廊、自由贸易区、产业园区等多种形式在内的合作机制，并与现有的多双边合作机制以及沿线国家的发展战略对接，从而更好地发挥推动经济合作的作用。在经济合作机制方面，我们可以从顶层设计、投资、贸易、产能合作等方面来分析"一带一路"倡议实施过程中形成的经济合作机制，并结合现有的多边和双边合作机制来厘清其中的关系。

(一)顶层设计

自 2013 年"一带一路"倡议提出以来，通过国家领导人之间的互访、举办"一带一路"国际合作高峰论坛、签署国家间"一带一路"合作协议以及制定共建"一带一路"国家战略对接详细规划等方式，基本形成了由"一体""二性""三共""四互""五通"①等

---

① "一体"即构建人类命运共同体，"二性"即开放性和包容性，"三共"即共商、共建、共享，"四互"即相互和平合作、相互开放包容、互学互鉴、互利共赢，"五通"即政策沟通、设施联通、贸易畅通、资金融通和民心相通。

具体内容构成的共建"一带一路"的一整套制度框架。按照共建"一带一路"的合作重点和空间布局，中国提出了"六廊六路多国多港"的合作框架。"六廊"是指中蒙俄、新亚欧大陆桥、中国—中亚—西亚、中国—中南半岛、中巴、孟中印缅这六个经济走廊；"六路"是指铁路、公路、水路、空路、管路、信息高速路互联互通路网；"多国"是指选取若干重要国家作为合作重点；"多港"是指构建若干海上支点港口。从 2013 年到 2019 年，"一带一路"倡议框架下的基础设施互联互通以"六廊六路多国多港"为主骨架，以中老铁路、亚吉铁路、雅万高铁、瓜达尔港、汉班托塔港和比雷埃夫斯港等为代表的一批标志性建设项目已经取得了重要进展。

(二) 投资合作机制

1. 基础设施投资合作

基础设施互联互通建设是共建"一带一路"的核心内容。从发展经济学的角度来看，广大发展中国家受到基础设施投资不足等因素的制约，经济长期处于低质发展的状态，而要从根本上解决这一问题，就需要构建起一种新的发展机制，使其自身具有良好的"造血"功能。共建"一带一路"倡议作为一种新的合作机制为广大发展中国家提供了选择方案。中国在"一带一路"国际合作框架下，已经为许多发展中国家投资建设了很多基础设施项目，为这些国家形成有效支持其经济增长的"造血机能"作出了巨大努力和贡献。

2. 金融支持机制

"一带一路"倡议下的基础设施投资需要有相应的金融支持，在这一领域主要形成了两个层面的合作机制。

一是以中国进出口银行、中国国家开发银行、中国银行、中国工商银行、中国出口信用保险公司和中国再保险股份有限公司(中再集团)等为代表的一批金融机构为中国企业在"一带一路"国家开展相关合作项目提供融资和保险支持。比如说，从2013年到2019年4月，中国进出口银行支持的"一带一路"相关建设项目已超过1800个，贷款余额超过1万亿元人民币。在同一时期，中国出口信用保险公司支持中国企业向"一带一路"沿线国家①出口和投资达7124.3亿美元，业务范围覆盖沿线所有国家(除中国外的64个国家)，为"一带一路"项目出具保单2300多张，累计向企业支付赔款超过27亿美元。② 2018年，中再集团共为国际市场提供约3万亿元人民币的风险保障。在"一带一路"标志性建设项目——中老铁路建设过程中，中再集团提供了约100亿元人民币的保险。同时，中再集团还为印尼雅万高铁、巴基斯坦卡洛特水电站、孟加拉国帕亚拉电站等重要建设项目提供了保险。

二是以丝路基金和亚洲基础设施投资银行(亚投行)为代表的新型金融机构为"一带一路"沿线国家提供资金支持。2014年12月，丝路基金在北京注册成立，初期资金为400亿美元。2017年，中国宣布加大对"一带一路"建设资金的支持力度，向丝路基金新增资金1000亿元人民币。从发放第一笔贷款到2019年4月，丝路基金公司累计签约项目近30个，承诺投资金额约100亿美元。亚投行于2015年12月正式成立，其宗旨是促进亚洲区域的基础设施建设互联互通化和推进亚洲经济一体化进程，加强亚洲国家之间的经济合作，其重点当然是支持基

---

①　这里所指的沿线国家是另外一个特定的概念，主要指古丝绸之路经过的国家，这一概念是指包括中国在内的65个国家，主要是亚洲国家。

②　秦雪璠：《中国信保为共建"一带一路"承保超7000亿美元》，https://www.yidaiyilu.gov.cn/xwzx/roll/85200.htm，浏览时间：2019年4月30日。

础设施建设。亚投行已与世界银行、亚洲开发银行、欧洲复兴开发银行、欧洲投资银行等签署了合作协议，通过创新融资机制开展联合行动，从而弥补"一带一路"沿线国家和地区基础设施建设存在的资金缺口。

(三)贸易合作机制

1. 建设自贸区

自贸区(FTA)建设是"一带一路"倡议实施过程中的一个重要合作形式，截至 2019 年上半年，中国已与相关国家和地区共建了 20 多个自贸区。其中，已签的自贸协定有 14 个，分别是中国与东盟、新西兰、新加坡、巴基斯坦、智利、秘鲁、哥斯达黎加、冰岛、瑞士、韩国和澳大利亚的自贸协定，以及中国内地与香港和澳门建立的更紧密的经贸关系安排(CEPA)、与台湾地区建立的海峡两岸经济合作框架协议(ECFA)。至本文撰写时，我国正与相关各方谈判中的自贸协定有 9 个，包括中国—海湾合作委员会、中国—斯里兰卡、中国—挪威，以及中日韩自贸区谈判、中国—东盟自贸协定("10＋1")升级谈判，等等，此外还有东盟与中国、日本、韩国、澳大利亚、新西兰等国共同参与的《区域全面经济伙伴关系协定》(RCEP)谈判。

2. 建立跨境自贸区

除了主权国家之间通过签订自贸协定建立的自贸区之外，位于边境上的跨境自贸区是另一种重要的合作形式，比如中国—哈萨克斯坦霍尔果斯国际边境合作中心是我国与周边国家建立的首个跨境贸易区，它是上海合作组织框架下区域合作的示范区。2004 年 9 月，中哈两国政府决定，双方在各自边境共划出一块土地建立霍尔果斯国际边境合作中心，以发挥其地跨中哈两国的区位优势，建成一个投资贸易自由、人员出入自由，集区域加工制造、贸易中转、商品采购、金融服务、旅游休闲等多功能于一体的"自由港"城市。该合作中心沿中哈边界横跨中国与哈萨克斯坦，占用中方区域 3.43 平方公里，哈方区域 1.85 平方公里，集合了我国现行出口加工区和保税区的核心政策，主要功能是贸易洽谈、商品展示销售、仓储运输、金融服务和举办区域性国际经贸洽谈会等①。除了中哈两国的跨境自贸区外，位于中国和老挝边境的磨憨—磨丁经济合作区是中国与毗邻国家建立的第二个跨国境的经济合作区，也是中老两国创新合作模式、加快开放步伐的重要举措。

3. 签署相关贸易协定

此外，中国还通过与沿线国家签订经贸协定以消除贸易壁垒，降低关税和非关税壁垒，从而促进贸易畅通。截至 2019 年 4 月，共有 83 个国家和国际组织参与了中国发起的"推进'一带一路'贸易畅通合作倡议"，中国与沿线国家签署了 100 多份经贸合作文件，实现了 50 多种农产品食品检疫准入，农产品通关时间缩短了 90%。

(四) 产能合作机制

中国与"一带一路"沿线国家的产能合作机制涵盖了包括境外经贸园区、工程总承包、第三方合作等在内的多种方式。

1. 建立境外经贸合作区

境外经贸合作区是"一带一路"倡议下加强中国与沿线国家产能合作的重要载体。中国境外经贸合作区是指在中华人民共和国境内(不含香港、澳门和台湾地区)注册、具有独立法人资

---

① 资料来源：中国商务部网站，http://www.mofcom.gov.cn/article/difang/201604/20160401305195.shtml，浏览时间：2017 年 1 月 3 日。

格的中资控股企业，通过在境外设立的中资控股的独立法人机构，投资建设的基础设施完备、主导产业明确、公共服务功能健全、具有集聚和辐射效应的产业园区。[①] 比如中白工业园、泰中罗勇工业园、中国印尼综合产业园区青山园区、中柬西哈努克港经济特区、中埃泰达苏伊士经贸合作区、埃塞俄比亚东方工业园、乌兹别克斯坦鹏盛工业园、越南龙江工业园等都是建设得比较成功的产业园区。

根据中国商务部国际贸易经济合作研究院和联合国开发计划署驻华代表处联合发布的《中国"一带一路"境外经贸合作区助力可持续发展报告》，截至 2018 年 9 月，中国企业在 46 个国家在建初具规模的境外经贸合作区有 113 家，这 113 家合作区累计投资 366.3 亿美元，入区企业 4663 家，生产总值 1117.1 亿美元，上缴东道国税费 30.8 亿美元。境外经贸合作区作为中国与相关国家开展经贸合作的重要载体，有力地推动了东道国工业化进程和轻纺、家电、钢铁、建材、化工、汽车、机械、矿产品等重点产业的发展和升级，并为当地创造了就业机会、提供了税收，提高了当地居民的收入水平。

随着"一带一路"倡议的深度实施，境外经贸合作区的地位也愈加重要。2020 年 1 月 15 日，由成都国际铁路港联合中白产业园、罗兹产业园、泰国产业园、天津东疆保税港区、中马产业园等共同参与组建的"一带一路"产业园区联盟正式成立，该联盟的各个成员将发挥各园区产业优势，借助亚蓉欧通道串联供应链上下游环节，共同促进通道经济转化为产业经济。

---

① 《中国境外经贸合作区投资促进工作机制》，http://www.cocz.org/news/content-243519.aspx，浏览时间：2020 年 1 月 30 日。

2. 承包工程项目

承包工程是指具有施工资质的承包者通过与工程项目的法人（业主）签订承包合同，负责承建工程项目的过程。笔者根据美国企业研究所（AEI）发布的"中国全球投资追踪"（China Global Investment Tracker）数据整理得出，2013—2018 年中国在"一带一路"沿线国家开展的基础设施类型的承包工程项目有 673 个，涵盖了 91 个国家，合同总金额约为 3600 亿美元。

3. 加强第三方市场合作

第三方市场合作主要是指中国企业与有关国家企业共同在第三方市场开展经济合作。截至 2019 年 6 月，中国已与法国、意大利等 14 个国家建立第三方市场合作机制，通过举办论坛等形式共同为企业搭建合作平台、提供公共服务，并根据各自优势开展投资、技术等方面的合作。第三方市场合作机制在"一带一路"项目建设中发挥了重要作用，比如巴基斯坦卡西姆港燃煤电站项目由中国电建和卡塔尔 AMC 公司共同投资建设，项目总投资约 21 亿美元；2014 年中国中铁与意大利 CMC 公司合作建设了黎巴嫩大贝鲁特供水隧道项目；2014—2018 年中国交建与德国 GUAFF 公司合作建设莫桑比克马普托大桥及连接线项目等。[①]

（五）与现有多双边合作机制以及相关发展战略的对接

"一带一路"国际合作是一个具有广泛包容性的合作平台，因此它的实施可以与现有多双边合作机制有效对接。多边合作机制主要包括沿线各国区域、次区域的相关合作组织、国际论

---

① 国家发展和改革委员会：《第三方市场合作指南和案例》，https://www.ndrc.gov.cn/fzggw/jgsj/wcs/sjjdt/201909/w020190909393562005115.pdf，浏览时间：2020 年 1 月 1 日。

坛和展会等，比如上海合作组织（SCO）、中国—东盟"10＋1"、亚太经合组织（APEC）、亚欧会议（ASEM）、亚洲合作对话（ACD）、亚信会议（CICA）、中阿合作论坛、中国—海合会战略对话、大湄公河次区域（GMS）经济合作、中亚区域经济合作（CAREC）等。"一带一路"国际合作高峰论坛已在 2017 年和 2019 年举办了两届，在论坛举办期间签署了大量国家间经贸合作协定，对于推进"一带一路"倡议的实施具有重要意义。此外，博鳌亚洲论坛、欧亚经济论坛、前海合作论坛以及中国—东盟博览会、中国—亚欧博览会、中国国际投资贸易洽谈会、中国—南亚博览会、中国—阿拉伯博览会、中国西部国际博览会、中国—俄罗斯博览会、中国国际进口博览会等平台都可与"一带一路"国际合作平台实现有效对接。

双边合作机制主要是指推动中国与有共同兴趣的相关国家签署合作备忘或合作规划，建设一批双边合作示范区，并充分发挥现有联委会、混委会、协委会、指导委员会、管理委员会等双边机制的作用，从而协调推动合作项目的实施。

"一带一路"倡议也需要与现有的发展战略对接。在全球层面，"一带一路"倡议已经很好地与联合国《2030 年可持续发展议程》实现有效对接，形成了促进全球共同发展的合力；在区域层面，"一带一路"倡议正在与东盟互联互通总体规划、非盟 2063 年议程、欧亚经济联盟、欧盟欧亚互联互通战略等区域发展规划和合作倡议对接；在国家层面，"一带一路"倡议已与土耳其"中间走廊"倡议、蒙古国"发展之路"倡议、越南"两廊一圈"规划、沙特阿拉伯"2030 愿景"等国发展战略对接，从而使"一带一路"倡议得到这些国家的认同并推动其有效实施。

综上所述，本文整理得出了"一带一路"倡议下国际区域经济合作机制的基本框架(参见表2-1)，接下来我们将参照这一框架对中国与乌兹别克斯坦在"一带一路"倡议下的经济合作机制展开研究，以期对这一领域有更加深入的理解。

表 2-1　"一带一路"倡议下国际区域经济合作机制框架

合作机制的内涵	合作机制的对接
顶层设计： (1)由"一体""二性""三共""四互""五通"等具体内容构成的共建"一带一路"的一整套制度框架。 (2)"六廊六路多国多港"合作框架。 (3)"一带一路"国家宏观经济社会发展战略沟通与协调。	与多边合作机制对接： 上海合作组织（SCO）、中国—东盟"10＋1"、亚太经合组织（APEC）、亚欧会议（ASEM）、亚洲合作对话（ACD）、亚信会议（CICA）、中阿合作论坛、中国—海合会战略对话、大湄公河次区域（GMS）经济合作、中亚区域经济合作（CAREC）、"一带一路"国际合作高峰论坛、博鳌亚洲论坛、欧亚经济论坛、前海合作论坛、中国—东盟博览会、中国—亚欧博览会、中国国际投资贸易洽谈会、中国—南亚博览会、中国—阿拉伯博览会、中国西部国际博览会、中国—俄罗斯博览会、中国国际进口博览会等平台。
投资合作机制： (1)以中国进出口银行、中国出口信用保险公司和中国再保险股份有限公司等为代表的金融机构为中国企业在相关国家完成相关项目提供融资和保险支持。 (2)以丝路基金和亚洲基础设施投资银行为代表的新型金融机构为"一带一路"建设项目提供资金支持。	与双边合作机制对接： 与相关国家签署合作备忘录或合作规划，建设一批双边合作示范区，并充分发挥现有联委会、混委会、协委会、指导委员会、管理委员会等双边机制的作用。

续表

合作机制的内涵	合作机制的对接
贸易合作机制： (1)建立自贸区。 (2)建立跨境自贸区(比如中国—哈萨克斯坦霍尔果斯国际边境合作中心)。 (3)签署经贸协定。	与相关发展战略对接： (1)全球层面：联合国《2030年可持续发展议程》。 (2)区域层面：东盟互联互通总体规划、非盟2063年议程、欧盟欧亚互联互通战略等。 (3)国家层面：土耳其"中间走廊"倡议、蒙古国"发展之路"倡议、越南"两廊一圈"规划、沙特阿拉伯"2030愿景"等。
产能合作机制： (1)境外经贸合作区(比如中白工业园、泰中罗勇工业园、乌兹别克斯坦鹏盛工业园等)。 (2)工程承包项目。 (3)第三方市场合作。	

三、"一带一路"倡议下的中乌经济合作机制建设与成果

在"一带一路"倡议引领的新国际区域经济合作机制框架下，中国与乌兹别克斯坦在投资、贸易、金融、产能等方面都开展了积极有效的合作，并已取得一些成果，为今后两国进一步深化经济合作打下了良好基础。

(一)中乌两国的投资合作机制与基础设施建设成果

从经济合作的双边机制来看，在投资领域，2017年5月，中乌两国政府签署了《中华人民共和国商务部与乌兹别克斯坦共和国国家投资委员会关于加强基础设施建设合作的谅解备忘录》和《中华人民共和国商务部与乌兹别克斯坦共和国国家投资委员会关于在乌兹别克斯坦共和国建设中小型水电站的合作协议》等文

件，推动两国企业开展基础设施建设和水电领域合作。从多边合作机制来看，乌兹别克斯坦是上海合作组织成员国，2018 年上合组织青岛峰会对经济合作做出了新安排，规定了新任务。上合峰会签署的《〈上海合作组织成员国长期睦邻友好合作条约〉实施纲要（2018—2022 年）》《上海合作组织成员国元首关于贸易便利化的联合声明》等文件，表明各方将继续加强能源、农业、旅游、交通、中小企业等领域合作。因此，中乌两国在"一带一路"倡议下的投资合作可以与现有的多双边合作机制对接，促进全方位合作。

　　基于以上合作协议，中国对乌兹别克斯坦的投资近年来增长很快。从投资存量来看，《2018 年度中国对外直接投资统计公报》显示：2018 年中国对乌投资存量已经达到了 37 亿美元，超过了中国对塔吉克斯坦和对吉尔吉斯斯坦的投资存量，在中亚五国中，仅次于中国对哈萨克斯坦的投资存量（见图 2-1）。

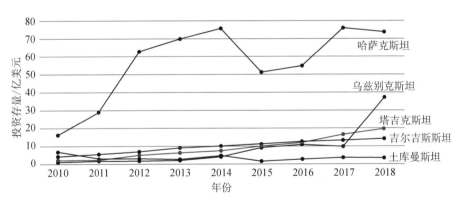

图 2-1　2010—2018 年中国在中亚五国的对外直接投资存量对比

资料来源：《2018 年度中国对外直接投资统计公报》。

　　但总体上看，中国在乌的投资规模仍然比较小，有些年份没有新增投资。根据 AEI 发布的"中国对外投资追踪"数据，我们将2007—2019 年中国在乌投资金额加总，然后对投资项目分类，发现房地产投资和能源基础设施建设投资所占比重最多（图 2-2），其中房地产投资基本上占到了一半，投资金额总计约 4.5 亿美元，并且都是绿地投资；产业园区建设项目只有一个，那就是由温州市金盛贸易有限公司在乌兹别克斯坦锡尔河州投资创建的鹏盛工业园，初期投资约为 1 亿美元。

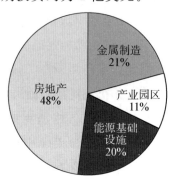

图 2-2　2007—2019 年中国在乌的投资项目类型及其比重

资料来源：根据美国企业研究所（AEI）发布的"中国对外投资追踪"(China Globle Investment Tracker)数据整理得出。

中国在乌的基础设施建设项目主要通过承包工程的方式进行。乌兹别克斯坦的基础设施条件比较差，近年来政府不断加大对基础设施建设的支持力度，中乌两国已就多项基础设施建设项目在"一带一路"国际合作框架下展开实质性合作，有的项目已顺利完成。

2016 年 6 月，由中国中铁隧道集团承建、有乌兹别克斯坦"总统一号工程"和"中亚第一长隧"之称的安格连—帕普铁路的卡姆奇克隧道正式通车，该隧道是共建"一带一路"互联互通合作的示范性项目[①]。隧道全长 19.2 公里，开挖总长度 47 公里，

---

① 沙达提：《最长的梦想隧道——记乌兹别克斯坦"安格连—帕普"铁路卡姆奇克隧道项目》，http://www.xinhuanet.com/world/2016-06/28/c_1119128627. htm，浏览时间：2016 年 6 月 28 日。

是中亚地区最长的隧道，合同总造价 4.55 亿美元。安格连—帕普铁路是乌兹别克斯坦的重大工程项目，全长 169 公里，其中卡姆奇克隧道段是全线的咽喉要道，该铁路建成后将改变乌境内运输须绕道他国的局面，对于乌兹别克斯坦改善民生、发展经济和对外联通有着重要意义。

在能源基础设施建设领域，2016 年 12 月，中国珠海兴业绿色建筑科技有限公司中标撒马尔罕州 100 兆瓦光伏电站建设项目[①]，该公司作为项目总承包商，负责光伏电站的设计、建设和运营，该部分的合同金额约 1.47 亿美元。

2007—2019 年，中国在乌承包工程项目中，能源基础设施项目的承包合同金额总计约有 33 亿美元，占所有承包工程项目合同金额的比重为 69％；交通基础设施建设项目的合同金额为 4.6 亿美元，占比约 10％。因此，这期间基础设施项目合同金额占全部承包工程项目的比重达到了 79％（见图 2-3）。

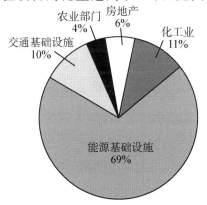

图 2-3　2007—2019 年中国在乌承包工程建设项目及其比重

资料来源：根据 AEI 发布的"中国对外投资追踪"数据整理得出。

---

① 中国驻乌兹别克斯坦经商处：《我企业中标乌撒马尔罕州 100 兆瓦光伏电站建设项目》，http://www.mofcom.gov.cn/article/i/jyjl/e/201612/20161202383789.shtml，浏览时间：2016 年 12 月 29 日。

(二)中乌两国的金融合作机制

在"一带一路"倡议框架下，乌兹别克斯坦积极参与了丝路基金和亚投行的建设，并在其提供的资金支持下开展了相关合作项目。2018年6月，丝路基金与乌兹别克斯坦国家石油天然气控股公司签署合作协议，为乌油气相关项目提供美元和人民币投融资支持，并且与乌兹别克斯坦国家对外经济银行签署了合作备忘录，带动中方产业合作伙伴共同推进撒马尔罕的文化旅游综合体建设，从而打造"丝绸之路"上国际地标性的文化旅游项目。

乌兹别克斯坦是亚投行的意向创始成员国，2016年认缴资本金2.198亿美元，占所有创始成员国认缴资本总额的0.243%。[1] 截至2020年4月，亚投行已批准了5个乌兹别克斯坦的项目融资，金额总计8.37亿美元，主要用于基础设施建设和乡村建设。

表2-2 亚投行在乌投资项目情况汇总

项目名称	项目类型	项目投资金额	审查通过时间	项目融资类型
布哈拉州供水和排水工程	基础设施	3.85亿美元	2019年7月	主权担保融资
布哈拉州供水与排水工程第二阶段	基础设施	2亿美元	2019年7月	主权担保融资

---

[1] Asian Infrastructure Investment Bank, *Connecting Asia For The Future— Annual Report and Accounts 2016*, Asian Infrastructure Investment Bank, 2016, p. 42.

续表

项目名称	项目类型	项目投资金额	审查通过时间	项目融资类型
布哈拉州公路网升级改造项目第一阶段	基础设施	1.65 亿美元	2019 年 9 月	主权担保融资
振兴乡村项目	乡村发展	8200 万美元	2019 年 10 月	主权担保融资
卡拉卡尔帕克斯坦州和霍雷兹姆州供水和卫生项目	基础设施	470.4 万美元	2020 年 2 月	专项基金

资料来源：亚洲基础设施投资银行网站，浏览时间：2020 年 12 月 25 日。

(三)中乌两国的贸易合作机制与发展成果

近年来，中国不断加大对外开放力度。更高水平的对外开放的重要含义之一就在于中国会更大规模地增加商品和服务进口，这将为促进中乌两国之间的贸易发展创造条件。乌兹别克斯坦在 2018 年 11 月参加了在上海举办的第一届中国国际进口博览会(进博会)后，乌兹别克斯坦国家原料商品交易所(乌交所)随后于 2019 年 1 月落户上海，成为首届进博会后首家入驻国家会展中心的外国机构。在中国设立的乌兹别克斯坦国家原料商品交易所，旨在帮助中国企业购买乌兹别克斯坦的棉花、棉短绒等原料物资，也帮助中国企业开发乌兹别克斯坦等国家的商业市场，并协助考察投资、咨询等相关事宜。

从贸易额来看，2019 年中乌两国的双边贸易额为 76.4 亿美元，同比增长 18.8%，占乌外贸总额的 18.1%，中国继续保持乌第一大贸易伙伴国地位。其中，中国对乌出口 51 亿美元，同比增长 43.3%；中国从乌进口 25.2 亿美元，同比下降 12.3%，中方贸易顺差为 25.2 亿美元（见图 2-4）。在中乌两国贸易中，中方长期保持着贸易顺差地位。

图 2-4　2013—2019 年中乌双边贸易情况

资料来源：中国商务部网站。

从进出口商品结构来看，中国对乌兹别克斯坦出口的商品以工业品为主，主要是机械设备、电机电气设备、塑料及其制品等；中国自乌兹别克斯坦进口以大宗商品为主，包括天然气、铀、棉纱和棉花等。比如在 2015 年 1—11 月，中国出口到乌兹别克斯坦金额最多的商品是天然气管道和钢丝制品，金额为 6.12 亿美元，占出口总额的 30％；其次是工程机械、空调、冰箱等机械设备及器具，金额为 4.86 亿美元，占出口总额的 24％。从中国的进口需求来看，2015 年 1—11 月中国自乌进口的棉花和棉纱占比最大，达到了 41％，金额为 4.53 亿美元；其次是天然气，金额为 3.72 亿美元，占进口总额的 33％。由此可见，中国对乌兹别克斯坦需求量最大的商品主要是棉花等原材料及天然气等资源类产品。乌兹别克斯坦盛产棉花，素有"白金之国"的美誉，是世界上主要的棉花生产国和出口国之一。但需要注意的是，2018 年 12 月，乌兹别克斯坦总统米尔济约耶夫在乌全面实施新税收政策的视频会议上表示，因本国棉纺织业发展的需要，从 2020 年开始乌兹别克斯坦将停止棉花出口。乌方希望中国加大在乌的投资，充分利用中国的先进技术和管理经验，促进乌兹别克斯坦纺织服装全产业链的发展。因此，中国和乌兹别克斯坦的商品贸易结构也需要进一步调整，对于乌方来说，在中国进一步深化对外开放的背景下，以棉纺织品、工艺品和特色食品等为代表的商品类型将具有更广阔的出口前景。

(四) 中乌两国的产能合作机制与成果

境外经贸合作区是"一带一路"倡议下开展产能合作的重要载体，也是推进"一带一路"建设的重要内容，通过建设境外经贸合作区（产业园区）可以吸引成批企业入驻园区，从而带动产业集群的发展。由中国温州市金盛贸易有限公司投资建设的鹏盛工业园位于乌兹别克斯坦境内的锡尔河州，是首个中国民营企业在乌兹别克斯坦投资并被中乌两国政府认可和批准的项目。该工业园于 2009 年开工建设，2016 年 8 月被评为中国国家级境外经贸合作区。截至 2017 年年底，鹏盛工业园累计投资 1.38 亿美元，有 16 家中国企业在园区内落户，涉及陶瓷、阀门、手机制造、皮革、轧钢等领域，员工总数 1500 多人，85% 以上为当地员工。[1] 这为促进当地的制造业发展以及创造就业机会发挥了积极作用。

---

① 《乌兹别克斯坦"鹏盛"工业园》，https://www.yidaiyilu.gov.cn/qyfc/xmal/6018.htm，浏览时间：2017 年 2 月 5 日。

四、"一带一路"倡议下中乌两国经济合作机制建设的有利条件

(一)地缘优势：乌兹别克斯坦是中国—中亚—西亚经济走廊建设的重要组成部分

共建"一带一路"的一个重点是通过建设更好的互联互通网络，增强欧亚大陆的联系，最终促进欧亚大陆的一体化发展。"一带一路"倡议以"六廊六路多国多港"为合作框架开展互联互通建设，其中的中国—中亚—西亚经济走廊由中国西北地区出境，向西经中亚至波斯湾、阿拉伯半岛和地中海沿岸，辐射中亚、西亚和北非有关国家。乌兹别克斯坦是中国—中亚—西亚经济走廊的重要组成部分。从地理位置来看，乌兹别克斯坦是位于中亚的内陆国家，并且是一个双重内陆国①，在历史上这一地区是古代丝绸之路的必经之地，以撒马尔罕、布哈拉市为代表的古城都是丝绸之路上重要的节点城市。乌兹别克斯坦的第二大城市撒马尔罕是中亚地区最古老的城市之一，处于中国通往印度的交通要道，是古丝绸之路上的重镇。此外，位于乌兹别克斯坦西南部的布哈拉市也是古丝绸之路上的名城，地处欧亚交通要道，有"中亚麦加"之称。很显然，乌兹别克斯坦在"一带一路"建设中具有重要的地缘优势。因此，乌兹别克斯坦可在"一带一路"建设中发挥重要作用；同时，"一带一路"建设也会使乌兹别克斯坦获得新的发展机遇，作为古丝绸之路重要

---

① 指本国是内陆国家而周围邻国也是内陆国家的国家。

节点的历史名城有望在现代"丝绸之路经济带"建设过程中得到更好发展,这对于中乌两国的经济合作机制建设都是十分有利的。

(二)中乌两国日益增长的贸易需求将为贸易合作机制的发展提供新机遇

在贸易合作机制方面,贸易需求的增长会为合作机制的建设与完善提供新机遇。受到近年来国际形势的影响,中乌两国之间的贸易合作具有良好的发展机遇。近年来,中美之间出现了贸易摩擦。在这样的情况下,中国需要寻找美国以外的进出口替代市场。因此,中国与欧盟、俄罗斯以及其他"一带一路"沿线国家的贸易联系将会更加紧密。根据中国海关总署统计,2019年中美两国贸易额为人民币3.73万亿元(按当时汇率相当于5413亿美元),同比下降10.7%,占中国进出口总额的11.82%;其中中国对美国出口约人民币2.88万亿元,同比下降12.5%,自美国进口人民币8457.56亿元,同比下降20.9%。与此同时,中国对欧盟、东盟和包括乌兹别克斯坦在内的"一带一路"沿线国家的进出口贸易进一步增长。2019年中国对第一大贸易伙伴欧盟进出口人民币4.86万亿元,同比增长8%;同时东盟超越美国成为中国第二大贸易伙伴,2019年中国对东盟进出口总额达人民币4.43万亿元,同比增长14.1%。[1]中国对"一带一路"沿线国家的进出口增速也高于全国进出口整体增速,2019年中国与"一带　路"沿线国家之间的进出口总额为人民币9.27万亿元,同比增长10.8%,高

---

[1] 《海关总署2019年全年进出口情况新闻发布会》,http://fangtan.customs.gov.cn/tabid/970/Default.aspx,浏览时间:2020年1月31日。

出中国外贸整体增速 7.4 个百分点，约占中国进出口总值的 30%。[①] 此外，2019 年中国与俄罗斯的贸易总额达到了人民币 7633.37 亿元（按当时汇率相当于 1107.57 亿美元），同比增长 3.4%。在中乌两国的双边贸易中，近年来中国持续保持着乌兹别克斯坦第一大贸易伙伴国的地位[②]，2019 年中乌双边贸易额约为 76.4 亿美元，同比增长了 18.8%，占乌外贸总额的 18.1%。

从 2020 年第一季度的情况来看，尽管受疫情影响，中国外贸进出口整体上同比下降了 6.4%，但中国与"一带一路"沿线国家之间的进出口总额不仅没有下降，反而同比增长了 3.2%，其中中国与东盟国家和俄罗斯之间的进出口额分别增长了 6.1% 和 5.7%。正因如此，东盟在第一季度超过欧盟和美国成为中国的第一大贸易伙伴。因此，在中美贸易摩擦背景下，中国开拓进出口贸易的替代市场为乌扩大对中国出口提供了新的机会，因此如果双方加快改进和完善贸易合作机制，将有利于促进两国贸易的进一步发展。

(三)乌国内的积极因素为中乌两国经济合作机制的建设提供了新动能

乌兹别克斯坦国内的积极因素有很多，其中很重要的有三个因素：一是政府大刀阔斧地推进各项改革，以改革促进经济发展；二是该国拥有促进经济快速发展的比较优势；三是以

---

① 《2019 年我国与"一带一路"沿线国家进出口总值占比近 30%》，https://www.chinanews.com/gn/2020/01-14/9059462.shtml，浏览时间：2020 年 1 月 31 日。

② 数据来源：吉尔吉斯斯坦"卡巴尔"(Kabar)国家通讯社网站。

新的投资机会吸引外商投资。这三方面的积极因素有利于促进中乌两国经济合作机制的建设。

1. 以改革促进经济发展

米尔济约耶夫于 2016 年底就任乌兹别克斯坦总统以来，大幅度推进全面改革，开辟了乌改革开放新时代。根据以总统令形式颁布的三个重要文件①，在从 2017 年到 2021 年的 4 年间，米尔济约耶夫总统从五大方面推进各项改革，可以说是全方位覆盖，包括改革国家行政管理体系、改革司法体系、推进经济自由化、促进社会发展、调整安全与外交政策。其中经济领域的改革目标非常明确，那就是实行经济自由化，包括实行汇率自由化（市场化）、降低银行业准入门槛、外贸自由化、商品价格自由化、非农业土地私有化、推进国有企业改革。此外，还从各方面改善投资环境（比如撤销了 42 种许可证、对 65 个国家免签证、成立外国投资促进局等），更加重视招商引资、促进商品出口，大力发展经济特区（截至本文撰写时有 21 个），降低企业税负、支持中小企业发展等。

经过 3 年大刀阔斧推进改革后，首先是营商环境得以大幅改善，根据世界银行报告，乌兹别克斯坦营商环境便利度，从 2016 年的位居世界第 87 位，前移到 2019 年的第 69 位，为投资者提供了比较好的环境和条件。因此，外国企业越来越多地到乌兹别克斯坦开展投资经营活动。以中国企业为例，截至 2019 年底，在该国投资经营的企业数量已达 1652 家，比

---

①　三个重要文件是指：《进一步发展乌兹别克斯坦共和国的战略行动》《进一步实施 2017—2021 年发展乌兹别克斯坦共和国五大优先方向战略行动的措施》和《乌兹别克斯坦共和国 2017—2021 年五大优先方向战略行动》。

2018 年增加了 531 家，增幅超过 47%。① 截至本文撰写时，中国已成为乌第一大投资来源国，也是乌第一大贸易伙伴国。

2. 拥有良好的促进经济发展的比较优势

比较优势主要体现在两个方面。一是在劳动力方面有优势。由于乌兹别克斯坦是中亚地区人口最多的国家，总人口 3300 多万，其中劳动年龄人口（15～64 岁）为 2200 万，占总人口的66.7%，劳动力资源比较丰富；而且劳动力价格比较便宜，基于北京大学新结构经济学研究院的实地调研结果，乌制鞋行业工人的月平均工资 2019 年为 150 美元，而越南为 400 美元，中国沿海地区为 850 美元，即使是中国内陆地区也已经达到了500 美元；由于乌政府非常重视教育，因此教育支出占 GDP 比重一般为 10%，这使得教育发展的总体水平比较高。二是在资源方面有优势，如天然气、铀、黄金、棉花、皮革等的产量都位居世界前列，为促进该国经济发展提供了良好的资源基础。

3. 以新的投资机会吸引更多外商投资

近年来，乌兹别克斯坦的投资环境不断改善，政府对吸引外资愈加重视。2019 年 12 月 25 日，乌兹别克斯坦总统米尔济约耶夫签署了《投资和投资活动法》，以法律形式确保投资者私有财产不可侵犯，进一步增强了各国投资者的信心。在乌兹别克斯坦的投资项目中，机会最大的是在农业和加工业，其次是旅游和制药行业，然后是燃料和能源行业，还有冶金、机械、电子、轻工行业、交通基础设施和建筑业。此外，由于乌政府正在大力推进国有企业的私有化进程，因此投资者目前还可以通过购买国有企业股票而获利，这也是一个新的投资机会，目

---

① 周翰博：《乌兹别克斯坦营商环境持续改善》，《人民日报》2020 年 1 月20 日第 16 版。

前出售股票比较多的国有企业的行业包括国有油脂企业、国有石油和天然气企业、国有金融公司、化学工业企业、酒精生产企业、电力企业、建筑企业等。

五、"一带一路"倡议下中乌两国经济合作机制建设面临的主要问题

(一)中乌两国经济体制的差异

中乌两国的经济体制存在较大差异，这对两国的经济合作机制建设来说是一大挑战。乌兹别克斯坦曾是苏联的加盟共和国，1991年9月1日起正式脱离苏联，成为独立的主权国家。独立之初，乌首任总统卡里莫夫提出按"乌兹别克斯坦发展模式"建设国家的"五项原则"：经济优先、国家调控、法律至上、循序渐进和社会保障。从它的政治体制来看，其主要有四个特点：一是保持秩序，二是权威主义，三是控制较严，四是坚持政权的世俗性质。

米尔济约耶夫自2016年年底接任总统以来，全方位推进改革，尤其是大幅度推行一系列经济自由化措施，改善了国内营商环境，增加了国内民生福祉，确保了社会稳定，已经取得了良好效果。

毕竟乌兹别克斯坦的计划经济色彩相对而言还比较浓厚，虽然奉行"经济至上"和"市场化"原则，但同时在相当大程度上也保持了行政干预的制度安排。加上以上提到的一系列经济自由化改革不仅仅带来了积极效果，同时也带来了通货膨胀高企、经济增速下滑、失业率上升等负面影响，接下来采用什么样的方式解决

这些问题，现在还没有确切的答案。在实现经济转型和发展的过程中，乌兹别克斯坦并不是按照"摸着石头过河"的思路推进的，那么顶层设计就显得更重要了。正因为如此，如何选择并确定接下来的转型发展战略与路径，是一个十分重要的问题。

(二)乌兹别克斯坦如何制定新时期的发展战略

中乌两国的经济合作机制建设不可避免地会受到双方发展战略的影响。在经济发展过程中，从经济起步到实现赶超发展，往往需要在符合本国国情的发展战略指引下才能实现。历史上在实现经济发展起步时，许多国家都提供了不同的经验，比如苏联通过制订发展计划，优先发展重工业，实现了快速的工业化的发展；也有其他国家是通过以发展农业和轻工业来实现经济发展起步的；中国则在中华人民共和国建立初期学习苏联的发展战略，重点发展重工业，但在改革开放初期则重点发展农业和轻工业。目前乌兹别克斯坦面临着如何实现经济起飞的问题，这需要选择符合其国情的发展战略，并制定适宜的产业政策，为经济增长创造条件。在这方面，林毅夫教授提出的新结构经济学理论可以为许多发展中国家提供很有价值的参考①。新结构经济学建议发展中国家根据自己现有的要素禀赋，甄别并发展具有比较优势的产业，同时政府要发挥因势利导的有为作用，在市场经济体系中协助企业遵循本国的比较优势而推动经济发展，发挥后来者优势，从而实现经济增长和赶超。乌兹别克斯坦可以依据该理论，结合自身具体情况而制定出好的新国家发展战略，从而为中乌双方经济合作机制的建设与发展创造条件。

---

① 林毅夫：《新结构经济学》，北京大学出版社 2018 年版。

(三)乌兹别克斯坦基础设施建设较为滞后

乌兹别克斯坦的基础设施比较落后，这对于中乌两国在投资、贸易和产能等方面的合作机制建设是不利的。虽然近年来随着经济的稳步增长，乌方加大了基础设施建设力度，包括公路的新建、改造和配套服务设施建设，铁路的电气化改造和铁路网建设，火电站、水电站、泵站的新建和改造，以及电信网络和供水管网的现代化改造等，但是与一个发展中国家实现经济腾飞的要求相比，还有很大差距。以铁路为例，2019 年，乌兹别克斯坦的人口为 3337.58 万人，是中亚人口最多的国家，其人口规模约为哈萨克斯坦的 1.8 倍，但其铁路的客运周转量和货运周转量分别仅为哈萨克斯坦的 22.3％和 11.1％。

基础设施的配套建设是发展贸易、吸引投资、实现国家工业化的重要前提条件。根据世界银行物流绩效指数报告(2018 年)，在得分测算与排名的 160 个国家和地区中，乌兹别克斯坦的国际物流绩效指数综合得分只有 2.58，排名第 99 位；其基础设施排在第 77 位，尽管这一项指标在中亚五国中排名最高，但是在海关效率和国际货运这两项排名中都比较靠后，分别是第 140 位和第 120 位。[①] 由此可见，乌兹别克斯坦在基础设施和物流绩效方面的发展都比较滞后(参见表 2-3)，需要进一步改善，增强互联互通，从而为中乌双方的经济合作机制建设与完善创造良好的基础条件。

----

① 让-弗朗索瓦·阿维斯：《世界银行物流绩效指数报告(2018)——联结以竞争：全球经济中的贸易物流》，王波译，中国财富出版社 2018 年版。

表 2-3 2018 年中俄与中亚五国的物流绩效指数排名情况

国家	2018 年国际物流绩效指数（LPI）排名	LPI 得分	海关效率排名	基础设施排名	国际货运排名	物流质量与竞争力排名	追踪与追索排名	及时性排名
中国	26	3.61	31	20	18	27	27	27
哈萨克斯坦	71	2.81	65	81	84	90	83	50
俄罗斯	75	2.76	97	61	96	71	97	66
乌兹别克斯坦	99	2.58	140	77	120	88	90	91
吉尔吉斯斯坦	108	2.55	55	103	138	114	99	106
土库曼斯坦	126	2.41	111	117	136	120	107	130
塔吉克斯坦	134	2.34	150	127	133	116	131	104

资料来源：让-弗朗索瓦·阿维斯：《世界银行物流绩效指数报告（2018）——联结以竞争：全球经济中的贸易物流》，中国财富出版社 2018 年版。

(四)乌兹别克斯坦不稳定的资本市场给中乌双方经济合作机制建设增加了不确定因素

长期以来，乌兹别克斯坦实行的是官方汇率和商业汇率(市场汇率)并存的双轨制汇率管理制度，并实行严格的外汇管制，该政策在保护乌经济平稳发展方面发挥了一定作用，却日益成为制约乌经济持续发展的瓶颈。因此在 2017 年 9 月，乌对其汇率和外汇管理政策进行了重大改革，官方汇率贬值约 50%，与市场汇率并轨，同时放松外汇管制。2018 年乌兹别克斯坦的

GDP 由于汇率问题贬值了近一半。汇改在相当长一段时期内对乌的经济增长带来波动，主要表现为乌的 GDP 折合成美元后大幅缩水、经济增长放缓、外债率和通胀率升高等。对于乌兹别克斯坦来说，如何逐步稳定资本市场，进而稳定经济增长，这是一个不容忽视的问题。

（五）乌兹别克斯坦面临严重缺水的问题

工业和农业的发展都仰赖水资源，在中乌两国的经济合作尤其是产能合作方面，水资源的支撑是不可缺少的。但是乌兹别克斯坦面临着缺水问题，在 2019 年世界资源研究院公布的世界水资源短缺程度排行榜中，乌兹别克斯坦在 164 个国家中排名第 25 位，属于 27 个严重缺水国之一；此外，土库曼斯坦排名第 15 位，吉尔吉斯斯坦排名第 38 位，都严重缺水。

乌兹别克斯坦作为一个双内陆国家，处于跨界河流的下游地区，90％的用水依赖外部河流的注入。在咸海流域，塔吉克斯坦和吉尔吉斯斯坦两国位于上游，并且这两国拥有的水资源分别占整个咸海流域的 43.4％和 25.1％，而位于下游的乌兹别克斯坦、哈萨克斯坦和土库曼斯坦的水资源量总和约占 31.5％。因此，乌兹别克斯坦灌溉水资源的供应在很大程度上取决于上游国家的水利政策。2018 年乌兹别克斯坦的人均淡水资源拥有量仅为 702 立方米，只相当于世界平均值（9200 立方米）的7.6％。因此，对乌兹别克斯坦自身的发展以及中乌两国的经济合作来说，水资源短缺是一个巨大的挑战。

六、中乌两国加强经济合作机制建设的对策建议

为了促进中乌两国经济合作机制的建设和完善，应当充分发挥乌兹别克斯坦的地缘优势，促进中国—中亚—西亚经济走廊建设，并以中乌日益增长的贸易需求作为促进双方贸易合作机制建设的推动力，同时把握好乌在自身经济改革和投资机会改善等方面形成的机遇，发挥各自的比较优势，为中乌双方经济合作机制建设提供助力。双方经济合作机制建设还面临着一些问题和挑战，主要表现在中乌两国在经济体制方面的差异以及乌面临的如何选择发展战略、滞后的基础设施建设、不稳定的资本市场和水资源短缺等问题。基于以上讨论，对于中乌两国的经济合作机制建设，我们提出以下三点建议。

1. 充分利用共建"一带一路"的历史性机遇，在"一带一路"国际经济合作框架下解决中乌两国经济合作机制建设面临的问题

第一，通过更多地从中国吸引投资，加强基础设施建设，主要是加强交通基础设施、通信基础设施和电力基础设施建设。

第二，在加强基础设施建设的基础上，加快推进国家工业化步伐。目前乌正在加大招商引资力度，大力发展经济特区，以促进本国制造业的发展特别是棉纺织业和制鞋业的发展。这符合乌的比较优势，作为其自身的发展战略，这样的努力方向是对的，但必须配之以营商环境的进一步改善、适当配套政策的出台与实施，以及资本市场的稳定特别是汇率市场的稳定。对于中乌双方在经济体制方面的差异，需要加强两国政府层面的双边合作，通过提前协商、签订合同以及制定法律等方式为

经济合作机制建设提供保障。

第三，乌兹别克斯坦的农业是一个很有发展潜力的行业，可以加强与中国在农业方面的合作，利用中国的农业技术与设备，提高农产品产量。两国还可以通过加强在节水技术、灌溉技术等方面的合作，提高水资源的使用效率。

第四，进一步加强、深化与中国在金融领域的合作，更加有效地稳定本国汇率和整个资本市场，增强投资者信心。

2. 通过增加对中国的出口和改善贸易结构来加强两国贸易合作机制建设

中国正在大力推进更高水平的对外开放，再加上中美贸易摩擦的影响，"一带一路"沿线国家在中国对外贸易的市场中变得愈加重要。传统上，乌兹别克斯坦出口到中国的商品以棉花、天然气、铀等原材料或自然资源为主，并且在中乌贸易中，乌方长期处于贸易逆差状态。因此，一方面，乌兹别克斯坦需要调整对中国的出口结构，扩大棉纺织制品、工艺品、特色食品等商品类型的出口，比如在 2018 年的第一届中国国际进口博览会中，乌兹别克斯坦带来了极具特色的工艺品和食品；另一方面，对于乌方长期存在贸易逆差的问题，中乌双方需要进一步调整贸易结构，积极推动两国贸易的均衡发展，从而在这一过程中促进贸易合作机制的不断完善。

3. 加强与欧亚经济联盟等多双边合作机制的对接

中乌两国的经济合作机制建设需要加强与已有的多双边合作机制的对接，在这一过程中尤其需要加强与欧亚经济联盟的合作。欧亚经济联盟的成员国包括俄罗斯、哈萨克斯坦、白俄罗斯、吉尔吉斯斯坦和亚美尼亚，这五个国家和乌兹别克斯坦都属于独联体国家，并且都是"一带一路"建设的重要合作伙伴，乌兹别克斯坦在加强与欧亚经济联盟的对接时具有较好的合作基础。因此，中乌两国应当继续增进与周边国家的经贸联系，打造开放型区域经济，形成更加完善和具有包容性的经济合作机制，从而实现共同发展。

七、关于加强"一带一路"框架下国际区域经济合作机制建设的启示

由于受新冠疫情影响，加上有的国家开始推行某些产业回归本土的政策，于是有人开始怀疑经济全球化的发展前景与未来。我们认为，经济全球化是由一系列客观经济规律发挥作用的结果，加上客观经济发展演化的过程，经济全球化趋势仍将继续，没有人能够改变经济全球化的发展大势。[1] 考虑到新冠疫情影响的客观事实，有些产业确实会回归本区域中心甚至本国，区域化发展可能成为今后一段时期全球化发展过程中的一个阶段性特征。无论如何，国际区域经济合作对于促进全球、区域和国家层面的经济发展仍将产生重要作用，并且其重要性在后疫情时代很可能会更加凸显，因此我们必须更加重视对国际区域经济合作及其机制建设的深入研究。正是从这样的视角看问题，我们认为这项研究仅仅是一个开始，今后需要花更多精力开展对中国与其他相关国家和地区的更加深入的研究。因此，从这项研究中所获得的一些感受和体会就可以为我们今后深化国际区域经济合作及其机制建设研究提供有益借鉴。

首先，共建"一带一路"为新时代的国际区域经济合作提供

---

[1] 胡必亮：《疫情过后，全球化如何健康发展?》，《光明日报》2020 年 5 月 19 日第 12 版。

了一个崭新的大平台，提供了一套新机制，为促进中国和世界各国的共同发展提供了难得的发展新机遇。[①] 因此，中国和世界各国以及国际组织都应该充分利用这样一个全新的国际合作平台以及充分利用"一带一路"国际合作新机制促进各自经济发展，促进各自所在区域的经济发展，促进区域经济一体化乃至全球经济一体化发展。长期以来，不论是国际区域经济合作组织，还是国际区域经济合作机制，基本上都强调推进相邻国家或区域的经济合作与发展，具有比较强的封闭性，最终不仅没有促进区域经济的一体化发展，没有推进全球经济的融合发展，反而带来了区域经济合作规则与合作机制的碎片化，最终导致区域经济合作与发展的碎片化。"一带一路"国际合作平台和机制的最大特点就是它具有极强的开放性和包容性，不论是否相邻的国家或区域，都可以在"共商共建共享"原则下开展经济合作。这样的合作方式及其合作机制，本身就具有很强的创新性，是在传统的国际区域合作形式和机制基础上的创新与发展，具有广泛的国际影响力和吸引力。正因为如此，"一带一路"倡议提出仅仅 7 年时间，世界上就有 138 个国家和 30 个国际组织积极参与其中。[②] 乌兹别克斯坦正是看到了积极参与共建"一带一路"的良好发展前景，因此最近 3 年加大了与中国在共建"一带一路"方面的合作力度，已经取得了初步的积极效果。这也为其他国家在这方面提供了良好的参考和借鉴，只要不同国家从自身实际出发，充分利用"一带一路"国际合作平台及其机

---

① 国家发展改革委、外交部、商务部：《推动共建丝绸之路经济带和 21 世纪海上丝绸之路的愿景与行动》，《人民日报》2015 年 3 月 29 日第 4 版。

② 参见中国商务部国际贸易经济合作研究院、联合国开发计划署驻华代表处发布的《中国"一带一路"境外经贸合作区助力可持续发展报告——基于经济、社会、环境框架的分析和实用指南》。

制优势，也可以取得良好的经济合作效果，促进共同繁荣与发展。

其次，由于共建"一带一路"国际合作是一个巨大的平台，因此各国各区域在这样一个大平台上，还要突出重点合作区域。比如说，当我们考虑中国与其他国家开展区域经济合作时，就必须突出中国与其周边国家开展经济合作的特殊重要性。这样，我们就必须重点关注五个方面的区域经济合作：一是从中国西北地区向西拓展的中国与中亚五国并更进一步延伸到中国与中东欧十七国的经济合作，这也就是通常所称的"5＋1"和"17＋1"区域经济合作，乌兹别克斯坦是中亚五国中十分重要的一个国家，因此中乌合作在其中具有重要意义；二是从中国北部和东北部地区向北推进的中国与蒙古国和俄罗斯的经济合作，也就是通常所说的中蒙俄经济合作；三是从中国西南地区向南展开的中国与东南亚和南亚地区的经济合作，其中的重点是与东盟国家的合作，也就是通常所称的"10＋1"区域经济合作，近年来中国与南亚国家的经济合作也开始在"一带一路"框架下得到了快速发展；四是中日韩在共建"一带一路"框架下开展第三方市场合作已经展现出了良好的发展势头，同时三国在自贸区建设以及在推进三国与东盟之间的经济合作方面也取得了较好的效果；五是中国与东盟国家等共同在推进建设《区域全面经济伙伴关系协定》(RCEP)新合作机制方面，2019年已经取得了突破性进展，但仍然需要相关各方继续努力，以建立 RCEP 新机制促进亚太地区经济合作取得更大更好成效。

再次，在共建"一带一路"框架下促进区域经济合作与发展，就必须充分考虑到共建"一带一路"国际合作的重点内容，并据此推进相关重点合作领域与合作产业的发展。我们在这项研究中已经发现，基础设施互联互通建设（投资）是最重要的合作领域，此外经贸合作区建设、贸易和金融合作等也很重要。

最后，在开展经济合作的过程中，要特别重视风险防范，形成有效的风险防范机制。在"一带一路"框架下促进国际区域经济合作，因为涉及巨大的投资、贸易、金融方面的价值量，所以参与各方都应该充分认识到风险防范的重要性；但由于风险所涉及的面很广，投资风险、政治风险、政策风险、安全风险、法律风险、宗教文化风险等都有可能产生，因此参与合作各方从开始合作的一刻起，就应该把防范和规避风险放在重要议程上。一般而言，要从两个方面开展深入的相关研究，制定有效策略。从宏观层面来看，合作各方要充分研究不同政治体制与政党执政特征、不同产权制度、不同法律体系、不同税收等政策方面的差异可能带来的合作风险，并共同协商，形成解决预案；从微观层面来看，企业在开展经济合作前，要深入调查和研究东道国政治、经济、社会等各个方面的情况，形成预防方案，并要对公司投资进行投保，最终按照国际通行法律规则和国际市场准则解决问题。这是我们在考虑任何投资贸易等经济合作方案时首先要想到并特别重视的问题。

把握"一带一路"当前的特殊使命①

　　为落实第二届"一带一路"国际合作高峰论坛共识，更好地推动"一带一路"合作伙伴加强抗疫国际合作，开展复工复产经验交流与政策协调，在新形势下推进高质量共建"一带一路"不断向前发展，2020 年 6 月 18 日，"一带一路"国际合作高级别视频会议在北京举行。这次会议的主题为"加强'一带一路'国际合作，携手抗击新冠疫情"。国家主席习近平向会议发表书面致辞。

　　在新形势下，共建"一带一路"与全球抗疫和恢复经济有什么联系？当前的努力方向和奋斗目标是什么？当前共建"一带一路"的主要内容又是什么？这些都是人们普遍关心

　　① 本文发表在 2020 年 7 月 13 日《广州日报》理论周刊上。"当前"指本文撰写时，下同。

的问题。这次视频会议，基本上回应了中国和世界对这些问题的关切，具有十分重要的意义。

一、国际携手抗疫赋予共建"一带一路"特殊使命

习近平主席在书面致辞中明确指出，无论是应对疫情，还是恢复经济，都要走团结合作之路，都应坚持多边主义。因为疫情给我们带来的一个重要启示，就是各国命运紧密相连，人类是同舟共济的命运共同体。

既然当前和今后相当长一段时期应对疫情和恢复经济都必须走团结合作之路，共建"一带一路"的重要性就不言而喻。我们至少可以从三个方面来看这种联系。一是从合作平台来看，至本文撰写时，参与共建"一带一路"的国家和国际组织已达160多个，这就使得"一带一路"倡议已成为全球最大的国际合作平台。依托于这个平台，中国可以与这些国家和国际组织开展抗击疫情和恢复经济的各项国际合作。二是这些国家和国际组织在参加共建"一带一路"国际合作之前，都与中国就合作的一些基本精神（如"丝路精神"）、基本理念（如开放包容）、基本原则（如共商、共建、共享）、合作方式（如互联互通）等进行过比较充分的沟通和讨论，形成了比较好的共识，因此会比较容易地根据新形势的需要达成新的合作共识。三是这些国家和国际组织已经跟中国签署了约200份合作协议，覆盖面很广，有些合作协议包括了医疗卫生领域的合作以及保障产业链供应链稳定的内容等，具备了比较好的合作基础，只是需要根据新情况和新问题来加以完善就可以取得好的合作效果。

因此，共建"一带一路"国际合作平台已经为中国与相关国家和国际组织开展新的合作提供了各方面都比较好的基础。如果我们根据当前的形势和需要，在这个平台上加入一些具体的内容，开展一些更加有针对性的合作，就可以起到事半功倍的效果。这既有利于促进全球抗疫工作取得更好的成效，也为共建"一带一路"国际合作提供了新内容、新动能，有利于推进高质量共建"一带一路"行稳致远。正因为如此，共建"一带一路"是应对全球性危机和实现长远发展的必由之路。在新冠疫情这场全球性公共卫生危机中，共建"一带一路"国际合作也可以发挥其重要作用。

就在这次"一带一路"国际合作高级别视频会议举行的前一天，在"中非团结抗疫特别峰会"上，习近平主席在发表主旨讲话时也明确指出："为克服疫情带来的冲击，我们要加强共建'一带一路'合作。"①此外，2020 年 7 月 6 日举行的中国—阿拉伯国家合作论坛第九届部长级会议也充分肯定了共建"一带一路"对于中阿团结抗击新冠疫情的重要积极作用。

二、当前共建"一带一路"的努力方向和奋斗目标

当前要解决的主要问题，就是要尽早战胜疫情和促进世界经济恢复。中国是这样，其他国家也是这样。为了做到尽快地战胜疫情和促进世界经济恢复，习近平主席除了提出要充分利用和加强共建"一带一路"国际合作外，还提出了四个具体目标

---

① 《习近平关于统筹疫情防控和经济社会发展重要论述选编》，人民出版社 2020 年版，第 182 页。

和一个总目标，以及开展相关国际合作的主要内容。这四个具体目标就是，把"一带一路"打造成团结应对挑战的合作之路、维护人民健康安全的健康之路、促进经济社会恢复的复苏之路、释放发展潜力的增长之路。总目标就是要通过高质量共建"一带一路"，携手推动构建人类命运共同体。

我们知道，在 2017 年 5 月 14 日至 15 日举行的"一带一路"国际合作高峰论坛开幕式上，习近平主席发表主旨演讲时专门阐述了"一带一路"建设的目标，那就是要把"一带一路"建设成和平之路、繁荣之路、开放之路、创新之路、文明之路，也就是我们通常所说的"五路"目标。习近平主席 2017 年提出的关于"一带一路"建设的"五路"目标，指的是一般意义上的更具普遍意义的建设与发展目标，既包括了通过开放发展和创新发展实现经济繁荣的目标，也包括了通过共建"一带一路"促进世界和平和促进人类文明互鉴与共同发展的目标。这些目标，一方面覆盖面很广，包括了人类发展的各个方面；另一方面也都是一般意义上的目标，反映的是一些普遍性的方面。

此次习近平主席通过书面致辞所提出的四个目标，则是针对中国和世界目前面临的具体困难和问题所提出的努力方向和奋斗目标，具有很强的针对性和现实的可操作性。比如合作之路，就是指我们目前共同应对疫情挑战的一种基本态度，那就是参加共建"一带一路"的国家应该团结起来，密切地开展各相关方面的合作，因为病毒不分国界，世界各国必须合作应对。基于"一带一路"良好的合作基础，"一带一路"相关国家应该先合作起来，作出表率，最终带动世界各国的全面合作，以取得合作抗疫的最后胜利。又如健康之路，就更是一个具体的奋斗目标了。这次人类所面临的共同敌人是新冠疫情，世界共同面临的是一场公共卫生危机，我们的努力方向和奋斗目标就是保护人民生命安全和身体健康。因此，在这样特定的时期和特定的环境中，通过共建"一带一路"来促进各国健康事业的发展就显得尤为重要，必须将之作为一段时期的核心目标提出来并加以强调。复苏之路，主要也是针对目前的具体情况提出来的。因为疫情影响，世界各国的经济与社会发展在某一段特定时期都曾经历或正在经历不同程度的"停摆"状况，全球产业链供应链都受到很大冲击。因此，通过共建"一带一路"尽快地恢复到正常状态，就必然成为我们当前和今后一段时期的重要目标。至于增长之路，主要是针对不同国家的发展潜力而言的。在目前这样的特别情况下，我们必须努力争取通过共建"一带一路"，通过促进资源、要素互补的发展，把各自的潜力都更充分地发挥出来，以尽快地促进各方面的增长尤其是经济增长。

由此可见，不论是一般意义上的"五路"目标，还是目前特殊意义上更有针对性的"四路"目标，都是共建"一带一路"的奋斗目标，它们是相互支撑的。显然，只有经过努力奋斗，较好地实现了目前的"四路"目标，才能顺利实现共建"一带一路"所要达到的"五路"目标。

三、当前共建"一带一路"的主要内容

从世界各国目前所面临的主要困难和问题出发，共建"一带一路"的主要内容也跟一般情况下的建设内容在侧重点上有所不同。习近平主席在这次会议的书面致辞中主要提到了两个大的方面，那就是要服务于全球尽早战胜疫情和服务于尽快促进世界经济恢复。

从发表的《"一带一路"国际合作高级别视频会议联合声

明》(以下简称《声明》)来看，重点合作内容主要包括了四个方面，即建设健康丝绸之路、加强互联互通、推动经济恢复和推进务实合作。

如果将这次会议发表的《声明》与 2019 年 4 月 27 日发表的《第二届"一带一路"国际合作高峰论坛圆桌峰会联合公报》(以下简称《公报》)相比较，可以发现这次会议发表的《声明》增加了"建设健康丝绸之路"和"推动经济恢复"两个重要的方面。两份文件中共有的部分就是关于"互联互通"和"务实合作"这两部分内容。这表明中国和相关国家根据新的情况变化，对新形势下共建"一带一路"的主要工作及其内容进行了相应调整，以更好地满足各个国家及其人民的现实需要与诉求。

而关于互联互通部分，2020 年的文件也增加了通过加强互联互通以提升抗击疫情、应对疫情挑战的能力和在采取必要疫情防控措施基础上，有序、逐步恢复跨境人员流动的努力的内容。

从建设健康丝绸之路来看，《声明》主要提出了基于共建"一带一路"国际合作平台，相关国家应及时分享必要信息和疫情诊疗经验，加强和升级公共卫生系统能力，必要时在双边、区域、国际等层面建立疫情联防联控机制，强调了卫生产品特别是疫苗和药物及医疗物资的可获得性和可负担性，加强卫生基础设施建设、相互提供支持与帮助等。

从推动经济恢复来看，《声明》支持以世界贸易组织为核心、普遍、以规则为基础、开放、透明、非歧视的多边贸易体制；呼吁维护区域和全球产业链和供应链的稳定，包括商品、服务和人员的正常流动；推动有序复工复产及重新融入全球价值链；加强在数字经济、医疗产业和食品安全领域的合作；在电子商务、智慧城市、人工智能和大数据技术应用等领域培育新的经济增长点；支持各方就重大发展战略、规划和政策开展对话和交流；通过加强人力资源开发、教育和职业培训合作以增强民众应对疫情挑战的能力；致力于落实联合国《2030 年可持续发展议程》；对二十国集团为促进最不发达国家经济恢复和可持续发展而提出的缓债倡议表示欢迎。

由此可见，这次会议的重点是非常清晰、明确的，那就是主要抓住联合抗疫和恢复经济两个重点展开。这对于相关国家充分利用"一带一路"国际合作平台促进合作抗疫和经济恢复，必将起到重要的积极作用，同时也对新形势下推动高质量共建"一带一路"具有重要的积极意义。

"生命之路"的担当
"复苏之路"的希望
——"一带一路"在疫情挑战中前行①

  2020年，全球遭遇百年未遇的疫情大流行，各方面都受到了严重冲击。"一带一路"建设也不例外，但"一带一路"建设并没有因此而停滞，而是从实际出发，积极主动作为，表现出了很强的韧性与活力，为全球抗疫和稳定经济作出了巨大贡献。2021年，全球抗疫与经济复苏对共建"一带一路"提出更强劲需求，激发相关产业加速发展，高质量共建"一带一路"迎来新机遇，相关国家将通过共建"一带一路"取得互利共赢新发展。

---

① 本文在2021年1月4日《光明日报》第12版上整版发表。

一、抗疫情、稳经济、保民生

一年来，新冠疫情全球大流行，直接给"一带一路"建设带来了不利影响，主要表现在三方面：一是在疫情传播最严重的特定时期，建设项目在有些国家不得不停工停产；二是疫情大流行使全球供应链受到严重冲击，有些设备、物资、原材料不能及时被运送到建设项目工地，因此有些建设项目的建设速度被迫放缓；三是受疫情影响，有些建设项目所在国的经济发展严重衰退，相关国家无法继续提供必要的配套资金与物质保障，给建设项目的顺利实施带来了一定的困难。

尽管如此，"一带一路"建设并没有因此而陷于停滞，即使有些企业确实在疫情最严重时期出现过停工停产的情况，但很快就复工复产。与通常年份情况相比，2020 年的"一带一路"建设表现出十分明显的特点，正如王毅在 2020 年 12 月举行的 2020 年度"一带一路"国际合作高峰论坛咨询委员会会议上所指出的，"一带一路"建设为各国抗疫情、稳经济、保民生发挥了重要作用。

从抗疫情角度看，在疫情肆虐情况下，中国与"一带一路"伙伴国家充分发挥"一带一路"国际合作平台作用，在抗疫方面做了很多事情，其中有三件事情十分重要。

一是共同致力于把"一带一路"建设成为保障人民生命安全的"生命之路"。通过打通陆上、海上、空中运输通道，尽可能多、尽可能快地从中国向"一带一路"相关国家运输抗疫物资。中欧班列在这方面表现十分突出，2020 年全年开行的班列就超过了 10000 列，将中国与欧洲的 20 多个国家、90 多个城市联通起来，其中运送的紧急医疗物资到 2020 年 11 月底就已超过了 800 万件。此外，中国也通过与相关国家共建"空中丝绸之路"，给世界各国运送援助的医疗物资近 2000 吨，包括大量口罩、防护服、检测试剂盒等。

二是共同致力于把"一带一路"建设成为确保人民健康的"健康之路"，包括从国家层面相互分享防疫方案和诊疗方案、相关国家之间相互提供抗疫援助，中国还向一些"一带一路"伙伴国家派出了医疗专家队，有的中资企业则根据其所在国的实际需要，建设临时医院，组织生产当地所急需的医疗防护物资，等等。

三是中国与"一带一路"伙伴国家共同开发疫苗，有的疫苗已经开始使用。中国企业同俄罗斯、埃及、印度尼西亚、巴基斯坦、阿联酋等"一带一路"伙伴国家合作开展疫苗三期试验，都已取得良好效果。有些国家如土耳其、埃及等国已经开始使用中国企业生产的疫苗，更多的国家如菲律宾、印度尼西亚等国也将很快使用中国企业生产的疫苗。

从稳经济方面来说，新冠疫情给世界各国的经济发展造成了严重不利影响，"一带一路"伙伴国家也不例外。因此，中国与伙伴国家通过共建"一带一路"促进共同的经济发展就显得尤为重要。2020 年这一年，经过中国与伙伴国的共同努力，这方面也取得了许多重要成果。

第一，发挥投资对刺激经济增长的积极作用。2020 年前三季度，中国企业对"一带一路"沿线国家非金融类直接投资 130.2 亿美元，同比增长 29.7%。这说明即使是在十分严峻的疫情形势下，中国对"一带一路"主要相关国家的投资不仅没有减少，反而大幅增长。

第二，稳住贸易增长。从"一带一路"贸易情况来看，

2020 年前三季度，中国与"一带一路"沿线国家的货物贸易额为 6.75 万亿元人民币，同比增长 1.5%，比整体的外贸增幅高 0.8 个百分点。在全球供应链出现比较严重断裂的情况下，中国与"一带一路"沿线国家之间的贸易仍然保持正增长，这对于稳定相互之间的经济发展与保障民生具有十分重要的积极意义。

第三，中国与"一带一路"合作伙伴加快推进区域经济一体化进程，降低疫情对相关国家带来的负面影响。东盟 10 国都是与中国密切开展共建"一带一路"的伙伴国，随着疫情的发展，相互之间的合作不仅没有被隔断，反而更加密切。通过增强跨境电商合作以及促进更加紧密的投资合作，加上中国与东盟国家的疫情防控工作做得相对较好，东盟从 2020 年第一季度开始就历史性地成为中国第一大贸易伙伴，加上中国早已就是东盟第一大贸易伙伴，因此双方目前互为第一大贸易伙伴，实现了贸易方面很好的互利共赢发展。正是在这样更加密切的贸易、投资关系的积极影响下，经过各方共同努力，东盟与中国、日本、韩国、澳大利亚、新西兰终于在 2020 年 11 月共同签署了《区域全面经济伙伴关系协定》，掀开了东亚区域经济一体化发展新阶段，为亚太地区和全球经济加快复苏注入了新动能。

此外，非洲联盟与中国政府于 2020 年 12 月签署了《中华人民共和国政府与非洲联盟关于共同推进"一带一路"建设的合作规划》，成为中国与区域性国际组织签署的第一个共建"一带一路"规划类合作文件，明确就合作内容和重点合作项目提出了时间表、路线图。从长远来看，这一协议的签署，有利于通过共建"一带一路"而促进双方优势互补，共同应对全球性挑战，也有利于更好地实现非盟《2063 年议程》目标；从短期来看，这样的深度合作，有利于促进双方在抗击疫情、复苏经济方面取得更好的合作成果。

第四，更加积极地促进电子商务发展，尽可能地减缓疫情对经济增长的负面影响。新冠疫情全球大流行初期，世界贸易组织曾于 2020 年 4 月初做出预测，认为 2020 年全球货物贸易量将下降 12.9％～31.9％。但世贸组织在 2020 年 10 月初对预测进行了更新，认为 2020 年全球货物贸易量只会下降 9.2％。其中，电子商务对于促进疫情下的跨国贸易发展起到了重要作用。以中国为例，2020 年前三季度，全国网络零售额同比增长了 9.7％。在"一带一路"国际合作框架下，中国过去几年与"一带一路"沿线国家和地区积极开展"丝路电商"建设，截至 2019 年年底，中国的跨境电商贸易实现了对"一带一路"沿线国家和地区的全覆盖，这对促进中国和相关国家的电商发展都发挥了积极影响。

第五，快速地实现复工复产。在新冠疫情全球大流行最严重时期，很多"一带一路"建设项目被迫停工，但绝大多数建设项目又都很快复工。"一带一路"建设核心项目——中巴经济走廊建设项目，在巴基斯坦疫情发展最严重的 2020 年 3 月被迫中断建设，但很快于 4 月有序复工复产。至本文发表时，喀喇昆仑公路二期工程、卡洛特水电站、拉合尔轨道交通橙线项目、瓜达尔港、瓜达尔新国际机场等各个建设项目，都处在正常建设中。在印尼，由中国路桥工程有限责任公司承建的万隆高速公路项目，2020 年 3 月暂停了部分区域施工，但到 5 月底已全面复工；由中国电力建设集团有限公司承建的雅万高铁项目 3 号隧道建设工程也在 2020 年 4 月底顺利实现贯通，雅万高铁在疫情中建设顺利。作为泛亚铁路的重要组成部分，中老铁路建设也并没有因为疫情而中断，位于中老边境连接两国的近 10 公里的跨境隧道——友谊隧道 2020 年 9 月成功贯通。在非洲，中国土木工程集团有限公司和中国中铁股份有限公司联合建设的非洲大陆第一条跨国电气化铁路——亚吉铁路，即使在疫情最严重时期，运营也没有中断，为埃塞俄比亚疫情期间的各项运输保障作出了重要贡献，也为其商业运营探索出了一些成功做法。

第六，努力维护全球供应链基本稳定。中国同很多"一带一路"伙伴国家建立了畅通货物流动的"绿色通道"并努力改善陆、海、空多式联运方式，保障国际大通道运输的正常运营并力争提高运输效率和质量，同时也建立了便利人员往来的"快捷通道"，这对保障中国与相关国家的经济增长都起到了重要的积极作用。

从保民生层面来说，从以上提到的情况来看，在疫情肆虐的2020年，中国与"一带一路"伙伴国家坚持从多方面推进共建"一带一路"，努力通过合作抗疫而保障人民健康，通过推动复工复产而保障人民就业，通过稳定经济而保障人民收入。此外，中国还积极参与二十国集团缓债倡议，是二十国集团成员中缓债金额最多的国家，其中接受缓债的部分国家就是与中国共建"一带一路"的伙伴国。这些都直接为保障中国和相关国家人民的基本民生作出了积极贡献。

二、数字、绿色、可持续发展的新机遇

百年不遇的疫情大流行确实给整个世界带来了灾难性打击，但同时也迫使我们探索新的生存与发展之道：电子商务以及更加宽泛的数字经济得以快速发展，绿色经济发展和绿色生活方式得到广泛认同与推广，可持续发展理念深入人心，更加深入的区域经济一体化加速推进……这些都从客观上为中国和相关

国家未来更好地共建"一带一路"引领了新方向。

一是数字"一带一路"建设势头良好。疫情下的数字技术及数字化行业的发展已成为人们维护基本生存的重要保障，譬如在隔离情况下通过网购方式解决购物的问题，还有网上教育、网上办公、网上就医等问题。这次疫情也极大地推进了基于数字技术的整个数字经济的发展，譬如说电商贸易、智能制造、智慧旅游、智慧金融、智慧农业等都得到了快速发展。这就为中国和"一带一路"伙伴国共建数字"一带一路"提供了新机遇，为这些国家的经济发展提供了新动能。中国与"一带一路"伙伴国已经在"丝路电商"、数字交通走廊建设、跨境光缆信息通道建设、中国—东盟信息港建设等方面取得了一些成就，疫情必将促使这方面的合作在新的一年里更加深入，也必将取得更多更大的合作成果。

二是绿色"一带一路"建设深入人心。疫情使整个世界都更加深入地认识到绿色生活、绿色发展的重要性。中国以生态文明理念为基本引领，已经在"一带一路"国际合作框架下与相关国家一起，提出了绿色投资原则，建立了"一带一路"绿色发展国际联盟，成立了绿色投资基金，今后的任务就是与相关国家一道，坚定地把"一带一路"建设成为绿色发展之路。

三是可持续发展成为共建"一带一路"的基本遵循。这次疫情也证明了世界各国共同努力落实联合国《2030年可持续发展议程》的必要性和重要性，因此今后的共建"一带一路"工作，就是要根据联合国提出的可持续发展议程的基本要求，切实地加以落实。中国已宣布力争于2030年前达到二氧化碳排放峰值（碳达峰），2060年前实现碳中和；同时中国也宣布，到2030年，中国单位国内生产总值二氧化碳排放比2005年下降65％以上，非化石能源占一次能源消费比重达到25％左右；此外，中国还承诺其森林蓄积量、风电、太阳能发电总装机容量等都进一步增加。我们清楚地知道，要达到以上目标，面临诸多困难和挑战；但中国一旦做出承诺，就一定会做到。这表明了中国坚定地走可持续发展道路的信心和决心，也表达了中国的希望，那就是用自己的实际行动带动和促进整个世界的可持续发展。

四是更加深入的区域经济一体化合作前景广阔。一方面，疫情确实在很大程度上将国与国、人与人隔离开了；另一方面，为了克服疫情给国家和人民带来的不利影响，一些国家联合起来，通过建设更加紧密的区域经济合作关系来缓解疫情带来的不利影响。《区域全面经济伙伴关系协定》的签署以及中国与非盟签署关于共同推进"一带一路"建设的合作规划，都属于这样的情况。很显然，这将直接促进"一带一路"国际合作更好的发展，更有利于为相关国家经济发展提供一种新的动能，促进相关国家共同发展。中国已经宣布愿积极考虑加入《全面与进步跨太平洋伙伴关系协定》(CPTPP)，这表明区域经济一体化发展前景广阔，区域经济合作发展未来可期。

三、把更强的共建愿望变为更多的共赢成果

疫情给整个世界造成了很多麻烦，但也给我们以很多启示。从共建"一带一路"的角度来看，我们可以从中得到了以下几点重要启示。

一是由于欧美受疫情打击严重，其对外投资能力比以前有所减弱，相应地，很多国家尤其是发展中国家对于来自中国的投资依赖程度随之有所提升，因此更多国家对于与中国共建

"一带一路"的愿望反而比以前有所增强，"一带一路"建设的需求随之增强。由于中国在疫情防控方面做得比较好，复工复产比较早，生产能力强，因此中国的供给能力依然十分强劲，这就为疫情中以及后疫情时代的"一带一路"建设行稳致远提供了强有力的动力和保障。

二是疫情检验了共建"一带一路"的合作理念和基本原则，即秉持开放包容透明理念、共商共建共享原则的特殊重要性。正是在这样的合作理念和基本原则引领下，中国与相关国家在"一带一路"多边合作平台下以视频形式举办了多场国际会议，在与抗疫情、稳经济、保民生、促发展相关的金融、税收、能源、绿色发展等领域的具体政策上进行多方协调，推进各方共识落地。

三是在疫情大流行的情况下，共建"一带一路"应从实际出发。中国与相关国家商定了密切合作的重点领域，即医疗卫生与联合抗疫、数字技术与数字经济、绿色经济与可持续发展、区域经济一体化等，并切实地加以推动。

四是坚持以人民为中心的基本理念，共建"一带一路"各方应牢牢抓住抗击疫情、促进经济复苏以及促进可持续发展等核心问题，不搞地缘政治对抗，不搞意识形态竞争，从而使得相关各方都取得良好的务实合作成果。

乘风破浪　"克"疫而上
——"一带一路"建设走向可持续发展①

新冠疫情大流行以来，"一带一路"建设的推进情况广受国际社会关注。有人猜测，受疫情影响，2020 年中国对"一带一路"建设项目的投资大幅减少；有人对相关债务问题继续表示关切；也有人对"一带一路"项目投资于发展中国家的煤电建设项目表示关注。同时，更多的人则关注着疫情下以及后疫情时代"一带一路"建设的新机遇和新趋势。

一、克服重重挑战，投资总量大幅增长

2020 年，尽管受到了新冠疫情的不利影响，但中国对"一带一路"沿线国家的非金融

---

① 本文在《光明日报》2021 年 2 月 28 日第 8 版整版发表。

类直接投资不仅没有减少，反而是"一带一路"倡议提出以来最多的一年，比 2019 年增长了 18.3％，与 7 年来的年平均投资额相比，更是增长了 18.9％。相应地，中国对"一带一路"沿线国家的投资占对外投资总额的比重也由 2019 年的 13.6％上升到了 2020 年的 16.2％。

实际上，自"一带一路"倡议于 2013 年秋季提出后，2014 年中国对"一带一路"沿线国家的非金融类直接投资就迅速地从上一年的 100 亿美元左右增加到了 125.4 亿美元；2015 年继续增加到 148.2 亿美元，同比增长 18.2％；在 2016 年和 2017 年稍有回落后，2018 年超过了 150 亿美元，达 156.4 亿美元；2020 年更是高达 177.9 亿美元。"一带一路"倡议提出 7 年多来，中国对"一带一路"沿线国家非金融类直接投资总额已经超过了 1000 亿美元，达 1047.2 亿美元，年平均投资额 149.6 亿美元。

从项目层面来看，在新冠疫情全球大流行最严重的一段时期，确实有一些"一带一路"建设项目短暂停工，但绝大多数项目都很快复工。不仅如此，中国与相关国家还于 2020 年启动了一批新的建设项目，如匈塞铁路匈牙利段、巴基斯坦科哈拉水电站等。2020 年，中国与日本、法国签署了在卡塔尔建设首个非化石燃料充电站的协议，还与乌干达签署了建设光伏发电站的协议。

总之，中国与相关国家共建"一带一路"的决心是坚定的，不会因疫情或其他因素的影响而有任何改变。随着中国与相关国家如沙特阿拉伯、埃及、匈牙利、柬埔寨、菲律宾等国家联合成立多边金融合作中心，并积极拓展第三方市场合作的更大空间，中国和相关国家对"一带一路"建设项目的投资将继续表现出总体不断增长的势头。

二、没有一个国家因参与共建"一带一路"而陷于债务危机

国家的债务问题，是一个历史问题，在"一带一路"倡议提出之前就已存在，而且不仅仅只存在于发展中国家，发达国家也存在这一问题，比较典型的例子就是 2008 年全球金融危机后欧洲一些国家爆发了比较严重的债务危机并且持续时间较长。

2008 年以来，世界各国债务快速增长，最直接的原因就是为了应对全球金融危机所带来的不利影响，许多国家都实施了财政刺激政策，比较典型的就是美国和欧盟所实施的量化宽松政策。这直接造成了国际资本市场上资金总量大幅增加，且很多资金流向了发展中国家。由于资金总量多了，因此国际金融机构发放的贷款也比较多，很多发展中国家的外债也就有所增加。

"一带一路"倡议提出以来，中国增加了对沿线国家的资金支持，但中国从一开始就坚持了三个基本原则：一是共商、共建、共享，与相关国家共同讨论建设项目，通过友好协商进行资金安排；二是坚持市场主导、企业主体，中国企业和相关国家的企业在市场原则基础上开展项目合作，项目资金也主要是企业通过国际资本市场而得以解决，包括多元化的国际融资、PPP 融资等方式，政府间直接借款的数量很少；三是坚持发展导向，建设项目的选择是根据相关国家发展战略需要而确定的，以确保项目建成后对促进国家经济社会发展能够起到重要的积极作用。

因此，"一带一路"建设推进 7 年多来，没有一个国家因为

参与共建"一带一路"而陷入债务危机。在少数人经常提到的斯里兰卡债务问题上，该国领导人前不久公开表示，斯对华债务只占其国家外债总额的12％，且该国债务的绝大部分实际上是来自金融市场的借款和多边机构的贷款。即使是对华债务，也主要是低息优惠贷款。而对于斯里兰卡汉班托塔港建设项目，承建的中国招商局花一定数量的资金根据市场规则和公平交易原则购得70％股权以及租用港口和周边土地建设工业园99年，属于典型的市场行为，不应被政治化。再例如中巴经济走廊建设的债务问题，实际上80％左右的项目资金是由中国企业和巴基斯坦企业共同出资成立的合资企业依据市场规则获得的融资，只有约20％的资金属于债务融资。

中国提出共建"一带一路"倡议后，特别重视债务可持续性问题。2017年，我国与26个"一带一路"国家签署了《"一带一路"融资指导原则》；2019年，财政部发布了《"一带一路"债务可持续性分析框架》，对"一带一路"项目的债务可持续性分析流程与标准、项目所在国债务风险分析、债务承受力压力测试、债务风险管理等提出了详细分析框架，以提升债务风险管理水平，提高建设项目的经济效果。

对于那些出现偿债困难的国家，中国从不逼债，而是通过友好协商解决。我国2020年已经免除了非洲有关国家截至2020年底的无息贷款；为了减缓新冠疫情对发展中国家债务的影响，我国积极落实二十国集团（G20）缓债倡议，缓债额十多亿美元，约占G20缓债总额的近30％，是G20中贡献最大的国家，甚至占到了G7国家缓债总额的80％以上。

三、与相关国家共同推进能源转型发展

大多数发展中国家经济发展水平落后的重要原因，就是基础设施建设的滞后。其中，制约发展中国家经济发展的最主要的因素就是电力不足。由于缺电，这些国家很难发展制造业，农业现代化水平也很难提高。通过在这些国家新建一些发电站，可以直接增加其供电能力，对促进其经济发展和提高人民生活质量都具有至关重要的作用。因此，在"一带一路"建设中，能源基础设施建设意义重大，能源项目也较多。以中巴经济走廊建设项目为例，由于巴基斯坦严重缺电，因此电站建设项目占所有建设项目总数的60％以上。

总体而言，我国目前实施的基本政策是控制煤电发展规模。国家已发布了《关于促进应对气候变化投融资的指导意见》，限制对涉煤建设项目的投资；中国人民银行于2020年修订了《绿色债券支持项目目录》，不再支持涉及煤和煤电等传统化石能源项目建设。

这样的基本政策也在共建"一带一路"过程中得到了比较好的体现。譬如，中国在巴基斯坦建设的电站，很多是属于可再生能源类型的，水电站就有卡洛特、玛尔、苏吉吉纳里、达苏、科哈拉、阿扎德帕坦等；除了水电站外，中国也在巴基斯坦建设了不少风电站，如萨菲尔、塔帕、玛斯特、萨察尔、哈瓦、特里肯波斯顿等，而且有些风电站如萨菲尔、塔帕等已投入商业运行；还有核电站如卡拉奇核电项目，以及太阳能发电项目，如建设在巴哈瓦尔布尔市的100兆瓦光伏电站等清洁能源项目。除了在巴基斯坦大量地建设了很多清洁能源电站外，中国企业

也在黑山建设莫祖拉风电站，在阿联酋建设迪拜光热电站等清洁能源项目。

但由于一些国家并不具备清洁能源发电的资源禀赋，而拥有比较丰富的煤炭资源，加上目前清洁能源发电成本仍然相对较高，因此"一带一路"建设项目中确实有一些煤电项目，譬如说中国在巴基斯坦建设的萨希瓦尔电站、卡西姆电站等就是燃煤电站，但都采用了世界领先的清洁燃煤技术，碳排放量严格地控制在国际先进水平。

总之，中国正充分利用共建"一带一路"机遇，与相关国家一道，共同推进能源转型发展，大力发展可再生能源，减少碳排放，为积极应对气候变化作贡献；即便在综合考虑多方面因素后仍然与有关国家共同建设煤电项目，也会通过运用世界先进技术而坚决做到低碳生产，清洁生产。

四、双循环："一带一路"国际合作新动能

基于中国进入新发展阶段后所面临的新环境、新特点，中国提出了加快构建以国内大循环为主体、国内国际双循环相互促进的新发展格局。所谓"双循环"，一个循环就是指我国国内的经济循环，另一个循环就是指中国经济与世界经济之间的循环。通过构建"双循环"的新发展格局，既可以进一步促进中国经济发展，也为世界经济发展提供新动能。

从国内经济循环来看，我国有十分明显的优势，那就是国内市场巨大，而且国内形成良性循环的条件也已具备。我国人口多，中等收入人口也比较多，市场主体也多，因此不论是消费还是投资，市场空间都很大。尤其是近几年来，我国消费对

经济的积极支撑作用越来越显著：2012 年，我国消费占 GDP 比重还只有 49.3％，不到 50％，但 2016 年就超过了 55％，2019 年达 57.8％，2020 年的严重疫情给消费带来了一定程度的冲击，因此稍有回落，为 54.3％。

从国际循环来看，随着中国对外开放度的进一步增强，一方面，中国的进口以及中国的对外直接投资继续保持平稳增长态势；另一方面，中国的出口与外国直接投资继续快速增长。

2020 年我国对外直接投资 1329.4 亿美元，同比增长 3.3％；同年进入我国的外国直接投资达 1443.7 亿美元，同比增长 4.5％，我国成为 2020 年全球吸收外国直接投资最多的国家。由此可见，有人大肆鼓吹"脱钩"和"去全球化"，实际上并不是客观现实的反映。相反，随着中国开放的大门越开越大，中国与世界各国的经济联系以及其他联系只会越来越强。

"一带一路"是我国构建双循环新发展格局的重要平台。依托这一国际合作平台，中国与"一带一路"相关国家已经在贸易、投资、国际产能合作等方面取得了一系列重要成果。2020 年，中国与"一带一路"沿线国家之间的进出口贸易增长 1％，其中中国与东盟 10 国之间的进出口贸易增长了 7％；中国对"一带一路"沿线国家的非金融直接投资大幅增长了 18.3％。在中国与东盟国家贸易与投资关系进一步提升的基础上，东盟 10 国与中国、日本、韩国、澳大利亚、新西兰于 2020 年正式签署了《区域全面经济伙伴关系协定》，这对促进整个地区以及各相关国家的经济发展都具有十分重要的积极意义，对各相关国家推动共建"一带一路"在该区域的进一步深入发展也将产生重要的积极影响。

五、数字化："一带一路"国际合作新机遇

在新冠疫情全球大流行的情况下，国与国之间、企业与企业之间、人与人之间的交往、交易、交流方式都发生了很大改变，其中一个重要的变化就是，互联网的快速发展直接促进了许多不同形式的新业态发展，尤其是直接促进了网上购物、网络教育、远程医疗、网络游戏等基于数字技术的服务业的快速发展，数字经济引起了世界各国的普遍重视。

基于共建"一带一路"国际合作平台，我国已与 16 个国家签署了数字经济合作谅解备忘录，与 22 个国家共同打造"丝路电商"合作平台。为了协助"一带一路"相关国家抗击疫情，中国医疗专家 2020 年通过视频会议方式与很多国家的同行交流防疫和诊疗经验。

中国通过推进数字产业化和产业数字化发展，数字经济在国内生产总值中所占比重逐年提升，这为"一带一路"相关国家提供了有益参考。其中最重要的启示在于，发展中国家在第四次工业革命快速推进的新发展时期，如果能够有效地促进数字化转型发展，就有可能走出一条新的跨越式发展道路，其现代化发展路程不仅将缩短，而且还能更好地满足联合国《2030 年可持续发展议程》所提出的一些要求，有效应对气候变化，促进可持续发展。

为了赢得这次数字化转型发展的巨大历史机遇，充分发挥"一带一路"国际合作平台的积极作用，我们认为目前应特别重视抓好以下四项工作。

一是充分利用先进的数字技术，助力防疫抗疫工作取得更

好成效。譬如说中国通过扫描健康码而对人们的新冠感染情况进行有效辨识的数字技术，就很值得"一带一路"相关国家借鉴和推广运用。又如，通过视频会议交流防疫抗疫经验，通过远程医疗方式实行有效会诊等都直接有助于各国的防疫抗疫工作取得更好效果。

二是除了重视传统基建外，需要加强新基建建设。通过 5G 等先进的电信基础设施建设，加快推进发展中国家的数字转型发展进程，促进智慧农业、智能制造、智慧城市、信息产业等基于数字技术的经济与社会发展。

三是秉持公平正义和多边主义，共同维护数据安全。我国已于 2020 年提出了《全球数据安全倡议》，倡导各国共同努力维护全球供应链的开放、安全和稳定，反对利用信息技术破坏或窃取他国关键基础设施重要数据、侵害个人信息或从事针对他国的大规模监控，不得强制要求本国企业将境外数据存储在境内或直接向企业调取境外数据，企业不得在产品和服务中设置后门，等等。

四是在数字化时代，要特别注意采取多方面的有效措施，防止"数字鸿沟"问题导致部分国家和部分人民陷于新的贫困。

推动共建"一带一路"
促进世界发展繁荣①

  习近平总书记在庆祝中国共产党成立100周年大会上的讲话中指出,中国产生了共产党,就深刻地改变了近代以后中华民族发展的方向和进程,也深刻改变了世界发展的趋势和格局。中国共产党团结带领中国人民在新民主主义革命、社会主义革命和建设、改革开放和社会主义现代化建设,以及新时代中国特色社会主义四个重要的历史时期都创造了伟大成就,从而形成了今日之中华民族伟大复兴发展的良好态势。近十年来,中国对世界经济增长的贡献率一直稳定地保持在 30％左右,同时中国对外开放了越来越大的市场,并从世界各国进口越来越多的产品,引进更多的外资并让投资者赚取了越来越多

---

① 本文发表在《经济导刊》2021 年第 8 期。

的利润，为世界各国直接或间接地提供了越来越多的就业机会。中国倡导并一贯坚持和平共处五项原则，一直以来都坚定地支持联合国的工作，参加了联合国的所有专门机构，全面深入地融入现有国际秩序之中，累计派出维和官兵 4 万余人。

习近平总书记在 2021 年 7 月 6 日举行的中国共产党与世界政党领导人峰会上总结性地说，中国共产党"始终不渝做世界和平的建设者、全球发展的贡献者、国际秩序的维护者"①。

一、审时度势，提出"一带一路"倡议

2008 年全球金融危机后，世界经济发展格局变化表现出新特点，即欧美经济受全球金融危机影响较大而出现了比较明显的经济衰退趋势，同时包括中国在内的一批新兴市场国家和发展中国家表现出快速的经济复苏并展现出群体崛起的良好势头。为了给全球经济提供增长新动能，同时促进发展中国家经济可持续发展，习近平代表中国于 2013 年秋提出了"一带一路"倡议，倡导中国与世界各国通过共建丝绸之路经济带和 21 世纪海上丝绸之路，建立更加紧密的互联互通伙伴关系，促进经济资源在区域层面乃至全球实行更加有效的配置，从而实现联动的区域和全球经济增长，实现互利共赢和共同发展。

2017 年 10 月，中国共产党第十九次全国代表大会通过了《中国共产党章程（修正案）》决议，正式将"遵循共商共建共享原则，推进'一带一路'建设"②写入《中国共产党章程》，成为全党

---

① 《习近平谈治国理政》第四卷，外文出版社 2022 年版，第 427 页。
② 《中国共产党章程》，人民出版社 2017 年版，第 8 页。

的意志。这充分体现了中国共产党对提出这一时代倡议的信心与高度重视，也表明中国共产党会将这一伟大事业继续推进下去的决心和努力。

二、共商共建，中国带头积极作为

中国共产党人不仅提出了"一带一路"倡议，而且带头实施这一倡议。要实施如此庞大的系统性的全球倡议，需要做的工作很多，但概括而言，最重要的工作就是共商和共建。

共商是共建的基础和起点。共商的目的首先是要形成共识，不仅要在国内形成共识，同时要形成国际共识。中国为此做了大量工作，包括习近平主席利用出访机会在很多国家宣讲"一带一路"倡议、中国各相关部委负责人以及科研院校的专家学者做了大量的实地调研并发表了大量的文章和著作等。2015 年 3 月 28 日，经国务院授权，由国家发展和改革委员会、外交部、商务部联合发布了《推动共建丝绸之路经济带和 21 世纪海上丝绸之路的愿景与行动》，对共建"一带一路"的时代背景、共建原则、框架思路、合作重点、合作机制、中国行动等都做了详细阐述，提出了关于共建"一带一路"的中国方案。

中国方案向世界公开发布后，迅速得到了许多国家和国际组织的热烈欢迎和大力支持，有些国家的政府部门、智库机构等也提出了一些建议。结合国际政治经济发展形势的变化和实施共建"一带一路"过程中出现的新问题，2019 年 4 月，习近平主席在第二届"一带一路"国际合作高峰论坛上提出了改进和完善"一带一路"建设的新思想，这是他关于推动共建"一带一路"高质量发展的系统思想，他特别强调了在"一带一路"建设过程中，必须秉持"共商、共建、共享"原则，坚持开放、绿色、廉洁理念，努力实现高标准、惠民生、可持续的目标。

这些新思想，更好地契合了国际社会的期待与要求，进一步凝聚了国际共识，受到世界各国的热烈欢迎与强力支持。

截至 2021 年 6 月 23 日，中国已同 140 个国家和 32 个国际组织签署了 206 份共建"一带一路"合作文件。这些与中国签署"一带一路"合作协议的国家占世界主权国家总数的比例已超过 70%，其中非洲参与共建"一带一路"的国家占非洲国家总数的比例已达 85%，亚洲的这一比例为 77%，大洋洲超过了 70%，欧洲也达 60% 左右，即使是相距中国十分遥远的拉丁美洲，这一比例也达到了 57%。这说明世界上大多数国家对于共建"一带一路"已清晰地表达了明确的积极支持态度。有些国家尽管尚未与中国签署政府间的"一带一路"合作协议，但与中国签署了政府间关于开展第三方市场合作的谅解备忘录，如法国、西班牙、荷兰、比利时、瑞士、英国、日本、澳大利亚、加拿大等国。这些国家的企业已在第三方市场（多数为"一带一路"共建国家）与中国企业共建了许多重要的基础设施项目以及与民生福祉相关的项目，受到第三方市场国家及其人民的欢迎。共建"一带一路"在凝聚共识方面，取得了良好成效。

在充分凝聚共识的基础上，中国和相关国家在过去 8 年间开展了广泛的共建工作，包括共同选择好建设项目、共同协商处理好与项目建设相关的土地、税收、劳工、环保、设备、技术、法律等各方面的问题，还有项目融资问题，等等。其中有两项工作特别重要，就是建设项目的选择和融资安排。在建设项目的选择方面，中国与相关国家所采取的基本做法是优先选择那些双边或多边发展战略规划都确定必须做的项目，通过对接发展战略，确定相关项目建设的优先序。到 2018 年，仅中央企业在"一带一路"沿线国家开展与基础设施建设、能源资源开发、国际产能合作等领域的建设项目和工程已经超过了3000个，包括亚吉铁路、蒙内铁路、中老铁路等铁路项目，比雷埃夫斯港、瓜达尔港、吉布提新港等港口项目，中俄、中哈、中缅石油管道，中俄、中亚、中缅天然气管道等重大项目。

另外一项决定"一带一路"建设成败的重要环节就是融资安排。这项工作主要是由中国的金融机构完成的。一般情况下，中国金融机构给"一带一路"大型建设项目所提供的融资都会占到项目融资总额的70%以上，有些重大建设项目85%的融资都是由中国金融机构提供的。据不完全统计，在共建"一带一路"的8年时间里，中国的金融机构为相关项目建设提供了累计近万亿美元的融资安排，其中国进出口银行、国家开发银行、中国工商银行、中国建设银行、中国银行等都提供了相当数量的融资支持。中国专门成立的"一带一路"专项投资基金——丝路基金，以及由中国倡议成立的亚投行等也都为"一带一路"项目建设提供了融资支持，为保障建设项目的顺利完成作出了巨大贡献。

三、共享成果，"一带一路"建设早期收获丰硕

经过8年的共建，"一带一路"建设已经收获了丰硕的早期成果。

第一，最重要的建设成果是"六廊六路多国多港"的互联互通基础设施建设网络体系已基本构建起来，特别是其中的交通基础设施和能源基础设施网络体系建设比较完善，形成了"海陆空天电网"立体结构，为进一步推进区域经济一体化深度融合发

展提供了良好的硬件支撑，对推进区域全面经济伙伴关系发展、欧亚经济一体化发展等都已起到并将进一步起到十分积极的促进作用。

第二，在"六廊六路多国多港"的互联互通基础设施网络体系建设框架下，一大批建设项目得以实施并快速推进，直接促进了中国对相关国家投资的快速增长。从中国对外直接投资流量情况看，2013年为1078亿美元，2014年、2015年和2016年分别达到1231亿美元、1457亿美元和1962亿美元，其中2015年中国的对外直接投资超过当年实际利用外资100亿美元；但2017年、2018年、2019年和2020年有所回落。从中国对"一带一路"沿线国家的非金融类直接投资情况看，除了2016年、2017年和2019年稍有小幅回落外，其他年份都保持了比较高的增长——2013年只有大约100亿美元，2014年增长到125亿美元，2015年继续增长到148亿美元，2018年为156亿美元，2020年达178亿美元。"一带一路"倡议提出8年来，2013—2020年，中国对"一带一路"沿线国家累计直接投资已达1351亿美元。世界银行的研究结果表明，由于交通互联互通的改善，低收入国家的外国直接投资增加7.6%。

第三，直接受益于许多重大交通基础设施建设项目的顺利建成，一些国家的总体运输成本得以降低，贸易潜力得以更好发挥，促进了相关国家的贸易发展，特别是促进了一些国家与中国的贸易发展。蒙内铁路建成并成功运营后，肯尼亚的货物运输成本大幅降低，快速促进了其国内贸易的发展；亚吉铁路建成运营后，埃塞俄比亚的货运成本也大幅降低并直接打通了其通过吉布提出口国际市场的货物运输大通道，促进了其国际贸易发展。中欧班列充分发挥其运输成本相对较低（与空运相比）和运输时间相对较少（与海运相比）的比较优势，近年来得到了迅速发展，欧洲的 22 个国家、160 多个城市因此实现了货物贸易的互联互通，中国和这些国家都从中得到了实实在在的好处。因此，共建"一带一路"8 年来，中国与沿线国家之间的货物贸易占中国货物进出口总额的比重总体呈上升趋势——共建初期的 2014 年，中国与"一带一路"沿线国家货物贸易占当年中国货物贸易总额的 26％，2017 年提升到 26.5％，2018 年继续提升到 27.4％，2019 年进一步达到了近 30％的水平，2020 年也保持在 29％以上。特别是许多"一带一路"沿线国家对中国的农畜产品出口增长很快，增长幅度也很大。世界银行认为，经济走廊沿线国家贸易将增长 2.8％～9.7％，带动整个世界贸易增长 1.7％～6.2％。

第四，共建"一带一路"直接有利于促进全球减贫事业发展。从关联性来看，共建"一带一路"的许多方面都是有利于直接消减贫困的。譬如交通基础设施建设条件得以改善的话，许多贫困国家和地区的人民就可以更低的成本将他们的产品卖到区域性市场甚至国际市场上，相应地获取更多的利益。另外"一带一路"投资和建设项目直接增加了对穷人的就业需求，就业机会增多，增加当地人民的收入，进而消减贫困。根据世界银行的专题研究结果，仅"一带一路"交通建设项目就有助于 760 万人口摆脱极端贫困和使 3200 万人口摆脱中度贫困。中国政府把支持和帮助共建国家消减贫困作为"一带一路"建设的一项内容来实施，已经在老挝、柬埔寨、缅甸的试点村庄探索基于中国经验（精准扶贫、加强基础设施建设、提供公共服务和技术援助等）的扶贫试验，取得了很好效果。如果这些方面的成功经验加以推广，共建"一带一路"的全球减贫效应就可以在更大范围延伸和拓展，有利于支持相关国家更好地实现联合国《2030 年可持续发展议程》所提出的减贫目标。

第五，全球治理体系的某些方面已经逐步得以改进和完善。由于目前世界所面临的全球性问题很多，仅仅依靠一两个国家的力量是无法完全解决这些问题的，更多国家的积极参与、更多国际合作平台的建设将有助于这些问题的更好解决。作为"一带一路"倡议的重要内容之一，中国与100多个国家共同创建亚投行以及中国独立设立丝路基金，有利于增加对全球基础设施投资所需的资金供给，是对当前国际金融治理体系的重要补充和完善。通过实施精准扶贫等方式取得脱贫攻坚战胜利的中国减贫方案和经验，对补充和完善当前全球减贫治理体系具有重要参考价值，对更好地实现联合国《2030年可持续发展议程》提供了强力支持。共建"一带一路"对于推动经济全球化治理体系向着更加开放、包容、普惠、平衡、共赢的方向转型发展提供了重要支撑。总之，通过共建"一带一路"，可以为改进和完善当前的全球治理体系作出很多增量性的贡献，直接有利于更好地应对人类所面临的共同挑战。

四、共建"一带一路"，前景乐观可期

正因为共建"一带一路"8年来取得了很多早期成果，给相关国家及其人民带来了许多实实在在的好处，所以"一带一路"倡议受到普遍欢迎。但同时也受到了有的国家和有些人的指责和非议，甚至受到了一些人为的污蔑和抹黑。那么我们应该如何认识这一问题呢？经过8年共建实践，应该说我们对这一问题已经有了比较清晰的答案，那就是共建"一带一路"不仅已经取得了初步的成功，而且其发展前景更加乐观可期，因为共建"一带一路"从理念到机制、途径、方向等，既反映出人类发展

的客观需要，也契合了人类进步的客观规律。

从基本目的来看，中国之所以提出共建"一带一路"倡议，一个最基本的目的就是希望增加一些民生建设项目，增加就业机会，促进经济增长，从而改善和提升人民生活水平，增进人类福祉，为人民谋幸福。这既包括进一步促进自身发展的一面，也包括了造福世界的一面。

从内在机制来看，在中国日益深度融入世界的情况下，中国的新发展实际上就是世界的新机遇。这就是为什么习近平总书记在庆祝中国共产党成立100周年大会上讲话时，专门把推动构建人类命运共同体与推动建设新型国际关系和推动共建"一带一路"高质量发展（简称"三个推动"）放在一起，作为第六个"必须"继续加强的重要内容给予了高度重视。习近平总书记不仅论述了中国共产党人为什么要关注人类命运共同体建设的问题，也论述了"三个推动"的内在逻辑，那就是中国新发展与世界新机遇之间的十分紧密的客观联系。只要中国继续向前发展，就会不断地为世界发展提供新机遇、带来新红利，从而推动世界更好向前发展；相应地，只要世界变得更好，中国也会发展得更好。共建"一带一路"就是其中一股不可忽视的重要力量。

从实施途径来看，习近平总书记提出"推动共建'一带一路'高质量发展"，核心就是要秉持"共商、共建、共享"原则，坚持开放、绿色、廉洁理念，和努力实现高标准、惠民生、可持续目标。这样的一套关于高质量共建"一带一路"的思路与方案，符合经济发展规律、契合国际合作原则、反映可持续发展要求，有利于取得良好的发展效果。

从发展方向来看，共建"一带一路"为构建人类命运共同体创建了一个十分重要的实践平台，有利于推动构建人类命运共同体理念逐渐变成现实，也为世界各国和国际社会提供了很好的示范效应。这一构想和行动站在了历史正确的一边，站在人类进步的一边，代表了推动历史发展的正确力量。尽管共建"一带一路"遇到一些阻力和波折，但其发展前景最终是光明灿烂的、充满希望的。

减贫之路："一带一路"的繁荣之道①

2021年2月25日，在全国脱贫攻坚总结表彰大会上，习近平总书记庄严宣告："我国脱贫攻坚战取得了全面胜利……完成了消除绝对贫困的艰巨任务，创造了又一个彪炳史册的人间奇迹！"②2021年4月20日，在博鳌亚洲论坛2021年年会开幕式主旨演讲中，习近平主席强调："我们将本着开放包容精神，同愿意参与的各相关方共同努力，把'一带一路'建成'减贫之路'、'增长之路'，为人类

---

① 近年来，笔者就共建"一带一路"对于减贫的效果问题在老挝、泰国、白俄罗斯、巴西等国做过一些实地调研，应《丝路瞭望》杂志约稿，笔者通过这篇文章表达了一些相关感受和体会。文章发表在《丝路瞭望》杂志2021年第12期。张怡玲参与合作研究，为本文的第二作者。

② 习近平：《在全国脱贫攻坚表彰大会上的讲话》，《习近平重要讲话单行本(2021年合订本)》，人民出版社2022年版，第35页。

走向共同繁荣作出积极贡献。"[①]这两次重要讲话表达了中国希望通过深化"一带一路"国际合作与世界分享减贫经验，并愿意与相关方共同行动，促进全球减贫事业发展，实现共同繁荣的美好夙愿。

一、把"一带一路"建成"减贫之路"意义重大

把"一带一路"建成"减贫之路"，既是对联合国《2030年可持续发展议程》减贫目标的积极回应，希望更多发展中国家也能尽快消除绝对贫困，过上更加美好的幸福生活，也与推动构建人类命运共同体理念高度契合，体现了中国传统文化中"大同世界""立己达人、兼济天下"的"天下情怀"。

尽管经过多年艰苦努力，在新冠疫情全球大流行前全世界的极端贫困人口（绝对贫困人口）已减少到了只有7亿多，但疫情给很多国家特别是给广大发展中国家的经济发展造成了很大的负面影响，导致全球范围内极端贫困人口大幅返贫。世界银行认为，至2021年，返贫人口已超过1亿，联合国开发计划署认为到2030年全球极端贫困人口会回升2亿多，总数预计达到10亿左右。因此，完成未来近10年的全球减贫任务将变得更加艰难。

联合国《2030年可持续发展议程》提出了17个可持续发展目标，其中最重要的目标就是到2030年要在全世界消除贫困（绝

---

① 习近平：《同舟共济克时艰，命运与共创未来——在博鳌亚洲论坛2021年年会开幕式上的视频主旨演讲》，《习近平重要讲话单行本（2021年合订本）》，人民出版社2022年版，第60页。

对贫困）。因此，不能任由疫情带来的返贫现象在全球蔓延，世界各国和国际组织都应该更加紧密地团结起来，采取更加有力的措施，尽快扭转当前的不利局面，继续推进全球减贫事业向着正确的方向发展。相关各方应将共建"一带一路"与消减贫困紧密结合起来，充分利用共建"一带一路"所带来的新机遇，更好地服务于全球减贫事业发展。

从全球极端贫困人口的区域分布来看，至本文撰写时，撒哈拉以南非洲国家占了近 60%，南亚国家占 30% 左右，其余的约 10% 分散在中亚国家、西亚北非国家和中东欧国家。这些国家几乎都是共建"一带一路"国家，因此把"一带一路"建成"减贫之路"对于促进"一带一路"可持续发展也具有十分重要的意义。

二、共建"一带一路"具有很强的减贫功能

共建"一带一路"的核心内容主要体现在政策沟通、设施联通、贸易畅通、资金融通、民心相通五个方面。其中，政策沟通是实现其他四个方面互联互通的基础和前提，同时需要重点关注互联互通与减贫之间的客观联系。

基础设施互联互通与减贫之间的关系，一直都是经济学界所关注和研究的重点。大量研究结果表明，由于基础设施建设具有较强的正外部性，能够惠及其他产业的发展，具有较强的经济包容性，因而对共建"一带一路"国家的减贫事业具有积极影响。世界银行的研究结果表明："一带一路"基础设施建设将使公路运输边际成本降低 25%，海上运输边际成本降低 5%，最终带来全球实际收入增长 0.7%（按 2014 年价格和市场汇率计算，相当于增加收入 5000 亿美元左右）；到 2030 年，"一带

一路"基础设施建设有望帮助全球 760 万人摆脱极端贫困、3200 万人摆脱中等贫困。很多学者关于"一带一路"交通基础设施建设的研究结果也表明，它有利于提高贸易便利度、降低运输成本，也可提高人民收入水平，减少贫困，这样的效果在非洲大陆各相关国家表现得尤其显著。

从贸易畅通的减贫效应来看，大量的研究表明，由于中国与共建"一带一路"国家在贸易方面具有较强的互补性，从而形成了互利共赢的局面，因此畅通"一带一路"国家的贸易直接有利于促进相关国家经济增长，从而起到较好的减贫效果。世界银行的研究结果表明，"一带一路"建设将促使经济走廊沿线国家的贸易增长 2.8%～9.7%，世界贸易也因此受益，增长 1.7%～6.2%。很多学者通过计量分析，发现多边贸易发展对减贫具有显著影响，也就是说通过开展广泛的多边贸易合作，有利于减少相关国家的贫困人口。

从产能合作的情况来看，在共建"一带一路"合作框架下，中国有很多企业到相关国家投资办厂，在全球建立诸多产业园区。有从事服装鞋帽、电器产品等的生产企业，也有雇用当地劳动力建设农业生产基地的企业。这一方面带动了相关国家的工业化和农业现代化发展、促进了相应的出口增长；另一方面也提供了技术外溢的机会，促进了相关国家的经济增长，增加了当地人民的就业机会，提高了当地人民的收入水平，这些都直接有利于减缓贫困。这种情况在东南亚和非洲国家比较普遍。

尽管在金融发展与减贫关系问题上还存在一些争议，但大多数学者的实证研究结果还是支持金融发展对减缓贫困具有积极作用的基本结论。一些研究结果得出的相关性是，金融发展水平每提高 1%，可以使人均收入提高 0.5%左右。如果考虑到普惠金融的影响，其相关性就会更强，作用也更大，而且两者之间的关系也更稳定。对"一带一路"沿线国家的实证研究，也证明了这些基本结论。

民心相通是指相关合作国家及其人民之间的沟通与了解，涉及文化、社会、教育、科技等许多方面的内容。大量的理论和实证研究都已证明，"一带一路"国际合作框架下的教育合作使得相关国家的人力资本水平得以提升，特别是高等教育合作还有利于加快相关国家的技术追赶速度和提高全要素生产率水平，这些对减贫都具有十分重要的积极意义。而对于贫困群体来讲，职业教育则为他们提供了劳动技能培训机会，很大程度上具有定向减贫的效果，成为减贫事业的重要组成部分。大量研究结果表明，"一带一路"科技合作也有利于提高农业、工业等部门的生产效率，加快经济增长和减贫速度。

由此可见，"一带一路"的"五通"建设对相关国家在经济增长、就业机会增加进而实现减贫等方面都具有重要的积极影响。为了从总体上把握"一带一路"对减贫的积极影响，需要结合实体经济来开展基础设施建设、商贸、产能和金融合作。这样才能真正把"一带一路"建设成全球"减贫之路"。

三、共建"一带一路"显现减贫成效

"一带一路"建设实施 8 年来，一大批项目已经在世界各地务实落地，有些项目已顺利建设完成。仅我国央企在世界各地投资的"一带一路"建设项目就有 3000 多个，还有更多民营企业的投资项目。从实施情况来看，这些项目对于促进相关国家的经济增长和减贫已经起到了积极作用。

中国路桥工程有限责任公司在肯尼亚建设的蒙内铁路，全长 480 公里，已于 2017 年 5 月建成运营，大幅降低了当地的运输成本，项目建设期间创造约 4.6 万个工作岗位，累计培训当地员工 1.8 万人。这些都直接为肯尼亚消减贫困作出了重要贡献。若从沿这条铁路线形成的经济区、小城镇以及以此而推进的东部非洲经济一体化发展来看，其长期的减贫效果就更大。

中国国家电网有限公司从 2014 年开始，在巴西连续中标了美丽山特高压输电一期项目和二期项目，建设世界上最长的 ±800 千伏直流输电线路，跨越巴西的 5 个州，也已于 2019 年 10 月顺利完成建设任务并开始商业运行。该项目从很大程度上缓解了巴西东南部大城市和工业中心及其人民用电紧张的问题，并为巴西人民提供了 4.5 万个新的就业岗位，为巴西政府缴纳了 15 亿雷亚尔税收，为社会公益项目捐资约 3000 万雷亚尔，为环保投入近 1 亿雷亚尔。国家电网还长期赞助里约热内卢贫民窟马累交响乐团、巴西世界非物质文化遗产保护等公益项目。

中白工业园是中国和白俄罗斯在明斯克市合作共建的工业园区，是至本文撰写时中国在海外最大、合作层次最高的经贸合作区。至本文撰写时，园区为当地人民提供了超过 5000 个就业岗位，据估算，未来将能为白俄罗斯提供超过 7 万人的新就业机会。此外，在工业园建设过程中，通过项目分包的方式，已经给当地不少企业带来了经济红利。以 2018 年为例，园区建设所分包给当地企业的工程建设合同款和通过向当地企业采购建筑材料和设备的款项合计已超过 1 亿美元，向当地政府纳税超过了 1500 万美元。

老挝是被联合国认定为世界上最不发达的国家之一，国内存在着基数较大的贫困人口。老挝是典型的内陆国，既不靠海，陆路运输也十分落后，在中老铁路修建之前整个国家只有 3.5 公里的铁路。正是在这样的背景下，中国与老挝在"一带一路"合作框架下，从 2016 年全面开工共建全长 1000 多公里的中老铁路(其中老挝段磨万铁路全长 414 公里)已经开通。

中老铁路建成后，首先，它不仅可以向北延伸与中国境内的玉磨铁路并轨通行，还可以向南延伸与泰国的廊曼铁路直接对接，既能将其产品卖到中国，也能南下卖给泰国或送到印度洋出海口销售到更远的其他国家，开辟自己的"海上贸易之路"，促进其贸易更快发展；其次，中老铁路贯穿老挝的多个省，沿线总人口 200 多万，人口密度较高，带动沿线土地升值，使当地民众受益；再次，有助于带动老挝第二产业和第三产业发展；最后，促进老挝城市化进程，特别是有利于带动磨丁经济特区建设(规划将建成为一个 30 万人口的口岸城市)，利用中国资本、人口、市场等因素促进老挝北部经济增长和人民脱贫致富。

四、发挥"一带一路"减贫效果

2019 年 4 月，在第二届"一带一路"国际合作高峰论坛期间，习近平主席在演讲中谈到推动共建"一带一路"高质量发展时，提出了高标准、惠民生、可持续的建设目标。他在解释惠民生时，讲到了一个思想、三个重点，那就是以人民为中心的思想，重点在于消除贫困、增加就业、改善民生。

结合中国成功的扶贫经验，在今后的共建"一带一路"过程中，除了要考虑重大项目助力实现相关国家的长远发展目标外，也要考虑建设一些中小规模项目助力地方民众的减贫脱贫需要。正是基于中国的扶贫经验，从 2017 年开始，中国在老挝、柬埔寨、缅甸 3 个国家选择 6 个村庄，实施为期 3 年的"整村推进"和"精准扶贫"试验。结果表明，中国的扶贫经验在这些国家是有效的。因此在推进共建"一带一路"时，要特别考虑到项目实施的减贫影响。重点从以下几个方面提升共建项目的减贫效应。

一是通过"一带一路"基建项目建设实现基建脱贫，采用修建铁路、公路、港口，架设桥梁等方式，实现对贫困地区的"超级链接"。从我国的情况来看，农村公路里程数到 2019 年底已达 420 万公里，实现具备条件的乡镇和建制村 100％通硬化路，这极大地促进了农村的贸易增长。在试点的 3 国 6 村中，通过加强基础设施建设促进减贫的思路清晰，也取得了较好的效果。考虑到现代数字技术和销售方式的进步，我国贫困村通光纤和 4G 比例也都已超过 98％，这有利于促进电商等现代销售形式的发展。

二是通过"一带一路"产业项目实现产业脱贫，主要依托当地资源发展特色产业，如传统手工业、特色旅游、中草药种植，发展当地有优势的养殖业和庭院经济等，也包括自己创业、外出务工等方式实现脱贫，中国在这方面的比例超过三分之二。在共建"一带一路"国家的很多产业园区，也都吸收了大量的当地青年，给他们提供了就业岗位，对增加其家庭收入具有重要意义。3 个试点国家的 6 个试点村在这方面的探索也是比较成功的。

三是通过"一带一路"绿色发展实现脱贫。主要是雇用一些员工从事与环境保护相关的岗位和职业，既促进绿色发展，也通过增加新的就业机会实现脱贫。

四是直接通过援助方式帮助受援地区及其人民减贫。中国近年来向发展中国家提供的"6 个 100"项目支持就是其中的典型案例。"6 个 100"项目主要是指中国为发展中国家开展 100 个减贫项目、100 个农业合作项目、100 个促贸援助项目、100 个生态保护和应对气候变化项目、100 所医院和诊所、100 所学校和

职业培训中心，这些项目在这些国家的减贫过程中发挥了积极
作用。

　　将高质量共建"一带一路"与全球减贫事业紧密结合，不仅
可以通过共建"一带一路"促进全球减贫事业的高质量发展，也
可以通过助力全球减贫事业为高质量共建"一带一路"提供新需
求、注入新动力，促进其更好地实现可持续发展。

中医药为高质量共建
"一带一路"提供独特支撑①

  2022 年 3 月，国务院办公厅印发《"十四五"中医药发展规划》（以下简称《规划》）。《规划》系统阐述了"十四五"时期我国中医药发展的指导思想、基本原则、发展目标、主要任务和重点措施，提出到 2025 年，中医药健康服务能力明显增强，中医药高质量发展政策和体系进一步完善，中医药振兴发展取得积极成效，在健康中国建设中的独特优势得到充分发挥。

  在《规划》提出的十项主要任务中，第八项任务是加快中医药开放发展，提出推进中医药高质量融入"一带一路"建设，实施中医药国际合作专项，推动社会力量提升中医药海外中心、中医药国际合作基地建设质量，

① 本文发表在《瞭望》杂志 2022 年第 25 期。

依托现有机构建设传统医学领域的国际临床试验注册平台。指导和鼓励社会资本设立中医药"一带一路"发展基金。此前，国家中医药管理局、推进"一带一路"建设工作领导小组办公室联合印发了《推进中医药高质量融入共建"一带一路"发展规划（2021—2025 年）》。

推进中医药高质量融入共建"一带一路"，是推进健康丝绸之路建设的重要领域，是构建卫生合作伙伴关系的重要举措，是推进共建"一带一路"高质量发展的重要内容，也是推动构建人类卫生健康共同体的重要载体。同时"一带一路"建设也为中医药国际化发展提供了良好机遇。两者相辅相成，相互促进。

一、为"一带一路"国际抗疫合作贡献特殊力量

我国抗击新冠疫情的经验之一在于中医药有效地参与了预防与治疗，对不同类型的新冠治疗取得了良好效果，不仅降低了发病率、转重率、病亡率，也加快了感染者核酸转阴和身体康复时间，中医药在抗击疫情方面发挥了积极作用。

我国基于"一带一路"国际合作平台，及时发布了多语种版本的新冠中医药治疗方案，向 150 多个国家和地区宣传和推介中医药抗疫经验。我国选派中医专家赴 29 个国家和地区帮助指导抗疫，为护佑各国人民生命健康作出积极贡献。2022 年以来，中国国家中医药管理局加强与柬埔寨的抗疫合作，派遣中医专家赴柬埔寨开展抗疫工作。

在引进西医以前，我国采用中医药的方法抗击各种瘟疫和流行病，具有十分悠久的历史。目前新冠疫情仍在全球蔓延，我国将继续发扬中医药的传统优势，组建高水平中医药专家队

伍，在共建"一带一路"国际合作框架下，继续向有需要的国家提供中医药抗疫技术和中成药品，为国际抗疫作出中医药的独特贡献。

二、为"一带一路"经济发展提供新机遇

中医药涉及产品、服务贸易，因此推动中医药"走出去"将有利于促进中国与共建"一带一路"国家之间的贸易发展，实现互利互惠。

截至 2022 年 6 月，中医药已经传播到世界 196 个国家和地区，成为中国与东盟、欧盟、非盟、拉共体以及上海合作组织、金砖国家、中国—中东欧国家合作、中国—葡语国家经贸合作论坛等地区和机制合作的重要领域。我国中药类产品出口额每年近 50 亿美元，中医药服务出口额每年近 1 亿美元。"十三五"期间，中医药内容纳入 16 个自由贸易协定，建设 17 个国家中医药服务出口基地，中药类产品进出口贸易总额累计达到 281.9 亿美元，中医药服务与产品应用范围进一步扩大。随着中医药内容纳入更多的自由贸易协定以及在更多国家建立国家中医药服务出口基地，中医药国际贸易额将会有更大幅的增长。

截至 2022 年 6 月，我国已与 149 个国家开展"一带一路"合作，涉及人口约 50 亿，占世界总人口的 64%。伴随着共建"一带一路"的深入展开，中国与这些国家的联系更加紧密，中医药国际市场需求会比较快速地增长，中医药企业"走出去"的机会随之会越来越大。

为提升中医药企业国际竞争力和中医药产品国际影响力，我国鼓励中医药企业通过海外投资、品牌收购、兼并重组等方

式，在共建"一带一路"国家建立分公司、子公司，聘用当地员工，融入当地文化，加快培育产业链条完备的跨国公司和知名国际品牌。有些中医药企业已经在海外建立运营中心并经营多年，具备了一定的扩大投资的能力，将来中医药企业在条件成熟的国家开办中医医院或诊所、中医养生保健机构等的数量将会增加。此外，企业还可以探索在一些国家开发建立中药材种植基地，种植高质量药材并生产中药产品，在当地进行产品注册、开展临床应用，真正实现中医药的海外本土化发展。这将带动一大批当地民众参与到中药材种植中来，增加当地就业机会，提高当地人民的收入水平。这不仅有利于促进中医药"走出去"实现可持续的高质量发展，也有利于促进共建"一带一路"惠民生目标的实现。

此外，伴随着共建"一带一路"的深入推进，到共建国家开展商务活动的中资机构人员以及旅行人员数量也会增多，因此除了对中医药治疗方面的需求增加外，中医药教育、培训、科研、文化、法律、康养等服务业也会有比较大的发展空间。

三、更加深入地促进"一带一路"民心相通

中国推进高质量共建"一带一路"，建设有利于促进发展的互联互通体系，包括基础设施"硬联通"、标准规则"软联通"和民心相通"心联通"等重要方面。对于中医药而言，既是"软联通"的重要领域，更是"心联通"的基础和重要抓手。

从"软联通"角度看，发展中国家通常有用本土草药治病的传统或者自己的传统医药产业。因此，如何从中医药中提炼出一些规律性的方法并形成一定的标准和规范，与其他国家传统

医药的研制工艺、临床应用等相比较，相互借鉴、融合发展，能够实现在传统医学标准、规则方面的"软联通"。

从"心联通"来看，文化交流、教育合作、医疗卫生合作、体育交流、科技合作等都十分有利于促进民心相通。其中教育合作和医疗卫生合作能更直接促进民心相通，因为教育可以从语言和心智方面培养人的感情和价值观，而医疗卫生合作则可以通过消除身体疾病而使人享受人生幸福与快乐。

从 1963 年起，应一些发展中国家政府邀请，我国开始向这些国家派遣援外医疗队。在过去的近 60 年间，我国已向亚洲、非洲、拉丁美洲、欧洲和大洋洲的 71 个国家累计派遣医疗队员 2.8 万人次，诊治患者 2.9 亿人次，其中派往非洲国家的医务人员最多，累计 2.3 万人次，为非洲国家诊治患者 2.3 亿人次。至本文撰写时，我国在非洲 45 个国家的 98 个工作点上还有医疗队员近千人。中国医疗队被非洲当地人誉为"白衣使者""南南合作的典范"和"最受欢迎的人"，在这些医务人员中，既有西医医务人员，也有中医医务人员。

参与共建"一带一路"的国家多数是发展中国家，占共建国家总数的 77%。53 个同中国建交的非洲国家中，有 52 国以及非盟委员会已经同中国签署共建"一带一路"合作文件。将中医药发展深度融入共建"一带一路"之中，将直接为这些国家及其人民带来实实在在的好处。例如，针灸治疗是中医的重要组成部分，通过针灸、拔罐的方法治疗很多常见的症状或疾病如头疼、肩痛、失眠、神经痛、面瘫、颈椎病、疱疹等都有比较好的疗效，而且成本低，在比较贫穷的国家拥有广阔的市场。

通过在共建"一带一路"国家开办更多的各类中医药海外中心（如中医针灸中心、中药治疗室等），以及通过与相关国家联合建立更多的中医药国际合作基地等方式，一方面为当地人民以及所在国的中国居民、华侨等治疗，另一方面也能够培养各类中医药医务人员，使这些国家有兴趣从事中医药服务业的青年人找到新的就业机会。我们向71个国家派遣的医疗队，除了诊治患者，也为这些国家培训了几万人次的医务人员。中国—津巴布韦中医针灸中心是国家卫生健康委员会援津巴布韦中医针灸人才培训项目援建内容，该中心2020年正式建成并开始临床诊疗工作，已经为1000多位患者进行了针灸、艾灸、拔罐等治疗。除了开展临床诊疗工作外，还将为津巴布韦培训中医针灸人才。

当中医药深度融入共建"一带一路"后，中医药企业对外投资机会将增加。有的企业可以在海外种植、养殖一些特殊动植物作为中药原材料，如肉苁蓉、锁阳等中药种植能够改善沙漠化并为当地人民带来可持续的经济收入，牛黄等动物药也可以缓解我国此类药品的紧缺状况。这不仅为中国的中医药企业创造了新的发展机遇，也为相关国家提供了新的就业和创收机会，对改善当地民生具有积极作用。

中医药以其成本低、治疗效果好等传统优势已经赢得了世界很多国家人民的喜爱。特别是当中医药深度融入"一带一路"建设过程后，中医药将对增强民心相通起到重要的推动作用，进而为推动构建人类卫生健康共同体和人类命运共同体作出重要贡献。

第三部分

加强风险防控

聚焦政策沟通　促进区域经济合作发展

——2016 年对吉尔吉斯斯坦、哈萨克斯坦和格鲁吉亚实地调研的总体感受①

习近平总书记在 2016 年 8 月 17 日召开的推进"一带一路"建设工作座谈会上发表重要讲话时提出："聚焦政策沟通、设施联通、贸易畅通、资金融通、民心相通，聚焦构建互利合作网络、新型合作模式、多元合作平台，聚焦携手打造绿色丝绸之路、健康丝绸之路、智力丝绸之路、和平丝绸之路，以钉钉子精神抓下去，一步一步把'一带一路'建设推向前进，让'一带一路'建设造福沿线各国

---

① 2016 年 5 月 23—25 日，作者赴吉尔吉斯斯坦，对该国的道路交通建设、旅游资源开发等问题进行实地调研；5 月 26—27 日赴哈萨克斯坦，就该国的投资政策、PPP 运作模式、房地产市场开发等问题进行实地调研；5 月 28—29 日赴格鲁吉亚，对该国的外商投资政策、华商在当地的经营情况进行实地调研。基于对三国的实地调研，作者撰写了这篇调查报告，发表于《中国税务》2017 年第 1 期。

人民。"①其中第一个聚焦就是政策沟通。

前段时间，笔者到中亚的哈萨克斯坦（以下简称"哈"）、吉尔吉斯斯坦（以下简称"吉"）和西亚的格鲁吉亚（以下简称"格"）就"一带一路"建设问题进行调研，发现这些国家与中国在进一步的政策沟通与协调方面还有很大的潜力可以挖掘，如果这方面的工作做得更好一些，不仅有利于促进中国经济的可持续发展，更是将有力地促进整个地区经济更加协调的发展。

一、经济形势好转　发展前景可期

从调研的这三个国家来看，有一个共同的特点：2015年的经济形势跟前些年相比，表现出明显的恶化——经济增长率下滑、货币贬值、失业率上升。

哈萨克斯坦2014年的国内生产总值（GDP）年增长率为4.3%，哈政府和中央银行原预计2015年的GDP年增长率为4%～5%，但实际只增长了1.2%。哈相关部门负责人告诉笔者，2016年将是一个过渡年，经济增长也会在比较低的水平，大约为1%，但2017年可能会回升到2.5%左右。

除了GDP可能出现好转外，哈的制造业生产者价格指数（PPI）2016年上半年已经结束了其2015年大幅下滑到－30%的情况，回到了正增长的局面，全年可能会达到20%的增幅；通货膨胀率仍然还在一个比较高的水平，超过了10%，哈央行表示会控制在6%～8%的水平。从经常账户（Current Account）情况来看，2010—2014年，经常账户顺差占GDP的比重为2.1%，

① 《习近平谈治国理政》第二卷，外文出版社2017年版，第503页。

2015 年却出现了负值，也就是说经常账户赤字（逆差）占 GDP 比重高达 3.2%。但是哈政府预计 2016 年经常账户逆差会转为顺差，因为油价 2016 年会有一定的回升。总之，哈萨克斯坦的宏观经济形势从 2016 年可能好转的迹象比较明显。

吉尔吉斯斯坦独立建国 20 多年来，年平均 GDP 增长率在 4% 左右，2014 年增长 3.6%，2015 年稍有下滑，为 3.5%，但到 2016 年年初，情况变得异常严峻，第一季度的 GDP 增长率滑落到了 −4.9%，之后情况略为好转，上半年总体为 −2.3%，降幅有所收窄。相关部门负责人认为，下半年的情况将进一步改进，全年经济增长率会转为正增长，大约为 4%。这与国际货币基金组织（IMF）的预测比较一致（3.5%），回升势头比较强劲。

格鲁吉亚通常年份的 GDP 增长率为 5%～6%，但 2015 年下滑到了 2.8%。格宏观经济部门专家预计 2016 年的增长率会回升到 3.5% 左右，2017 年将回升到 5%～5.5% 的水平；汇率在 2015 年贬值 30% 后 2016 年估计升值 15% 左右；通胀率 2016 年会控制在 5% 以下。

二、投资需求巨大　合作空间广阔

一般而言，"一带一路"沿线国家都蕴藏着巨大的投资商机，包括投资于基础设施建设和资源开发领域等。通过对三个国家的实地调研，笔者发现除了这两大领域外，其他许多领域也有不少投资机会。

2005—2015 年，哈所吸引的外国直接投资（FDI）总量为 2220 亿美元。其中投资最多的领域是地质勘探，占 32%；其次是采矿业，占 26％；再次是冶金占接近 10％；最后是建筑、交通、物流合计才占 5％。由此可见，在这 11 年间，外国直接投资投到哈基础设施建设并不多，主要还是投到了地质勘探与采矿业，占了近 60％。

笔者这次到哈的政府和社会资本合作（PPP）中心了解投资项目和投资需求，发现主要的项目都是与基础设施相关的项目，涉及新的铁路、机场、输电线路、阿拉木图城市外环道路、阿拉木图轻轨、桥梁、供水系统、医院等建设项目。

哈投资发展部下属的国家出口和投资公司（Kaznex Invest）调研时发现，除了基础设施建设项目外，有 6 大产业也是哈政府目前积极支持外资进入的产业，包括：①冶金（钢铁冶金、非铁冶金）；②化工（农业化工、生产工业用化学品）；③石油化学工业（炼油、石化）；④机器制造（机动车、电气设备、农业机械工程、铁路机械工程、矿山设备、石油生产设备、油气精炼设备）；⑤建筑材料；⑥食品生产。

由此可见，从 2016 年开始，哈将引进外资的重点产业从过去的矿产品勘探与开采以及油气生产转向了以交通为主的基础设施建设和制造业，这非常有利于与我国的国际产能合作战略进行有效对接。

从吉尔吉斯斯坦的情况来看，其主要有三大领域与中国的合作潜力比较大。

（1）交通基础设施建设需要进一步加强。目前，吉主要干道建设包括其首都的主干道建设都是由中国路桥工程有限公司承建的，还有大量的建设项目需要开展。由于吉政府缺乏资金，目前的建设项目款大多是靠中国政府赠款、世界银行和亚洲开发银行等国际多边开发性金融机构的援助款或低息贷款来支付。

（2）旅游业开发潜力大。吉拥有世界上水深最深的高山湖——伊塞克湖，6300多平方千米的面积，是中亚地区著名的休闲疗养地。开发潜力还是很大的，目前沿湖的基础设施如道路、供水、供电等还比较差，加上土地制度的影响，吉政府后续将为相关旅游资源开发提供政策支持。

（3）水电开发有利于加快推进吉经济发展。目前，制约吉经济发展的一个重要方面就是电力供应不足，因此更好地利用吉比较丰富的水力资源发电具有重要经济价值和紧迫性。

从格鲁吉亚的情况来看，在"一带一路"建设背景下，格具有十分独特的区位优势，因为其正好位于欧洲和亚洲接壤处，加上其与欧盟之间的自由贸易区协定已生效，可以享受自由进入欧盟市场的好处。考虑到这样的有利因素，如何把格建设成为中国在"一带一路"框架下连接欧盟的一个重要货物流转中心，对于中格两国以及欧亚国家都具有重要的意义。

目前看来，格在以下几个方面具有一定发展潜力：

一是加强交通基础设施建设，如道路灯光建设、停车场建设、城市垃圾处理等；

二是在开发海洋资源方面有其独特优势；

三是旅游业发展还有一定的潜力，包括建设性价比合适的中等水平的旅馆就是一个重要的方面；

四是以经济适用房为主的房地产开发也还有一定空间；

五是农业生产以及农产品加工方面潜力较大；

六是目前的资金成本仍然比较高，金融市场开发潜力较大。

三、加强政策沟通　促进合作发展

为了更好地发挥哈、吉、格三国的独特优势，促进中国与三国经济合作的深入开展，我们有许多工作需要做，或者说需要进一步做好。其中至关重要的是要进一步加强中国与三国之间以及三国之间的政策沟通，促进更加务实的合作，实现共赢发展。

基于实地调研所取得的资料和得到的感受，针对这三个国家与中国的实际情况，笔者认为应该从以下几个方面加强政策沟通。

第一，金融和货币政策沟通。从这次实地调研中，笔者发现有两个与金融和货币政策相关的问题比较突出：一是三国普遍面临金融机构数量不足、资金供给短缺的问题，不论是政府还是企业，使用资金的成本都比较高，一般从银行贷款的年息都在15％以上，甚至更高；二是三国的汇率都很不稳定，尤其是2014年和2015年贬值比较厉害，三国平均大约贬值了40％。

针对这两个问题，如果三国与中国密切合作的话，是能够得到解决的：一是利用中国比较充裕的资金，在双边或多边政府之间进行充分的政策沟通基础上，通过鼓励和支持这三个国家到中国来发"熊猫债"而取得资金，然后回到自己国家使用；二是中国也可以借助欧洲复兴开发银行（EBRD）在这些国家的渠道，通过借钱给 EBRD 而对这些国家提供资金供给；三是为了更好地促进"一带一路"发展，可以考虑在中国股票市场上创建一个"一带一路"国际板，"一带一路"相关国家符合条件的企业可以通过这个专门板块来中国上市而获得其所需要的发展资金。

针对汇率不稳的问题，由于人民币纳入特别提款权（SDR）货币篮子，很快就可以用于国际结算、汇兑等金融服务了，这样就可以逐步建立一个在人民币基础上的"一带一路"金融稳定区，尤其是丝绸之路经济带金融稳定区。这既有利于稳定沿线国家的货币，也有利于从"一带一路"建设切入来推进人民币国际化进程。

第二，投资政策沟通。通过这次调研，笔者发现各国都有与中国建立更加密切的投资政策沟通的要求，哈萨克斯坦尤其强烈。实际上，哈政府与中国政府在投资政策方面的沟通应该说也是最好的，譬如说，两国之间在2016—2022年投资合作的框架性协议已经签署了，确定了主要的投资领域（包括农业以及农产品加工业、化学工业等）、主要项目、数量以及投资金额等。

哈为了促进外资进入，也新出台了一些鼓励外资的政策，譬如说，给予最多占总投资30%的实物补贴，甚至可以免费使用土地，在税收方面给予投资者企业所得税、土地税、房产税方面分别为10年、8年的免税，如果是到政府所划定的经济特区投资的话，还可以免除5年的社会税等。

哈一方面有不少投资良机，同时，一个不可忽略的问题是从2014年开始，哈已经准许澳大利亚、匈牙利、意大利、摩纳哥、比利时、西班牙、荷兰、马来西亚、新加坡、英国、美国、日本等国在一定时间内可以免签入境；从2017年开始，为经济合作与发展组织（OECD）成员国的人提供入境免签。中国不在免签之列，因此进一步的相关政策沟通十分必要。中国与吉尔吉斯斯坦和格鲁吉亚也需要有类似比较深入的投资政策沟通。

第三，贸易政策沟通。通过自贸区谈判，至本文发表时，中国与格鲁吉亚在贸易政策方面开始了很好的沟通，最终结果当然是一个对双方都有利的协议的达成。如果这一自贸区协议达成，那将是"一带一路"沿线国家中与中国达成的第一个自贸区协定，这也为中国与哈和吉之间签订类似协定提供了一个很好的模板，具有积极的示范效应。

第四，产业政策沟通。中亚国家具有农业、能源、矿产等方面的优势，但制造业不发达，工业化发展不足，中国在这些方面正好与这些国家形成了十分明显的互补。通过产业政策沟通，可以直接促进中国与这些国家在相关产业方面的互补性发展，从而实现共同的经济繁荣。

"一带一路"沿线国家综合发展水平测算、排序与评估[①]

为了更加有效地推进"一带一路"倡议实施与落实，促使"一带一路"建设取得更好效果，我们对"一带一路"沿线国家的综合发展水平进行了测算、排序，并在此基础上做出了初步评估，以供对"一带一路"倡议和"一带一路"建设感兴趣的各界人士参考。

本项研究所指的"一带一路"沿线国家，就是人们通常所说的沿"丝绸之路经济带"和"21世纪海上丝绸之路"分布的65个国家，包

---

① 为了对"一带一路"沿线国家的综合发展水平有一个比较清晰的了解和认识，为我们深入研究"一带一路"问题打好基础，2017年北京师范大学新兴市场研究院对"一带一路"沿线65个国家(包括中国)的经济发展、国家治理、资源利用、社会发展、结构转型等问题进行了比较系统的研究，出版了《"一带一路"沿线国家综合发展水平测算、排序与评估》一书(由中国大百科全书出版社出版)。这篇文章是作者执笔的这项研究成果的总报告，潘庆中教授参与合作研究，为本文第二作者。本文发表于《经济研究参考》2017年第15期。

括中国、蒙古国和俄罗斯、中亚 5 国、西亚北非 19 国、中东欧 19 国、东南亚 11 国、南亚 8 国。由此可见，我们所说的"一带一路"沿线国家基本上体现的是一个地理概念。

根据世界银行的统计[①]，"一带一路"沿线的这 65 个国家 2015 年年底总人口为 45.67 亿人，占世界总人口的 62.2%；土地面积 4990.12 万平方公里，占世界的 38.5%；GDP 总量为 22.86 万亿美元，占世界的 30.9%。也就是说，"一带一路"沿线国家近三分之二的人口在三分之一多一点的土地上创造了近三分之一的财富。因此从总体上讲，这一区域属于世界上一个比较典型的发展中地区。因此对这一区域的评估，对其他发展中国家或区域的研究也具有一定的参考价值。

一、"一带一路"沿线国家发展水平测算指标选择

为了对"一带一路"沿线国家的发展水平进行测算，我们首先必须准确地选定测算指标。在选择测算指标时，最重要的是要将发展与增长相区别。增长一般是指经济增长，也就是指财富增长，或者说是指物品与服务增长，这只是发展的一个方面，尽管是一个十分重要的方面；但发展的基本特征指的就是全面发展，是一个全面的概念，当然也包括经济增长与经济发展，但也包括了资源有效利用、经济结构优化、环境友好保护、国家治理改进、社会事业发展等各方面。

基于全面发展的基本理念，在测算"一带一路"沿线国家综合发展水平时，我们全面考虑了经济发展、国家治理、资源禀

---

① 数据来源：世界银行公开数据。

赋、环境保护、社会发展、营商环境、结构转型、规模效应等8个方面的发展情况，选择了23个能够较好地反映各方面发展水平的二级指标。

（1）经济发展。我们选择了名义GDP总量（美元现值折算）、名义人均GDP（美元现值折算）以及实际GDP增长速度三个指标来反映"一带一路"沿线国家的经济发展水平。选择名义GDP的原因是该指标可以比较全面地反映出一国的整体经济实力和经济规模；选择名义人均GDP的原因是该指标可以较好地反映出不同国家国民的平均富裕程度和生活水准；选取GDP增速的原因是该指标能比较好地反映出国家的经济增长与发展阶段。这三个指标分别从总量、人均和增速三个方面比较好地衡量"一带一路"沿线国家的经济发展水平。

（2）国家治理。我们选择用世界银行所使用的用于衡量世界各国治理水平的6个方面的指标来对"一带一路"沿线国家的治理水平进行对比分析。这6个方面的指标是指反馈问责、政治稳定、政府效率、规制质量、法律质量和腐败控制。世界银行在构建全球治理指标体系时认为，"治理"涵盖了一系列的传统和制度构建，正是通过这样的构建，各国政府和机构才得以行使权力并管理国家。实践已经证明，这套指标体系能够比较好地评估政府选举和监督机制的公平性和透明度，能够比较好地反映政府的政策制定和执行能力，能够比较好地衡量公民权益是否被充分尊重，能够比较好地评估社会监管机构是否有效运转。因此，我们借用世界银行用于计算全球治理指数的6个治理指标来评估"一带一路"沿线国家的治理水平和状况。

（3）资源禀赋。我们选择了人均耕地面积、人均水资源和人均化石能源三个指标来反映"一带一路"沿线各国的资源禀赋状况。丰富的耕地储备是农业发展的必要条件，也是一国经济腾飞的基础；充沛的水资源不仅是农业、制造业等各行各业得以快速发展的重要条件，更是直接影响国计民生的重要因素；"一带一路"沿线国家中有相当一部分国家的经济发展主要依赖石油、天然气等能源的出口，因此对这些国家而言，化石能源资源也是直接影响其中长期发展潜力与方向的重要因素。

（4）环境保护。我们选择了人均二氧化碳排放量和森林覆盖率这两个指标来反映"一带一路"沿线国家的环境保护状况与生态环境条件。之所以选择人均二氧化碳排放量，主要是因为这一指标能够比较好地反映出各国经济增长的能耗情况；而森林覆盖率则能够比较好地反映各国吸纳经济发展过程中产生的碳排放和污染物的环境条件。

（5）社会发展。我们选择了预期寿命、平均受教育年限、失业率和就业性别比4个指标来反映"一带一路"沿线国家的社会发展水平。参考联合国人类发展指数测算的指标选择，我们同样也主要是从健康、教育和经济三个方面来对"一带一路"沿线国家的社会发展状况进行评估的。其中，预期寿命可以很好地反映各国居民的生活品质与健康状况；平均受教育年限则可以反映出各国的人力资本水平；失业率可以反映出国民经济收入来源与水平；在就业性别比中，女性劳动力占总劳动力比重则可以反映出男女平等的程度以及女性在劳动力市场的参与度，也是衡量社会进步的一项重要指标。

（6）营商环境。我们借用了世界银行的企业营商环境指数来评估"一带一路"沿线国家的营商环境。这套指数体系分成两个板块，分别衡量政府对企业进行监管的有效性以及各国法律制度的完备性。前者用以衡量开办企业、办理施工许可、获得电力、登记财产、交税和跨境贸易所涉及的监管程序与效率；后者用于评估获得信贷、投资者保护、合同执行、破产办理、工人雇用等各方面的法律法规框架的健全性。这些指标从企业的角度，评估根据相关法规完成一项交易所需的手续、时间和成本。营商环境通过一个依据这10个指标综合得出的指数就可以清晰地反映出来。

（7）结构转型。我们选取了城镇化率和制造业增加值占GDP比重这两个指标来反映国家的总体结构变化与转型。城镇化率反映的是城乡结构的变化与转型，制造业增加值占GDP的比重反映的则是各国的工业化发展程度。由于"一带一路"沿线国家中的大多数国家都是发展中国家，因此工业化和城镇化发展对促进这些国家的整体发展具有十分重要的意义，所以我们选取这两个指标对"一带一路"沿线国家的结构变化与转型进行评估。

（8）规模效应。具有不同规模的国家，其发展路径和战略是有差别的，发展的效应也是不一样的。我们选取了总人口和国土总面积这两个指标对"一带一路"沿线国家的规模进行评估。经济发展存在一定的规模效应，人口集聚的国家拥有更为庞大的消费和劳动力市场，而一个国家拥有广阔的领土则意味着该国具备更为丰富的自然资源禀赋。因此，人口和面积较大的国家在经济发展过程中往往具备一定的优势。

二、"一带一路"沿线国家发展水平测算与排序方法

我们对"一带一路"沿线国家综合发展水平的测算和排序是建立在对这些国家综合发展指数计算的基础上的。为了计算这些国家的综合发展指数，我们首先构建了一个具有两层结构的评估模型来反映综合发展指数所包括的主要方面和内容。基于这些内容所计算出的综合值，就是不同国家的综合发展指数。

我们设计的这样一个双层结构评估模型所包括的一级指标涉及8个方面，分别是经济发展、国家治理、资源禀赋、环境保护、社会发展、营商环境、结构转型和规模效应；每个一级指标又细分为若干个二级指标，8个方面的内容共计有23个二级指标。同一级的不同指标之间是并列关系，而二级指标隶属于一级指标。指标之间的关系如图3-1所示。

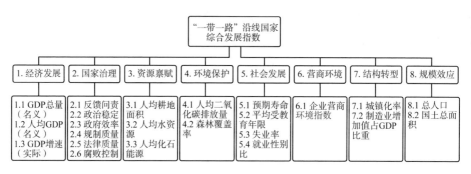

图3-1 "一带一路"沿线国家综合发展水平评估结构及其指标体系

在测算国家综合发展指数时，我们采用了由低到高逐层加权平均的定量计算方法。具体地讲，就是指总的综合发展指数是由8个一级指标等权平均所取得的，每个一级指标的数值又是由隶属该一级指标的所有二级指标通过等权平均所取得的。二级指标的数值则源于这个指标的实际统计数据。

如图3-1，根据指标含义的不同，二级指标的评估值有两种情况：一种情况是，对于指标体系中的"失业率"（5.3）和"人均二氧化碳排放量"（4.1）两项二级指标而言，数值越大，评估得分就越低，也就是说，数据最大的国家在该指标上反而被评为零分，数据最小的国家在该指标上则被评估为满分；另外一种情况，就是指二级指标的原始数据值越大，评估得分值就越高，数据最大的国家在相应的指标上的得分被评定为满分，数据最小的国家在相应的指标上就被评定为零分，这种情况比较普遍。

评估模型通过原始数据矩阵（DATA）、评分矩阵（SCORE）和排序矩阵（RANK）计算得到。计算过程分为三步。

第一步，构建原始数据矩阵（DATA）。

DATA 矩阵共有 65 行和 23 列，其元素是 X_{ij}。X_{ij} 表示第 i 个国家（$i=1$，…，65）对应第 j 项二级指标（$j=1$，…，23）的原始数据。DATA 矩阵的每一列对应于在某一个指标下所有国家的原始数据，而不同列的单位是不相同的。每一行对应于某一个国家在所有指标下的原始数据。于是，DATA 矩阵可记作：

$$\mathrm{DATA} = \begin{bmatrix} X_{11} & X_{12} & \cdots & X_{1\,23} \\ X_{21} & X_{23} & \cdots & X_{2\,23} \\ \vdots & \vdots & \vdots & \vdots \\ X_{65\,1} & X_{65\,2} & \cdots & X_{65\,23} \end{bmatrix}_{65 \times 23}$$

第二步，构建评分矩阵（SCORE）。

首先，根据 DATA 矩阵，构建出二级指标评分矩阵记为 $\mathrm{SCORE}^{(2)}$。$\mathrm{SCORE}^{(2)}$ 矩阵共有 65 行和 23 列，其元素是 $S_{ij}^{(2)}$。$S_{ij}^{(2)}$ 表示第 i 个国家（$i=1$，…，65）对应第 j 项二级指标（$j=1$，…，23）的评分结果。$\mathrm{SCORE}^{(2)}$ 矩阵的每一列对应于在某一个二级指标下所有国家的评分结果。$\mathrm{SCORE}^{(2)}$ 矩阵的每一行对应于某一个国家在所有二级指标下的评分结果。

对于情况一：数据越大，评分越低。设置原始数据取到最小值$\left(\min\limits_{i=1,\cdots,n} \{X_{ij}\} \right)$的国家评分为满分，原始数据取到最大值$\left(\max\limits_{i=1,\cdots,65} \{X_{ij}\} \right)$的国家评分为零分。那么，$S_{ij}^{(2)}$ 的计算公式为

$$S_{ij}^{(2)} = \frac{\max\limits_{i=1,\cdots,n} \{X_{ij}\} - X_{ij}}{\max\limits_{i=1,\cdots,n} \{X_{ij}\} - \min\limits_{i=1,\cdots,n} \{X_{ij}\}} \times 100$$

并且有 $0 \leqslant S_{ij}^{(2)} \leqslant 100$。对于失业率(5.3)和人均二氧化碳排放量(4.1)两项二级指标采用此计算式。

对于情况二：数据越大，评分越高。设置原始数据取到最大值$\left(\max\limits_{i=1,\cdots,n} \{X_{ij}\} \right)$的国家评分为满分，原始数据取到最小值$\left(\min\limits_{i=1,\cdots,65} \{X_{ij}\} \right)$的国家评分为零分。那么，$S_{ij}^{(2)}$ 的计算公式为

$$S_{ij}^{(2)} = \frac{X_{ij} - \min\limits_{i=1,\cdots,n} \{X_{ij}\}}{\max\limits_{i=1,\cdots,n} \{X_{ij}\} - \min\limits_{i=1,\cdots,n} \{X_{ij}\}} \times 100$$

并且有 $0 \leqslant S_{ij}^{(2)} \leqslant 100$。对于其他二级指标均采用此计算式。

由上述公式计算得到SCORE$^{(2)}$ 矩阵的每一个元素，从而得到SCORE$^{(2)}$ 的以下矩阵：

$$\text{SCORE}^{(2)} = \begin{bmatrix} S_{1\,1}^{(2)} & S_{1\,2}^{(2)} & \cdots & S_{1\,23}^{(2)} \\ S_{2\,1}^{(2)} & S_{2\,3}^{(2)} & \cdots & S_{2\,23}^{(2)} \\ \vdots & \vdots & \vdots & \vdots \\ S_{65\,1}^{(2)} & S_{65\,2}^{(2)} & \cdots & S_{65\,23}^{(2)} \end{bmatrix}_{65 \times 23}$$

然后，根据SCORE$^{(2)}$ 矩阵，构建出一级指标评分矩阵，记为SCORE$^{(1)}$。SCORE$^{(1)}$ 矩阵共有65行和8列，其元素是 $S_{ij}^{(1)}$。$S_{ij}^{(1)}$ 表示第 i 个国家($i=1$，…，65)对应第 j 项一级指标($j=1$，…，8)的评分结果。SCORE$^{(1)}$ 矩阵的每一列对应于在某一个一级指标下所有国家的评分结果。SCORE$^{(1)}$ 矩阵的每一行对应于某一个国家在所有一级指标下的评分结果。假设第 j 项一级指标($j=1$，…，8)包括的二级指标是SCORE$^{(2)}$ 矩阵中的第 s 列至第 t 列，设第 p 列($s \leqslant p \leqslant t$)的权重为 $w_p^{(2)} \geqslant 0$。那么，$S_{ij}^{(1)}$ 等于所有二级指标的加权平均值，计算公式为

$$S_{ij}^{(1)} = \frac{\sum\limits_{p=s}^{t} (S_{ij}^{(2)} \cdot w_p^{(2)})}{\sum\limits_{p=s}^{t} w_p^{(2)}}$$

并且有 $0 \leqslant S_{ij}^{(1)} \leqslant 100$。本报告选取权重均为1，由此公式计算得到 SCORE$^{(1)}$ 矩阵的每一个元素，从而得到 SCORE$^{(1)}$ 的以下矩阵：

$$\text{SCORE}^{(1)} = \begin{bmatrix} S_{11}^{(1)} & S_{12}^{(1)} & \cdots & S_{18}^{(1)} \\ S_{21}^{(1)} & S_{23}^{(1)} & \cdots & S_{28}^{(1)} \\ \vdots & \vdots & \vdots & \vdots \\ S_{651}^{(1)} & S_{652}^{(1)} & \cdots & S_{658}^{(1)} \end{bmatrix}_{65 \times 8}$$

最后，根据 SCORE$^{(1)}$ 矩阵，构建出发展指数评分矩阵（SCORE）。SCORE 矩阵共有 65 行和 1 列，其元素是 S_i。S_i 表示第 i 个国家（$i=1$，…，65）对应发展指数的评分结果。假设第 j 项一级指标（$j=1$，…，8）的权重为 $w_j^{(1)} \geqslant 0$。那么，S_i 等于 8 个一级指标的加权平均值，计算公式为

$$S_i = \frac{\sum\limits_{j=1}^{8}(S_{ij}^{(1)} \cdot w_j^{(1)})}{\sum\limits_{j=1}^{8} w_j^{(1)}}$$

并且有 $0 \leqslant S_i \leqslant 100$。本报告选取权重均为1，由此公式计算得到 SCORE 矩阵的每一个元素，从而得到 SCORE 的以下矩阵：

$$\text{SCORE} = \begin{bmatrix} S_1 \\ S_2 \\ \vdots \\ S_{65} \end{bmatrix}_{65 \times 1}$$

第三步，构建评分矩阵（RANK）。

先是根据 SCORE$^{(2)}$ 矩阵，构建出二级指标排序矩阵，记为 RANK$^{(2)}$。RANK$^{(2)}$ 矩阵共有 65 行和 23 列，其元素是 $R_{ij}^{(2)}$。$R_{ij}^{(2)}$ 表示第 i 个国家（$i=1$，…，65）对应第 j 项二级指标（$j=1$，…，23）的排序结果。RANK$^{(2)}$ 矩阵的每一列对应于在某

一个二级指标下所有国家的排序结果。RANK$^{(2)}$ 矩阵的每一行对应于某一个国家在所有二级指标下的排序结果。把 SCORE$^{(2)}$ 矩阵的第 j 列元素按由高到低的顺序排列，那么 $R_{ij}^{(2)}$ 就等于 $S_{ij}^{(2)}$ 在这个排列中的位置顺序，计算公式为

$$R_{ij}^{(2)} = \text{Rank}\{S_{ij}^{(2)} \mid [S_{ij}^{(2)}]_{i=1,\cdots,65}\}$$

并且有 $1 \leqslant R_{ij}^{(2)} \leqslant 65$。$R_{ij}^{(2)} = 1$ 表示该国家这项指标在 65 个国家中评分最高，位列第一名；$R_{ij}^{(2)} = 65$ 表示该国家这项指标在 65 个国家中评分最低，位列最后一名。由此公式计算得到 RANK$^{(2)}$ 矩阵的每一个元素，从而得到 RANK$^{(2)}$ 的以下矩阵：

$$\text{RANK}^{(2)} = \begin{bmatrix} R_{11}^{(2)} & R_{12}^{(2)} & \cdots & R_{1\,23}^{(2)} \\ R_{21}^{(2)} & R_{23}^{(2)} & \cdots & R_{2\,23}^{(2)} \\ \vdots & \vdots & \vdots & \vdots \\ R_{65\,1}^{(2)} & R_{65\,2}^{(2)} & \cdots & R_{65\,23}^{(2)} \end{bmatrix}_{65 \times 23}$$

然后，根据 SCORE$^{(1)}$ 矩阵，构建出二级指标排序矩阵（RANK$^{(1)}$）。RANK$^{(1)}$ 矩阵共有 65 行和 8 列，其元素是 $R_{ij}^{(1)}$。$R_{ij}^{(1)}$ 表示第 i 个国家（$i=1,\cdots,65$）对应第 j 项一级指标（$j=1,\cdots,8$）的排序结果。RANK$^{(1)}$ 矩阵的每一列对应于在某一个一级指标下所有国家的排序结果。RANK$^{(1)}$ 阵的每一行对应于某一个国家在所有一级指标下的排序结果。把 SCORE$^{(1)}$ 矩阵的第 j 列元素按由高到低的顺序排列，那么 $R_{ij}^{(1)}$ 就等于 $S_{ij}^{(1)}$ 在这个排列中的位置顺序，计算公式为

$$R_{ij}^{(1)} = \text{Rank}\{S_{ij}^{(1)} \mid [S_{ij}^{(1)}]_{i=1,\cdots,65}\}$$

并且有 $1 \leqslant R_{ij}^{(1)} \leqslant 65$。$R_{ij}^{(1)} = 1$ 表示该国家这项指标在 65 个国家中评分最高，位列第一名；$R_{ij}^{(1)} = 65$ 表示该国家这项指标在 65 个国家中评分最低，位列最后一名。由此公式计算得到 RANK$^{(1)}$ 矩阵的每一个元素，从而得到 RANK$^{(1)}$ 的下面的矩阵：

$$\text{RANK}^{(1)} = \begin{bmatrix} R_{11}^{(1)} & R_{12}^{(1)} & \cdots & R_{18}^{(1)} \\ R_{21}^{(1)} & R_{23}^{(1)} & \cdots & R_{28}^{(1)} \\ \vdots & \vdots & \vdots & \vdots \\ R_{651}^{(1)} & R_{652}^{(1)} & \cdots & R_{658}^{(1)} \end{bmatrix}_{65 \times 8}$$

最后，根据 SCORE 矩阵，构建出排序矩阵（RANK）。RANK 矩阵共有 65 行和 1 列，其元素是 R_i。R_i 表示第 i 个国家（$i=1$，$\cdots$，65）发展指数的排序结果，那么将 SCORE 矩阵的这一列元素按由高到低的顺序排列，R_i 就等于 S_i 在这个排列中的位置顺序，计算公式为

$$R_i = \text{Rank}\{S_i \mid [S_i]_{i=1,\cdots,65}\}$$

并且有 $1 \leqslant R_i \leqslant 65$。$R_i = 1$ 表示该国家这项指标在 65 个国家中评分最高，位列第一名；$R_i = 65$ 表示该国家这项指标在 65 个国家中评分最低，位列最后一名。于是，RANK 矩阵可记作：

$$\text{RANK} = \begin{bmatrix} R_1 \\ R_2 \\ \vdots \\ R_{65} \end{bmatrix}_{65 \times 1}$$

三、数据来源及其相关处理方法

我们这项研究基本上属于宏观层面的研究，因此我们选择国际上比较权威的数据库作为我们数据来源的基础，包括世界银行的各类数据库如世界发展指数、全球治理指数、营商环境指数等数据库；也使用了联合国系统的数据库，如联合国粮农组织、联合国开发计划署、联合国工发组织、联合国贸发

组织等的数据库，以及其他一些数据库，如全球生态环境遥感监测数据库、BP公司的能源数据库、圣路易斯联储经济数据库等。

本研究主要用的是2014年的实际统计数据，为了便于进行趋势分析，我们也根据具体情况选用了其他年份的一些数据。对于个别国家缺失个别年份的数据的情况，我们采用线性插值法进行填补。具体来说，就是根据过去可得的连续3年的数据，求得一个平均值，然后以此平均值来代表当年缺失的数值。

四、测算结果与排序

根据以上我们设计的测算方法，运用世界银行、联合国系统相关机构以及国际权威机构所提供的相关数据，我们既得出了与发展相关的8个重要方面的专项得分和专项排序（见表3-1），也得出了由8个方面整合而成的综合发展得分和综合发展排序（见表3-1）。

表3-1 "一带一路"沿线国家分项及综合发展水平测算结果与排序（2014年）

综合发展排序	国家	分项发展排序								综合发展得分（满分100）
		经济发展	国家治理	资源禀赋	环境保护	社会发展	营商环境	结构转型	规模效应	
1	新加坡	3	1	65	41	2	1	1	51	56.1
2	中国	1	40	54	37	26	39	2	1	52.4
3	马来西亚	13	15	23	5	23	3	4	23	51.2

续表

综合发展排序	国家	分项发展排序								综合发展得分（满分100）
		经济发展	国家治理	资源禀赋	环境保护	社会发展	营商环境	结构转型	规模效应	
4	爱沙尼亚	25	2	12	29	3	6	24	55	48.9
5	立陶宛	31	5	6	18	11	5	13	46	48.8
6	拉脱维亚	42	8	8	7	13	4	32	48	48.3
7	俄罗斯	26	46	4	24	12	27	23	3	47.5
8	捷克	35	3	30	33	4	17	5	36	47.2
9	斯洛文尼亚	16	6	44	9	5	13	31	59	47.1
10	波兰	22	4	31	32	8	10	25	22	45.8
11	以色列	7	11	61	57	1	11	8	42	45.2
12	格鲁吉亚	39	16	25	12	20	2	43	43	45.1
13	文莱	44	9	5	13	19	29	20	64	44.8
14	斯洛伐克	33	7	36	19	16	14	28	44	44.6
15	匈牙利	28	12	20	31	9	24	11	35	43.8
16	卡塔尔	2	13	3	65	36	12	10	60	42.5
17	泰国	57	36	33	25	22	8	9	15	42.0
18	罗马尼亚	43	19	18	27	15	30	18	26	41.8
19	保加利亚	55	22	14	26	21	18	19	38	41.6
20	白俄罗斯	53	44	11	17	6	23	3	30	41.4
21	不丹	34	17	2	2	50	43	61	58	40.7
22	阿联酋	4	10	26	62	44	7	21	39	40.1
23	印度尼西亚	19	35	41	6	46	51	12	4	39.5
24	黑山	54	20	35	4	30	22	51	62	39.4
25	克罗地亚	58	14	29	20	24	31	36	45	39.3
26	土耳其	30	28	32	38	47	20	14	11	38.2
27	北马其顿	45	21	42	15	54	9	42	57	38.2

续表

综合发展排序	国家	分项发展排序								综合发展得分（满分100）
		经济发展	国家治理	资源禀赋	环境保护	社会发展	营商环境	结构转型	规模效应	
28	越南	23	42	52	11	18	42	41	14	37.1
29	哈萨克斯坦	21	41	1	59	7	32	46	6	37.0
30	菲律宾	18	33	55	23	40	41	27	13	36.5
31	亚美尼亚	47	37	48	36	29	15	34	52	36.1
32	蒙古国	11	26	19	54	27	33	44	12	36.0
33	摩尔多瓦	41	38	16	35	10	26	49	50	36.0
34	印度	6	39	53	28	58	58	58	2	35.8
35	沙特阿拉伯	8	31	21	61	51	16	16	8	35.2
36	塞尔维亚	64	23	17	30	35	40	33	41	35.1
37	巴林	9	25	51	63	38	21	7	63	35.0
38	老挝	14	45	9	1	39	55	59	32	34.8
39	斯里兰卡	37	34	56	14	25	37	57	31	34.7
40	阿曼	27	18	37	60	53	19	26	29	34.3
41	阿尔巴尼亚	56	24	27	21	31	44	52	54	34.1
42	约旦	48	27	62	53	52	45	6	40	33.5
43	阿塞拜疆	50	47	34	39	14	25	55	37	32.4
44	黎巴嫩	51	48	60	42	37	36	17	49	32.0
45	乌克兰	65	49	7	40	17	49	29	17	31.7
46	科威特	29	30	10	64	43	38	15	53	31.6
47	柬埔寨	17	52	24	3	34	56	60	28	31.3
48	吉尔吉斯斯坦	46	54	28	48	28	28	48	33	30.7
49	波黑	59	32	22	16	55	53	54	47	30.5
50	马尔代夫	15	29	64	51	41	34	64	65	30.5
51	缅甸	10	61	15	10	49	64	35	16	29.1

续表

综合发展排序	国家	分项发展排序								综合发展得分（满分100）
		经济发展	国家治理	资源禀赋	环境保护	社会发展	营商环境	结构转型	规模效应	
52	东帝汶	36	50	43	8	57	63	37	61	28.5
53	伊朗	32	57	38	56	56	46	30	7	28.4
54	尼泊尔	38	51	47	22	42	35	65	25	28.4
55	土库曼斯坦	5	60	13	58	48	52	38	24	27.8
56	孟加拉国	24	53	57	34	45	59	45	10	27.5
57	乌兹别克斯坦	12	59	49	47	33	60	39	21	26.9
58	埃及	52	55	59	52	59	47	40	9	26.0
59	塔吉克斯坦	20	58	45	43	32	61	50	34	25.7
60	巴基斯坦	40	56	50	45	60	48	53	5	25.7
61	巴勒斯坦	62	43	63	46	62	54	22	56	25.6
62	伊拉克	63	62	46	55	63	57	47	19	19.2
63	也门	49	63	58	50	64	50	62	20	18.9
64	叙利亚	61	65	40	49	61	62	56	27	18.2
65	阿富汗	60	64	39	44	65	65	63	18	14.9

资料来源：作者测算结果。

根据我们的评估结果，"一带一路"沿线 65 个国家综合发展水平最高的 20 个国家是新加坡、中国、马来西亚、爱沙尼亚、立陶宛、拉脱维亚、俄罗斯、捷克、斯洛文尼亚、波兰、以色列、格鲁吉亚、文莱、斯洛伐克、匈牙利、卡塔尔、泰国、罗马尼亚、保加利亚、白俄罗斯；同样从我们的评估结果来看，如果我们从综合发展水平最差的国家开始排序的话，20 个发展水平最低的国家分别是阿富汗、叙利亚、也门、伊拉克、巴勒斯坦、巴基斯坦、塔吉克斯坦、埃及、乌兹别克斯坦、孟加拉国、土库曼斯坦、尼泊尔、伊朗、东帝汶、缅甸、马尔代夫、波黑、吉尔吉斯斯坦、柬埔寨、科威特；其他的 25 个国家处于中间状态。如果我们将这样的结果通过点状图来表示的话，就是图 3-2 所示的分布状况。

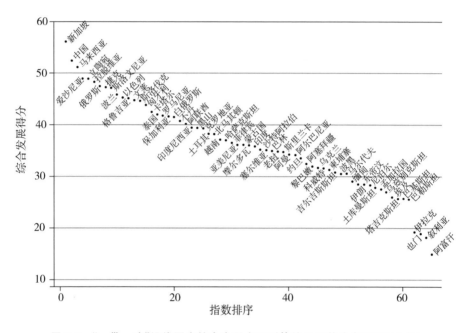

图 3-2 "一带一路"沿线国家综合发展水平测算结果及其分布图（2014 年）
资料来源：根据作者测算结果制图。

五、主要结论与建议

基于我们对"一带一路"沿线国家发展水平的测算与排序，我们的主要结论与相关政策建议如下。

1. 政治与治理至关重要

凡是国家政局不稳或者在国家治理方面存在比较大的问题的国家，基本上是该地区发展最落后的国家；相反，凡是政治与国家治理水平高的国家，基本上都进入了高综合发展水平国家的行列。

从综合发展水平来看，排在最后的 4 个国家分别为阿富汗、叙利亚、也门和伊拉克，这 4 个国家也正好是在国家治理方面排在最后面的国家，只不过在排序上稍有变化而已。国家治理方面排在后 4 位的分别是：叙利亚、阿富汗、也门和伊拉克。其他综合发展水平排在最后 10 位的国家，大多也是在政治与治理方面排在最后 10 位的国家，如巴基斯坦、塔吉克斯坦、乌兹别克斯坦等国家。

与此相反，我们发现一些国家正是因为其政治与国家治理水平高，基本上都进入了发展前列，譬如说新加坡、爱沙尼亚、捷克、波兰、以色列，这 5 个国家在资源、规模等方面都处于不利地位，经济发展也不甚突出（新加坡除外），但这几个国家在综合发展水平排序中都位列前 11，这几个国家在政治与国家治理方面分别位列第 1、第 2、第 3、第 4、第 11 的优先位置。

这说明，政局稳定是国家发展的基本前提，没有国家的政局稳定，就根本谈不上发展。因此，促进“一带一路”沿线发展的当务之急与头等大事，就是要尽一切努力促进政局稳定，然后努力提升其国家治理能力，改善国家治理水平。

2. 经济发展很不平衡

“一带一路”沿线 65 个国家 2015 年人均 GDP 的平均值为10274 美元，其中高收入国家共有 18 个，其平均的人均 GDP 水平为 25765 美元；中高收入国家 22 个，平均的人均 GDP 为6560 美元；中低收入国家 23 个，平均人均 GDP 为 2186 美元；低收入国 2 个(阿富汗、尼泊尔)，平均人均 GDP 只有 661 美元。高收入国家人均 GDP 是低收入国家人均 GDP 的 39 倍。18 个高收入国家中，有 12 个处于综合发展水平的前 16 位，这说明良好的经济发展，直接有助于促进其他方面的发展。

从"一带一路"沿线区域经济发展的情况来看，在综合排名前 10 的国家中，有 6 个是中东欧国家，占 60％；在前 20 的国家中，中东欧仍然有 11 个国家，占 55％。中东欧国家只有 19 个，仅占 65 个"一带一路"沿线国家的 29％。这表明中东欧地区的整体发展水平相对较高。相反，在综合发展平最低的 10 个国家中，西亚北非地区占了 6 个，占 60％，这与中东地区长期以来的政治动荡直接相关。

3. 能源优势显著，合作前景广阔

2015 年世界化石能源生产总量为 113.9 亿吨油当量，其中"一带一路"沿线国家生产了 69.3 亿吨油当量，占 61％，北美地区仅占 20％，南美和非洲地区的生产量更是分别只有 5.4％、6.5％。石油输出国组织(OPEC)的主要成员国基本上都集中在"一带一路"沿线的中东地区。具体而言，"一带一路"沿线国家 2015 年生产了占世界总量 70％的煤炭(其中中国位居世界第一，占 48％；印度位居世界第三，占 7％；印度尼西亚占比 6％；俄罗斯占比 5％)、57％的石油(仅沙特阿拉伯 2015 年就生产了占全球 13％的石油，居世界第一；俄罗斯 2015 年也生产了 5 亿多吨石油，占全球 12.4％，居世界第三)、53％的天然气(中东地区占 17％，俄罗斯占 16％，中国、东南亚和印度合计占 12％)和 47％的电力。"一带一路"沿线国家是世界上最重要的能源生产基地。

从消费来看，2015 年，全球化石能源总消费量为 113 亿吨油当量，其中"一带一路"沿线国家消费了 59 亿吨油当量，占 52％。从品种来看，"一带一路"沿线国家 2015 年消费了全球

72％的煤炭、46％的天然气和40％的石油。以中国、印度和俄罗斯为例，2015年中国消费了全球50％的煤，排世界第一；印度消费了10％，排世界第二。同年中国的石油消费排世界第二，印度排第三，俄罗斯排第五。俄罗斯在世界天然气消费中排第二，中国排第三，两国共消耗了超过世界60％的天然气。至2017年，"一带一路"沿线国家的人均化石能源消费水平仍然是低于全球平均水平的，更是只有欧盟一半的水平，所以增长的潜力还很大。根据BP公司前几年的预测，2030年发展中国家的一次能源消费将占到全球消费总量的93％①。"一带一路"沿线国家的能源消费将进一步增长。

尽管"一带一路"沿线国家的能源生产和消费量都很大了，但由于生产和消费在不同国家之间的差距很大，不少能源消费大国的生产量并不能满足其需求，譬如印度。即使是中国，石油和天然气也需要大量进口。同时，不少能源生产大国，其生产量大大高于其消费量，如中东地区的许多国家以及俄罗斯、哈萨克斯坦等，这就为"一带一路"沿线国家提供了巨大的能源合作机会，十分有利于促进这些国家的互利共赢发展。

4. 结构转型加速推进

其主要表现在两个方面。一是"一带一路"沿线国家制造业发展势头十分强劲，制造业增加值占GDP比重加速上升，2015年已经占GDP的22.4％，成为世界上制造业平均增长速度最快的地区；制造业增加值从1990年仅占世界总量的17.8％快速增加到2015年占世界的40.3％，制造业比较优势十分显

---

① *BP Energy Outlook 2030*，https://www.bp.com/content/dam/bp/business-sites/en/global/corporate/pdfs/energy-economics/energy-outlook/bp-energy-outlook-2013.pdf，浏览时间：2014年12月5日。

著。二是"一带一路"沿线国家城镇化率快速增长，1960—2014 年年均增长 1.3 个百分点，大大高于同期世界平均水平（高 0.4 个百分点），2014 年平均水平达到了 46.8%。

5. 挑战仍然严峻

"一带一路"沿线国家的综合发展水平确实在不断提升，但目前也存在一些问题。如果这些问题得不到有效解决，其进一步的可持续发展将会受到不利影响。基于我们的研究，目前制约这些国家发展的主要问题表现在以下几个方面。

一是粮食安全没有保障，多数国家需要通过进口满足其粮食需求。该区域由于人口很多，而耕地、淡水等农业资源的人均量比较少，加上农业生产多处于粗放经营阶段，粮食产量普遍比较低，因此该地区的粮食安全目前仍然是没有保障的。

尽管世界上的耕地大国如印度（世界第一）、中国（世界第四）、俄罗斯（世界第三）都集中在该区域，但由于印度和中国都是人口大国，因此人均量很少；其他大多数国家的人均耕地面积也很少，超过一半国家（55.4%）的人均耕地面积低于世界平均水平。世界人均水资源为 0.6 万立方米，"一带一路"沿线国家人均水资源为 0.3 万立方米。加上多数国家农业粗放经营（70%），粮食产量普遍较低（世界平均谷物产量为 3.9 吨/公顷，"一带一路"沿线国家平均只有 3.5 吨/公顷），因此"一带一路"沿线国家中有 63% 都是需要通过进口粮食来满足其基本需求的，粮食安全是区域进一步健康发展需要十分关注和认真改进的大问题。

二是有些国家对能源的依赖性太强，其经济的可持续发展基础比较脆弱。中东地区和俄罗斯、哈萨克斯坦等都拥有十分丰富的能源资源，因此这些国家通过开采其能源资源，很容易就可以致富。截至本文撰写时，在"一带一路"65 个沿线国家

中，有 10 个国家的石油出口占其货物贸易总出口的比重超过了
50%，如科威特占了 95%、阿塞拜疆和文莱都占到了 93%、卡
塔尔占 88%、沙特阿拉伯占 85%、阿曼占 84%、哈萨克斯坦占
77%等。[①] 其中人均 GDP 在"一带一路"沿线国家排名前五位的
国家（卡塔尔、新加坡、阿联酋、科威特、文莱），除新加坡外，
都是能源储备丰富的国家，这是与其能源出口紧密联系的。这
本来是好事，但如果这些国家单纯地、长期地把其能源储备作
为其经济增长的唯一驱动力的话，当其能源资源开采过度或国
际市场上的能源价格波动过大时，就会严重地影响其长期的可
持续经济发展。

三是金融市场不太稳定。由于"一带一路"沿线一些国家的
开放程度相对比较高，尤其是新加坡，实行零关税，中东欧国
家如匈牙利、爱沙尼亚、捷克等国家的外贸依存度都在 150%左
右，加上我们以上提到的不少国家对国际能源市场的依赖性也
很高，因此一旦国际市场出现波动，这些国家的金融市场就会
随之波动，进而引起整个经济体系的波动。2008 年和 2009 年的
全球金融危机以及 2014 年、2015 年国际市场石油与大宗商品价
格大幅下滑都引起了一些"一带一路"沿线国家的金融市场波动，
俄罗斯、哈萨克斯斯坦、格鲁吉亚等国家的货币都贬值比较大，
利率上升，经济增长率大幅下滑（如俄罗斯 2015 年经济增长率
为 -3.7%）、通货膨胀高企、失业率也上升。

四是对气候变化影响大。由于"一带一路"沿线国家是化石
能源生产与消费的中心，尤其是煤的生产和消费量很大（煤通常
所排放的二氧化碳超过 40%），加上这些国家进入工业化加速发
展阶段，因此二氧化碳排放量很大。至 2017 年，"一带一路"沿

---

① 数据来源：世界银行 WDI 数据库。

线国家已经排放了超过全球一半的二氧化碳，20世纪90年代初所占比重只占40%左右。因此，调整能源消费结构，降低二氧化碳排放，也是本区域的重要任务之一。

五是城乡之间存在比较明显的"二元结构"问题。其中一个重要原因就是工业化发展滞后于城镇化发展，不少国家的城镇化率与工业增加值占GDP比重之比甚至小于1（发达国家通常在3～4），大量农业剩余劳动力长期滞留在农村，造成城乡之间不仅没能伴随着国家工业化的发展而缩小收入等方面的差距，反而有所扩大。

6. 新阶段促进发展的重要战略与政策选择

"一带一路"沿线国家发展目前进入了一个新的历史发展阶段。针对目前的主要问题，"一带一路"沿线国家促进其综合发展，需要重点实施好以下几项发展战略或政策。

一是继续坚持开放发展战略。在"一带一路"沿线国家中，综合发展水平最高的，都是在开放发展方面做得最好的国家，最典型的例子就是新加坡，其资源十分匮乏，但由于坚持开放发展，其综合发展水平最高。中东欧国家的情况也比较类似，由于其充分的开放性，尤其是对西欧国家开放，其综合发展水平普遍比较高。"一带一路"建设为沿线国家提供了在新的历史时期实现开放发展的新机遇，积极融入其中，沿线各国通过实施优势互补的区域合作，都将获得更好发展。

二是实现国家政治稳定，提升国家治理能力和水平。西亚北非地区和南亚地区目前最重要的战略和任务就是稳定其政治局势，避免其长期陷入政局动荡之中，为促进发展创造良好的政治环境与基础。其他国家主要是要加强快速转型期的各项制度建设，坚持依法治国，大力发展教育事业，规范和改进营商环境，遏制腐败，增强政府管理发展事务的能力，助力提升各自发展水平。

三是充分利用"一带一路"建设机遇，用好亚投行、丝路基金以及其他各种新的融资安排，加强基础设施建设，促进各国通过互联互通实现互利共赢，实现共同发展。

四是更加集约地利用农业资源，提高农业生产效率，保障粮食安全。贫困在"一带一路"沿线国家，还是一种比较普遍的现象，有25个国家仍然处于贫困状况。对于这些国家而言，发展的首要任务就是要解决这些国家人民吃饱饭的问题，因此深化农业改革、促进农村发展对沿线国家具有特别重要的意义。

五是充分利用该区域的能源资源优势，加强能源生产者和能源消费者之间的密切合作，实现共赢发展。

六是积极开展金融合作，为实现区域共同发展提供充足的融资支持。通过"一带一路"建设项目，中国有机会更多地参与到沿线国家的发展进程中，为区域基础设施建设、产能合作、工业化和城镇化发展等提供更多的融资；在"一带一路"区域合作框架下，沿线国家将有更多机会通过多种方式从中国取得发展资金，促进各国的加快发展和区域经济繁荣。

七是适应时代发展新要求，沿线国家都要努力实现可持续发展。那些后发国家，可以通过实施跨越式发展战略直接推进国家的可持续发展，努力通过参与"一带一路"建设与联合国《2030年可持续发展议程》进行有效对接；大多数国家可能要推进发展战略与发展计划的转型，瞄准联合国大会的可持续发展目标来调整现有发展规划与行动。同时，沿线各国要加强可持续发展合作，共同推进区域可持续发展。

新形势下"一带一路"建设行稳致远①

  "一带一路"建设实施近七年来取得了举世瞩目的成就，对外成为讲好中国故事、贡献中国方案、打造人类命运共同体的重要载体，对内成为新时代引领全国扩大开放、发展更高水平开放型经济的主要抓手。2020年以来，新冠疫情给全球经济生活带来巨大冲击，也给"一带一路"建设发展带来了不利影响。但与此同时，疫情也给"一带一路"建设带来了新的机遇。因此，我们只要能审时度势，从实际出发，深刻认清"一带一路"建设的阶段性特征，就能在复杂的环境中把握好方向，克服困难、抓住机遇，继续推进"一带一路"建设行稳致远，不断取得新发展。

---

① 本文发表在《中国外汇》2020年第20期上。

一、疫情下扬长避短，"一带一路"建设特色突出

新冠疫情给"一带一路"建设带来了不少现实困难。第一，疫情使世界上很多国家被迫在一定时期关闭国门，严格限制其他国家的人员、设备、原材料等生产要素流入本国，全球供应链/产业链出现受阻/断裂，造成有些"一带一路"建设项目因为生产要素供给跟不上而出现停工或开工不足的现象。第二，新冠疫情造成全球经济萎缩，发展中国家经济增长率大幅下滑，国家财政收入大幅减少，因此未来几年对重大建设项目的资金和其他资源方面的支持力度会有所下降；此外，不少国家还出现了企业大量破产、银行坏账大幅上升、外资大量流出、本币贬值等情况，也给"一带一路"建设带来了不利影响。这些不利影响直接累及我国参与"一带一路"建设的企业：一些企业及其所开发的项目、产业园区甚至出现了较严重亏损，加上无法及时得到项目所在国政府的支持与帮助，面临破产倒闭风险。但同时也应看到，在当前①复杂的形势下，"一带一路"建设也表现出强劲的韧性、顽强的生命力，并呈现出诸多亮点。

一是中欧班列逆势上升。新冠疫情全球大流行，世界各国普遍停航停飞；而跨境铁路运输由于具有分段运输、不涉及人员检疫等特点，受疫情影响较小。这使得部分原本通过海运/空运的货物改走铁路运输，从而给中欧班列带来了快速发展的机会。另外，疫情使得短期内欧洲国家对医疗防护设施和相关产品的需求大幅增加，而中国由于疫情防控形势较好，复工复产

---

① 指本文撰写时，下同。

较快，在短期内为欧洲国家生产了大量所需产品，进一步增加了中欧班列的运输量。此外，由于欧洲有些国家的城镇和乡村地区既没有机场，也不临海，铁路运输则成其唯一选择。综合上述因素，中欧班列 2020 年开行次数和货运量不仅没有下降，反而逆势上升。根据中国国家铁路集团有限公司的数据，从中欧班列开行数量看，2020 年 1 至 2 月平均每月不到 600 列，3 月增加到 809 列，4 月增加到 979 列，5 月超过 1000 列，达1033 列。随后的 6 月、7 月、8 月也都超过 1000 列，分别为1169 列、1232 列和 1247 列，持续保持增长态势。从发送货物量来看，2020 年 3 月是 7.3 万标箱，4 月 8.8 万标箱，5 月增加到 9.3 万标箱，7 月和 8 月均为 11.3 万标箱。

二是电商贸易另辟蹊径。新冠疫情全球大流行初期，世界贸易组织曾在 2020 年 4 月初做出预测，认为 2020 年全球货物贸易量将下降 12.9％～31.9％。但世贸组织在 10 月初对预测进行了更新，认为 2020 年全球货物贸易量只会下降 9.2％。2020 年全球贸易实际情况之所以比预期要好，除了疫情防控取得了一定成效外，电商对于促进疫情下的跨国贸易也起到了积极作用。以中国为例，根据国家统计局的数据，2020 年 1—7 月，我国实物商品网上零售额达 5.1 万亿元人民币，同比增长15.7％，已占到社会消费品零售总额的四分之一。在"一带一路"国际合作框架下，我国过去几年与"一带一路"沿线国家和地区积极开展"丝路电商"建设，截至 2019 年年底，我国跨境电商贸易已实现了对"一带一路"沿线国家和地区的全覆盖。这些国家的优质贸易公司，或与阿里巴巴合作开展电商贸易，或与中国公司联合创办电商公司，或自己创建新的数字交易平台。其中，中国与东盟之间的电商贸易异军突起。马来西亚、泰国、印尼等国数据也都表明，疫情期间这些国家的网购人数已比

2019 年同期增长了 3～4 倍。

三是坚定推动复工复产。在新冠疫情全球大流行的初期，"一带一路"建设项目出现了短暂的停工，但绝大多数建设项目又都很快复工，有效保障了项目的建设。"一带一路"建设核心项目——中巴经济走廊建设项目，在疫情发展最严重的 2020 年3 月被迫中断建设，但很快于 4 月有序复工复产。至本文撰写时，喀喇昆仑公路二期工程、卡洛特水电站、拉合尔轨道交通橙线项目、瓜达尔港、瓜达尔新国际机场等各个建设项目，都处在正常建设中。中国企业在东南亚、非洲、拉美等地的一些重点项目，也抓紧时机复工复产。如在印尼，由中国路桥承建的万隆高速公路项目，2020 年 3 月暂停了部分区域施工，但至5 月底已全面复工；由中国电建承建的雅万高铁项目 3 号隧道建设工程也在 4 月底顺利实现贯通，而该项目的 3 个梁场也在9 月初开始架梁，雅万高铁在疫情中建设顺利。作为泛亚铁路的重要组成部分，中老铁路建设也并没有因为疫情而中断建设，最新进展是位于中老边境的连接两国的近 10 公里的跨境隧道——友谊隧道于 2020 年 9 月 13 日成功贯通。在非洲，中土和中铁联合建设的非洲大陆第一条跨国电气化铁路——亚吉铁路，是"一带一路"建设的标志性工程之一。即使在疫情最严重时期，亚吉铁路运维联合体也没有停工，不仅为埃塞俄比亚疫情期间的各项运输事业作出了重要贡献，也为扭转其开展商业运营 2 年多来经济效益不够理想的被动局面探索出了一些成功做法。

四是中国—东盟贸易合作迈上新台阶。根据海关总署公布的数据，从 2020 年一季度开始，东盟一跃超过欧盟，成为我国第一大贸易伙伴。商务部公布的数据显示，2020 年 1—8 月，我国与东盟之间的贸易总值为 4165.5 亿美元，同比增长 3.8%，我国和东盟已互为第一大贸易伙伴。之所以出现这一积极变化，主要有三个原因：其一，中国和东盟的疫情防控有效，且相互支持，特别是相互开通快捷通道，便利人员往来；其二，双方利用疫情催生的新产业和新业态发展机会，抓住2020年是中国—东盟数字经济合作年的时机，积极开展"中国—东盟信息港""中国—东盟商贸通数字化平台建设"等电商贸易建设，大大促进了双边贸易的快速发展；其三，以投资促贸易：商务部的统计数据显示，2020年上半年，我国对东盟投资62.3亿美元，同比增长53.1％，占中国对"一带一路"沿线国家和地区投资总额的76.7％。这也在一定程度上带动了双边贸易的更快发展。

五是中国对"一带一路"沿线的投资贸易继续增长。尽管疫情肆虐，但中国与"一带一路"沿线国家和地区之间的投资贸易仍然保持良好的增长势头。从投资看，商务部的统计数据显示，2020年前8个月，我国企业对"一带一路"沿线国家和地区非金融类直接投资118亿美元，同比增长31.5％，占同期总额的17.2％，较2019年提升4.8个百分点；与"一带一路"沿线国家和地区新签承包工程合同额729.5亿美元，完成营业额460.2亿美元，分别占同期对外承包工程新签合同额和完成营业额的54％和57.9％。从贸易看，2020年前8个月，我国与"一带一路"沿线国家和地区外贸进出口总额为5.86万亿元人民币，同比增长0.5％，占我国外贸进出口总额的29.2％，比2019年同期提升了0.3个百分点。

二、坚持高质量发展方向，"一带一路"建设前景可期

疫情给"一带一路"建设带来许多不利影响，但同时也给中

国和参与共建的国家带来诸多启发，为"一带一路"建设高质量
发展、行稳致远，提供了新思路、新机遇。"一带一路"建设前
景也因此变得更清晰、更光明。

1. 启示一：共建"一带一路"人心所向

正是有了新冠疫情大流行的深刻体验，相关国家深化了对
共建"一带一路"的认识，进一步增强了参与"一带一路"建设的
积极性，"一带一路"倡议的凝聚力、向心力更为强劲。

一是欧美企业受疫情影响，对发展中国家投资大幅减少，
客观上增强了发展中国家对中国投资的依赖程度，它们对共建
"一带一路"的期望值更高。不少国家在疫情困难时期提出了更
积极、更深度地参与和扩展共建"一带一路"内容的迫切愿望。
以巴基斯坦为例。近期，巴基斯坦政府正式批准了由中国企业
建设 ML－1 铁路升级改造的重大项目，同时重申了巴基斯坦政
府全力支持"一带一路"建设的坚定态度，并表示中巴经济走廊
建设进入高质量发展新阶段。对此，巴基斯坦与中国已达成共
识：在前几年大规模开展交通、能源基础设施建设的基础上，
从 2020 年开始更加重视中巴经济走廊建设对农业发展、工业园
区建设、医疗卫生和科技等产业的发展促进，全面带动和促进
巴基斯坦经济发展。而菲律宾在经受了疫情严重扩散的考验后，
顶住了美国的压力，决定继续推进"一带一路"倡议与其"大建特
建"计划的紧密对接，继续让相关中国公司推进其在菲律宾的项
目建设。

二是由于中国疫情控制良好，加上前几年参与"一带一路"
建设积累了比较丰富的国际投资经验，2020 年，中国面对外部
局势变化，对外投资依然活跃，尤其是对"一带一路"沿线国家
和地区的投资，呈现出积极的增长态势。

三是中国与相关国家的合作不仅得到了维护，而且还得到

了进一步的扩展和深化，即"从实际需要出发，从主要共建基础设施"拓展到"共同保障人民生命健康安全，共同推进经济社会发展尽快恢复，共同努力使各自发展潜力得以更好释放"。这也是习近平总书记所提出的"一带一路"建设在疫情防控中所应发挥的特殊使命——共同把"一带一路"建设成为合作之路、健康之路、复苏之路和增长之路。

2. 启示二："一带一路"建设下一阶段重点

新冠疫情，既让世界各国发现了存在的"短板"，也让多国从中看到了希望。二者综合考量，就可发现今后共建"一带一路"的重点。

一是继续建好陆上、海上、空中丝绸之路，继续把交通基础设施建设作为构建全球互联互通网络体系的重点工作来抓。中欧班列在疫情期间的突出表现，大大增强了相关国家进一步促进铁路运输特别是跨境铁路运输的信心和决心。随着疫情逐步缓解，海上运输和空中运输的作用也开始得到恢复，而在联通世界，推进经济全球化继续深入发展中，海运和空运将继续发挥重要作用，"一带一路"互联互通建设尤其如此。

二是要特别重视数字丝绸之路建设，大力促进数字经济发展。电子商务作为一种新业态，在此次疫情期间得到了快速发展，并对促进各国贸易发展起到了重要作用；而跨境电商则对促进国际贸易产生了积极影响。广义上，数字经济对促进发展中国家的快速发展意义尤其重大。根据2020年9月国家互联网信息办公室印发的《数字中国建设发展进程报告（2019年）》，2019年我国数字经济保持快速增长，数字经济增加值规模达到35.8万亿元人民币，占国内生产总值比重达36.2%，对GDP增长的贡献率为67.7%。东盟国家也从疫情中得到启示，正加大与中国在数字经济方面的合作，大力推进数字转型发展战略。

今后共建"一带一路"，中国应更多地与相关国家合作共建数字丝绸之路，增加对区域性网络基础设施建设的投资，积极与相关国家分享数字经济的发展经验，致力于消除"数字鸿沟"，促进参与共建国家通过快速实现数字化而实现跨越式发展。

三是加快健康丝绸之路建设，保障人民生命安全。2015年10月，中国就发布了《国家卫生计生委关于推进"一带一路"卫生交流合作三年实施方案（2015—2017）》，开启了在卫生领域与"一带一路"相关国家的交流合作；随后，在2018年中非达成的"八大行动"计划中，"实施健康卫生行动"成为重要的一项，主要内容包括：优化升级50个医疗卫生援非项目、重点援建非洲疾控中心总部和中非友好医院等旗舰项目、开展公共卫生交流和信息合作、实施中非新发再发传染病等疾控合作项目、为非洲培养更多的专科医生等。本次疫情期间，中国更是多方努力帮助和促进相关国家和国际组织更好地建设健康丝路之路。截至2020年5月31日，中国向世界卫生组织提供两批共5000万美元现汇援助，多次派出医疗专家组向150个国家和4个国际组织提供抗疫援助，向150多个国家和地区和国际组织捐赠抗疫物资。未来，中国还应不断开拓新的领域，以推进建设高质量的健康丝绸之路。

四是更加深入地开展国际产能合作。在这次疫情暴发之际，很多发展中国家一些重要产业基本产能严重不足，特别是在粮食安全、防疫和抗疫物资生产、药品生产等方面，存在较大缺口。因此，今后在共建"一带一路"的过程中，中国可考虑利用制造能力强、资金较充足、适用技术性价比高等优势，增加对农业、制造业、医疗卫生产业等领域的投资与合作生产，尽快改变相关国家缺医少药、粮食短缺、民生建设欠账等重大问题。

3. 启示三：新形势下"一带一路"建设注意事项

当前，新冠疫情仍在世界范围内蔓延，很多国家经济因此受到重创。这种情况可能还会持续一段时期。鉴于此，在今后"一带一路"共建中，应总结过去几年的建设经验，并结合当前的实际情况，重点把握以下三点。

一是有的放矢，抓建设重点。之所以要抓重点，是因为疫情给世界各国的经济发展都造成了严重打击，很多国家的经济和财力变得十分脆弱，且我国经济也在一定程度上受到不利影响，必须集中有限财力精准建设，把有限的资源用到刀刃上，力求取得更好的投资效益。

首先是抓好重点区域项目建设。当前东盟与我国投资贸易合作形势良好，应作为今后共建"一带一路"的首要重点区域。《区域全面经济伙伴关系协定》的签署以及由此展开的一系列新合作，必将为中国与东盟之间"一带一路"建设的深度合作提供新动能。接下来是东亚地区，要进一步加强中日韩在"一带一路"国际合作框架下的第三方市场合作。此外，包括中东欧在内的欧洲地区也应是今后的重点区域。至本文撰写时，中国和欧盟都在为争取2020年签署中欧投资协议进行努力，中国与中东欧国家建立的"17＋1"合作机制也已取得许多积极成果，这都将为今后共建"一带一路"提供良好的支撑。考虑到欧洲国家受疫情影响比较严重，许多国家积极寻求更加稳定的出口市场和新的投资来源，中国和欧洲在今后的"一带一路"建设方面会有较大的合作空间。

除重点区域外，今后共建"一带一路"还需从资源互补、合作共赢出发，在深入调研的基础上，确定重点国家、重点产业、重点项目。

二是抓住构建"双循环"的历史机遇，促进高质量共建"一带一路"。综合考虑当前疫情形势及我国和世界经济形势的变化，习近平总书记提出了加快形成以国内大循环为主体、国内国际双循环相互促进的新发展格局的新思路，主要包括三方面的内容：其一，尽快构建起国内大循环主体，这是保持我国经济长期可持续发展的基础，核心在于更加充分地扩大内需，关键在于提升我国科技创新能力和水平；其二，进一步促开放，以形成在更加开放环境和条件下我国经济与全球经济的循环，即国际循环；其三，将上述两方面结合起来，并形成相互促进的良好局面。由此可见，今后我国与相关国家推动共建"一带一路"的目标和基本思路，就是要通过高质量共建"一带一路"促成上述新发展格局更好形成。就此而言，共建"一带一路"是促进我国国际循环和国内国际双循环相互促进格局形成的重要抓手。

三是要特别重视风险防范。受疫情和国际政治因素的影响，今后共建"一带一路"的风险会比以前更高。因此，在推进共建"一带一路"时，要把防范系统性风险放在十分重要的位置。相关机构、部门应对计划投资经营的地区、国家、行业、项目等的相关风险因素，做深入系统的调查，以管控好风险。这个问题，在目前和今后一段时期都尤为重要。

继续推动共建"一带一路"
高质量发展[①]

2021 年 11 月 19 日，习近平总书记出席第三次"一带一路"建设座谈会并发表重要讲话，结合当前[②]共建"一带一路"国际环境日趋复杂的新形势，提出了系统的新思想，内容丰富，判断深刻，措施系统，为继续推动共建"一带一路"高质量发展指明了前进方向。

一、新形势、新方略

开展共建"一带一路"国际合作，国际环境和国际形势很重要。与 8 年前提出"一带一路"倡议时相比，当前的国际格局对于共建

---

① 本文发表于 2021 年 11 月 21 日的《光明日报》。
② 指本文撰写时，下同。

"一带一路"而言，既有更加有利的一面，也有更加复杂的一面。从有利的方面看，世界从总体上讲继续处于以和平和发展为主基调的格局之中，经济全球化也仍然处在向前发展的大势之中；经过 8 年共建，世界上越来越多的国家积极支持共建"一带一路"并积极参与其中，至本文撰写时，与我国建交的国家中已有近 80％加入了共建"一带一路"行列，其中非洲地区参与共建的国家数量占比高达 85％，即使是欧洲国家，参与国比重也超过了 60％。这说明中国提出的共建"一带一路"倡议得到了世界上绝大多数国家的支持与欢迎，更说明 8 年来的共建成果有目共睹，得到了世界广泛认可。

从国际环境变得更加复杂的一面来看，一是新冠疫情全球大流行给有些"一带一路"建设项目短期内造成了一定的不利影响；二是有的国家对共建"一带一路"进行污名化甚至采取打压措施，在一些国家造成了一定的推进阻力；三是为有效应对气候变化，我们也需要与共建方就有些共建领域和共建项目进行适当调整；四是伴随着共建"一带一路"国际环境复杂化，不确定性也随之有所提升。

实际上，除了国际环境的变化外，国内形势也发生了很大变化。以习近平同志为核心的党中央根据变化后的形势提出了新的重大战略思想、作出了新的重大战略部署，那就是立足新发展阶段、贯彻新发展理念、构建新发展格局，推进高质量发展。因此如何在新形势下继续推动共建"一带一路"高质量发展，也必须要有一套新思路、新策略。因此，当前召开这次座谈会的意义十分重大，习近平总书记在座谈会上所发表的重要讲话精神很值得我们深入学习领会、认真贯彻落实。

二、抓住新机遇，拓展新领域

在新形势下，我们需要有新方略。但共建"一带一路"的主题没有改变，那就是继续推动共建"一带一路"高质量发展；高质量共建"一带一路"的主要内容仍然是继续推动高质量共建"五通"，但需要在已有基础上有所深化，五个方面都需要根据新形势的发展变化而有所深化。特别是要深化政治互信，在深化互联互通方面则要加强新型基础设施建设和提升规则标准软联通水平，以进一步夯实发展根基。

在新形势下，尽管挑战和不确定性有所提升，但也产生了新的合作需求。譬如说，由于疫情的全球大流行，客观上需要世界各国加强抗疫国际合作；又譬如说，由于应对气候变化的压力加大，客观上需要世界各国在环境保护、绿色低碳发展、气候治理等方面进一步加强合作；再譬如说，为更好应对疫情全球大流行和气候变化，数字技术得到更加普遍的运用，这方面的国际合作变得更有意义和更加紧迫，等等。

因此，今后高质量共建"一带一路"的内容，除了"五通"外，还必须面对新形势、根据新需求，拓展合作新领域。习近平总书记在这次座谈会上提出了要稳步拓展合作新领域、培育合作新增长点的新要求，包括加强抗疫国际合作、深化能源绿色低碳发展国际合作、深化生态环境和气候治理国际合作、深化数字领域合作、深化科技创新合作，把"一带一路"建设成为健康、绿色、数字、创新之路。

合作新领域，从一定意义上讲，也是合作新机遇。新形势下的高质量共建"一带一路"，就是要紧紧抓住新阶段出现的新需求，在这些新领域做出新成就。因此，有些企业过去做的"一带一路"建设规划可能需要做一些完善，可能需要增加一些新项目，可能需要对有些项目的建设方向、建设规模等做出调整，这不仅有利于企业更好地抓住新机遇、促进新发展，也有利于企业更好地承担社会责任，为有效实施联合国《2030 年可持续发展议程》作出自己的贡献。

三、统筹谋划，系统推进

在新形势下，为了继续推动共建"一带一路"高质量发展，很重要的一点，就是要做到统筹谋划、系统推进。习近平总书记的这次重要讲话，处处体现出统筹谋划、系统推进的思想。

首先，这次针对"一带一路"建设工作所做的形势研判、提出的基本策略和具体措施，不是就事论事地谈"一带一路"，而是将统筹谋划推动高质量发展、构建新发展格局和共建"一带一路"紧密结合，系统地研究和探讨了新形势下如何继续推进共建"一带一路"高质量发展的问题，并提出了相应的方略。

其次，习近平总书记在对当前形势作出基本判断后，提出了"五个统筹"的思想，作为对当前日趋复杂的国际环境的基本应对。这就是保持战略定力，抓住战略机遇，统筹发展和安全、统筹国内和国际、统筹合作和斗争、统筹存量和增量、统筹整体和重点，从而以积极的态度应对挑战，做到趋利避害，推动高质量共建"一带一路"继续向前发展。

最后，习近平总书记这次重要讲话中提出的举措是一个整体，具有显著的统筹谋划、系统推进的特点。包括统筹谋划、系统推进"五通"与合作新领域建设，统筹谋划、系统推进高质量共建"一带一路"与更好服务构建新发展格局、畅通国内国际双循环，统筹谋划、系统推进"一带一路"建设与风险防范工作，统筹协调、系统推进"一带一路"建设与从党中央到各部委再到地方的各自工作。统筹谋划、系统推进的目的，就是要推动共建"一带一路"高质量发展继续取得新成效，最终使"一带一路"建设更好地融入实现中华民族伟大复兴的中国梦和推动构建人类命运共同体的全局和大局之中。

四、防控风险，提高效益

针对当前"一带一路"国际环境日趋复杂、"一带一路"建设风险有所增加的现实情况，习近平总书记在这次座谈会上的重要讲话中，高度重视"一带一路"建设风险防控问题，提出了十分具体有效的防控风险的措施和办法。

一是从制度建设方面防控风险，要建立风险防控责任制；二是从平台建设方面防控风险，建立对境外建设项目的全天候预警评估综合服务平台，提供预警和评估服务；三是从机制协同方面防控风险，实现海外利益保护、国际反恐、安全保障等机制的协同协作；四是从统筹安排方面防控风险，统筹安排好"一带一路"建设和疫情防控工作，保护境外人员生命安全和身心健康；五是从教育引导方面防控风险，使我海外员工和公民遵守当地法律和风俗习惯；六是从规范经营行为方面防控风险，使企业合规经营，同时加大跨境反腐力度。

　　由此可见，习近平总书记这次提出的关于防控风险的具体要求，已经形成了一个十分严密的风险防控网络体系，是关于风险防控的系统思想。这足以说明风险防控对于新形势下继续推动共建"一带一路"高质量发展的特殊重要性，其目的就是在底线思维下把风险防控工作做到最好，以取得更好的投入效益，保证共建"一带一路"实现可持续发展、高质量发展。

共建"一带一路"国家的综合发展水平测算与评估^①

一、引言

2008 年全球金融危机后，世界经济发展格局发生深刻变化，呈现出百年未有之大变局的新格局。一方面，欧美国家经济普遍受全球金融危机影响而表现出总体衰减态势；另一方面，以中国为代表的一批新兴市场国家和发展中国家表现出较快的经济复苏并展现出群体崛起势头，成为驱动全球经济增长

① 为完成笔者主持的国家社科基金重大项目"'一带一路'投资安全保障体系研究"（19ZDA100）课题，作为基础研究之一，我们对共建"一带一路"国家在经济、社会、资源、环境、国家治理、结构转型、营商环境等方面的情况做了一些初步分析，为进一步的深度研究提供了一项从综合发展水平视角观察问题的研究参考。本文发表在《学习与探索》2022 年第 3 期，张坤领参与合作研究，为本文的第二作者。

的重要引擎，对全球治理发挥日益重要的作用①。与此同时，世界发展不平衡、不公平的问题也日益突出，助长了有些地区的民粹主义、民族主义、保护主义势力，给全球发展和全球化带来巨大挑战。结合国内外经济发展形势，为给全球经济提供增长新动能，中国国家主席习近平于 2013 年秋提出了"一带一路"倡议，倡导通过共建"丝绸之路经济带"和"21 世纪海上丝绸之路"建立全球更加紧密的互联互通伙伴关系，促进经济资源在区域乃至全球层面实行更加有效的配置而实现联动的区域和全球经济增长，进而推动全球化转型升级，实现互利共赢和共同发展。

"一带一路"倡议的提出得到了国际社会的广泛响应。根据中国"一带一路"网提供的信息，截至 2022 年 2 月 8 日，中国已同 148 个国家和 32 个国际组织签署 200 余份共建"一带一路"合作文件。② 其中，非洲国家 51 个、亚洲国家 38 个、欧洲国家 27 个、拉丁美洲国家 21 个，大洋洲国家 11 个。根据世界银行提供的数据，这 148 个国家 2020 年的人口总数为 35.60 亿，国土总面积 7491.96 万平方公里，GDP 总量 20.12 万亿美元（2010 年不变价），占世界总人口的 45.92％，总国土面积的 57.65％，GDP 总量的 24.56％；如果加上中国，2020 年的人口总量就达 49.63 亿（占世界的 64.01％），总国土面积为 8434.43 万平方公里（占世界的 64.90％），GDP 总量为 31.90 万亿美元（2010 年不变价，占世界总量的 38.95％）。中国是共建"一带一路"的首倡国，因此共建"一带一路"国家理所当然地应

---

① 胡必亮、唐幸、殷琳、刘倩：《新兴市场国家的综合测度与发展前景》，《中国社会科学》2018 年第 10 期。

② 《已同中国签订共建"一带一路"合作文件的国家一览》，https:// www.yidaiyilu.gov.cn/xwzx/roll/77298.htm，浏览时间：2022 年 2 月 9 日。

该包括中国在内，那么共建"一带一路"国家总数就应该是149个。这些国家在人口数量和国土面积方面都超过了世界总量的60％，GDP也占到了世界总量的接近40％。这一方面说明共建"一带一路"国家在世界上已具举足轻重地位，同时也说明其经济发展水平相对比较落后，还有较大的提升空间。

按照世界银行2020年关于国家收入层级的划分标准①，149个国家的收入结构较为多元，其中共有35个国家属于高收入国家，占23.49％；中等收入国家91个，占61.11％（其中，中等偏高收入国家42个、中等偏低收入国家49个）；低收入国家23个，占15.44％；从均值上看，"一带一路"国家的人均GDP均值为9032.47美元（现价美元），达到中高收入水平，但仍稍低于世界平均水平（10925.73美元）。在城乡转型发展方面，2020年共建"一带一路"国家有一半以上的人口生活在城镇地区，城镇化率均值为56.25％，略高于世界平均水平（56.15％）。

"一带一路"倡议已提出8年多时间，参与共建的国家包括中国在内不仅达到了149个，一大批务实合作的建设项目也已经开始实施，有些建设项目甚至已经顺利完成，共建"一带一路"取得了重要的阶段性成就。但目前"一带一路"相关研究多以"一带一路"沿线国家为研究对象，尽管这样的研究确实具有重要意义，但显然已经无法满足高质量共建"一带一路"的现实需要，甚至还有可能得出与总体上共建"一带一路"不尽一致的结论，从而不利于我国和相关国家从整体上作出更加切合实际的

---

① 按照世界银行2020年国家收入层级划分标准，人均国民收入在12535美元（现价，下同）以上的国家为高收入国家；4046～12535美元的为中等偏高收入国家；1036～4045美元的为中等偏低收入国家；1036美元以下的为低收入国家。

判断与决策。鉴于此，我们从 149 个共建"一带一路"国家[①]的整体视角出发，对这个较新的群体中的每个国家的综合发展水平进行定性定量研究，努力从宏观、基本面的角度比较准确地把握这些国家的发展现状、基本特征和主要问题，进而为我们进一步深入研究共建"一带一路"国家在推动"一带一路"建设方面的相关问题打下基础和创造基础条件，这不仅具有重要的现实意义，也具有开创性的理论意义。

二、测算、评估指标体系构建

国家发展是一个综合性的概念。一般而言，狭义的经济增长概念并不能全面地反映一个国家的综合发展情况。因此 1990 年以来，联合国开发计划署（UNDP）每年都发布人类发展指数（Human Development Index，HDI），试图实现"以经济增长为中心"到"以人的发展为中心"的发展理念的转变。HDI 根据人均国民收入、人口预期寿命、平均受教育年限三个变量为基础进行测算，组成综合指标以衡量各国发展水平。但随着时代的变迁，这也并不能囊括如今关于发展的丰富内涵，如 HDI 的设计仅考虑了社会经济的发展，并没有考虑资源环境可持续发展的理念。基于我们前期的研究，国家发展除经济实力增强和社会事业发展外，还应包括国家治理的改进、资源的有效利用、环境的友好保护、经济结构的优化、国家发展的潜力等诸方面。

---

① 若无特殊说明，文中所提及的"共建'一带一路'国家"相关数据均包括了中国的数据。

(一)指标体系构建

在对共建"一带一路"国家综合发展水平进行测度时，本着代表性、全面性、可比性、数据可得性等基本原则，本文将考虑一个国家在经济发展、国家治理、资源禀赋、环境保护、社会发展、营商环境、结构转型、规模效应8个方面的综合表现，选取23个能够较好衡量各个发展方面的二级指标(见图3-3)进行测算和评估。

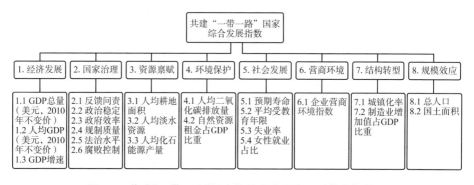

图 3-3 共建"一带一路"国家的综合发展水平测算指标体系

(1)经济发展。经济发展是国家综合发展的基础。本文选取GDP总量(美元，2010年不变价)、人均GDP(美元，2010年不变价)、GDP增速三个指标来衡量共建"一带一路"国家的经济发展水平，因为此三个指标能分别从经济发展规模、经济发展效率、经济增长速度三方面比较全面地反映共建"一带一路"国家的经济发展水平。

(2)国家治理。大量国际发展实践和研究表明，良好的国家治理是一个国家制度构建的基础，而制度质量的提升则是国家发展不可或缺的条件。世界银行全球治理指标(Global Governance Indicators，WGI)在衡量国家治理水平和制度质量方面已在世界上得到广泛运用。因此本文选择世界银行全球治理指标来衡量共建"一带一路"国家的国家治理水平。治理指标包含六个，即反馈问责、政治稳定、规制质量、政府效率、法治水平、腐败控制。

（3）资源禀赋。资源禀赋是国家发展的物质基础，其丰裕程度深刻地影响着一个国家发展的潜力、方向、广度、深度。与拥有较少资源禀赋的国家相比，拥有较为大量或多样化资源禀赋的国家通常能够生产出更多的商品，进而通常情况下也更加富有，更容易实现高水平的综合发展。耕地资源、淡水资源、化石能源是三项直接关系到国计民生的重要战略性自然资源，对国家间开展产业合作也具有重要意义。因此，本文选择人均耕地面积、人均淡水资源、人均化石能源产量（包括煤炭、天然气、石油产量）三项指标反映共建"一带一路"国家的资源丰裕程度。

（4）环境保护。环境保护是可持续发展的重要内涵，也是高质量共建"一带一路"的核心内容①，在世界各国携手应对气候变化的今天具有更重要的现实意义。人均二氧化碳排放量是被广泛应用于衡量环境保护的代表性指标；此外，本文选取自然资源租金占 GDP 比重作为补充，反映一个国家在经济发展过程中对自然资源开发利用的依赖程度。

（5）社会发展。社会进步是国家发展的重要内容，其中健康、教育、就业、性别平等是社会发展的重要方面。因此，本文从这四个方面着手选取指标来衡量共建"一带一路"国家的社会发展水平。人口的健康和受教育水平是一个国家人力资本水

---

①　胡必亮：《推动共建"一带一路"高质量发展——习近平关于高质量共建"一带一路"的系统论述》，《学习与探索》2020 年第 10 期。

平的重要体现，本文选取预期寿命和平均受教育年限两个指标来衡量；就业水平是社会稳定的基础，本文使用失业率来衡量；性别平等是社会进步的重要方面，我们选用女性就业占比来衡量。

（6）营商环境。营商环境对企业在一个国家开展生产经营活动具有直接的重要影响，也是跨国企业投资决策的重要依据。因此，营商环境的优劣将直接影响一个国家的经济活力，进而影响其国家综合发展水平。本文使用世界银行发布的企业营商环境指数衡量共建"一带一路"国家的营商环境优劣水平，该指标从政府对企业提供服务的有效性和企业在发展过程中受到的制度和法律保护程度两个方面评估世界各国的营商环境。

（7）结构转型。在发展经济学领域，结构转型通常是指生产要素逐渐由农业领域转移到工业或服务业领域，或者从传统经济领域转移到现代经济领域的过程。由此可见，结构转型至少包括经济结构转型和城乡结构转型两方面的内容。因此，本文选取城镇化率和制造业增加值占 GDP 比重来衡量共建"一带一路"国家的结构转型。

（8）规模效应。国家规模和体量是一个国家的重要初始条件和要素禀赋，对国家发展起到基础性作用。不同规模的国家倾向于不同的发展战略和发展路径，发展的效应也不尽相同。较大的规模体量往往使一个国家的内部资源流动成本降低，有利于形成规模优势，深化多元化和专业化分工合作，并表现出国内经济体系的内在稳定性，进而有利于更好地促进国家综合发展。本文选取总人口和国土面积两个指标对共建"一带一路"国家的规模进行评估。人口对国家发展至关重要，一般人口规模越大就意味着更大的市场规模，从而意味着更大的发展潜力；国土面积是国家发展的地理空间，幅员辽阔的国家一般都拥有更丰富的自然资源，可以更好地满足国家综合发展的需要。

(二)研究对象、数据收集与处理

本文的研究对象为 149 个共建"一带一路"国家。[①] 考虑到 2020 年以来新冠疫情对不同国家的影响具有很大的差异性，因此本文在对各国的综合发展水平进行测算和评估时，选择的时间跨度是从 2015 年到 2019 年，这样得出的结论具有更好的稳定性。长期而言，新冠疫情及其对各国综合发展水平的影响是需要考虑进来的，但必须等到疫情过后一段时间才可以得出比较稳定的结果。

从本文所采用的数据来看，绝大多数数据来源于世界银行的 WDI 数据库，但当 WDI 数据库收录不足或者缺失值的情况下，我们会用其他国际权威数据库的相关数据进行补充，如国家治理指标的相关数据就来自世界银行的 WGI 数据库，而不是 WDI 数据库；而人均化石能源的数据就来源于《BP 世界能源统计年鉴(2021)》；平均受教育年限的数据则来源于联合国开发计划署的《人类发展报告》(*Human Development Reports*，HDR)；营商环境指数数据来源于世界银行的营商环境指数数据库；制造业增加值占 GDP 比重则来源于联合国工发组织数据库的数据。

为了保持样本的完整性，对于个别国家缺失的数据，本文采用四种方法来处理：一是从相关国家的统计部门获取相关数据，如库克群岛和纽埃的相关数据并未纳入世界银行数据库，

---

① 本文将与中国签署共建"一带一路"合作文件的国家统称为共建"一带一路"国家(或共建"一带一路"国)，因为习近平主席 2021 年 9 月 2 日晚在 2021 年中国国际服务贸易交易会全球服务贸易峰会上发表视频致辞时是这样界定和使用的。

我们就从其国家统计部门发布的官方数据中寻找到我们所需要的相关数据。二是从相关文献中获取，如太平洋岛国的人均淡水资源量数据无法从世界银行的数据库或其他数据库中直接获得，我们就通过阅读联合国环境署撰写的关于太平洋岛国淡水资源的研究报告中获取。三是采用线性插值法，如果相近的连续3年数据可得，那么临近年份的缺失数据就可以通过计算连续3年数据的平均数获得；如缺失连续几年的数据，则可用3年移动平均值逐个补齐；如仅存在时间间隔的2年数据可得，则使用2年平均或2年移动平均值补齐。四是区域均值法，就是在前面几种方法都不奏效的情况下，本文则利用该国所在区域的各国均值进行补齐，如世界银行没有关于古巴、库克群岛、纽埃3国的营商环境数据，我们就用加勒比海地区国家的均值对古巴的数据进行补齐；用太平洋岛国的均值对库克群岛和纽埃的数据进行补齐。使用该方法补齐数据的还有库克群岛和纽埃的平均受教育年限和自然资源租金占 GDP 的比重。值得指出的是，我们以上提到的情况都是非常特殊的情况，绝大多数国家的数据都是齐全可得的，需要通过数据处理来补齐的国家很少，而且多为很小的国家特别是很小的岛国，因此通过这样技术处理后得到的数据，总体而言并不会影响整体的分析与评估结果。

三、测算、评估模型

在测算共建"一带一路"国家的综合发展指数时，本文采用由低到高逐层加权平均的定量计算方法。也就是说，总的综合发展指数是由 8 个一级指标等权平均所取得，每个一级指标的数值又是由隶属该一级指标的所有二级指标通过等权平均所取得的。二级指标的数值则源于这个指标的实际统计数据。根据不同指标的不同含义，本文选取二级指标的评估值有负向和正向两种情况，其中负向指标有 3 个，包括失业率、人均二氧化碳排放量、自然资源租金占 GDP 比重，其余为 20 个正向指标。对于负向指标而言，原始数值越大，评估得分就越低；而对于正向指标而言，原始数值越大，评估得分值就越高。

共建"一带一路"国家的综合发展水平评估模型分为原始数据矩阵（DATA）、评分矩阵（SCORE）和排序矩阵（RANK）三步。

(一)构建原始数据矩阵(DATA)

DATA 矩阵共有 149 行和 23 列，其元素是 X_{ij}，表示第 i 个国家（$i=1$，…，149）对应第 j 项二级指标（$j=1$，…，23）的原始数据，可记作：

$$
\mathrm{DATA}=\begin{bmatrix} X_{11} & X_{12} & \cdots & X_{1\,23} \\ X_{21} & X_{23} & \cdots & X_{2\,23} \\ \vdots & \vdots & \vdots & \vdots \\ X_{149\,1} & X_{149\,2} & \cdots & X_{149\,23} \end{bmatrix}_{149\times 23}
$$

(二)构建评分矩阵(SCORE)

首先，根据 DATA 矩阵，构建出二级指标评分矩阵（记为 $\mathrm{SCORE}^{(2)}$）。$\mathrm{SCORE}^{(2)}$ 矩阵共有 149 行和 23 列，其元素是 $S_{ij}^{(2)}$。$S_{ij}^{(2)}$ 表示第 i 个国家（$i-1$，…，149）对应第 j 项二级指标（$j=1$，…，23）的评分结果。

对于负向指标：原始数据取到最小值$\left(\min\limits_{i=1,\cdots,n}\{X_{ij}\}\right)$的国家评分为满分，原始数据取到最大值$\left(\max\limits_{i=1,\cdots,n}\{X_{ij}\}\right)$的国家评分为

零分。计算公式为

$$S_{ij}^{(2)} = \frac{\max\limits_{i=1,\cdots,n}\{X_{ij}\} - X_{ij}}{\max\limits_{i=1,\cdots,n}\{X_{ij}\} - \min\limits_{i=1,\cdots,n}\{X_{ij}\}} \times 100$$

且有 $0 \leqslant S_{ij}^{(2)} \leqslant 100$；对于正向指标：原始数据取到最大值 $\left(\max\limits_{i=1,\cdots,n}\{X_{ij}\}\right)$ 的国家评分为满分，原始数据取到最小值 $\left(\min\limits_{i=1,\cdots,n}\{X_{ij}\}\right)$ 的国家评分为零分。计算公式为

$$S_{ij}^{(2)} = \frac{X_{ij} - \min\limits_{i=1,\cdots,n}\{X_{ij}\}}{\max\limits_{i=1,\cdots,n}\{X_{ij}\} - \min\limits_{i=1,\cdots,n}\{X_{ij}\}} \times 100$$

同样 $0 \leqslant S_{ij}^{(2)} \leqslant 100$。为使不同年份评分结果具有可比性，这里最大值和最小值均为每个指标所有年份所有国家的最大值和最小值。由上述公式计算得到SCORE$^{(2)}$矩阵的每一个元素，从而得到SCORE$^{(2)}$的以下矩阵：

$$\text{SCORE}^{(2)} = \begin{bmatrix} S_{1\,1}^{(2)} & S_{1\,2}^{(2)} & \cdots & S_{1\,23}^{(2)} \\ S_{2\,1}^{(2)} & S_{2\,3}^{(2)} & \cdots & S_{2\,23}^{(2)} \\ \vdots & \vdots & \vdots & \vdots \\ S_{149\,1}^{(2)} & S_{149\,2}^{(2)} & \cdots & S_{149\,23}^{(2)} \end{bmatrix}_{149 \times 23}$$

然后，根据SCORE$^{(2)}$矩阵，构建出一级指标评分矩阵（记为SCORE$^{(1)}$）。SCORE$^{(1)}$矩阵共有 149 行和 8 列，其元素是 $S_{ij}^{(1)}$，第 i 个国家（$i=1$，…，149）对应第 j 项一级指标（$j=1$，…，8)的评分结果。假设第 j 项一级指标（$j=1$，…，8)包括的二级指标是SCORE$^{(2)}$矩阵中的第 s 列至第 t 列，设第 p 列（$s \leqslant p \leqslant t$）的权重为 $w_p^{(2)} \geqslant 0$。那么，$S_{ij}^{(1)}$ 等于所有二级指标的加权平均值，计算公式为

$$S_{ij}^{(1)} = \frac{\sum\limits_{p=s}^{t}(S_{ip}^{(2)} \cdot w_p^{(2)})}{\sum\limits_{p=s}^{t} w_p^{(2)}}$$

且有 $0 \leqslant S_{ij}^{(1)} \leqslant 100$。本文设定 $w_p^{(2)} = 1$，由此公式计算得到 $SCORE^{(1)}$ 矩阵的每一个元素，从而得到 $SCORE^{(1)}$ 的以下矩阵：

$$SCORE^{(1)} = \begin{bmatrix} S_{11}^{(1)} & S_{12}^{(1)} & \cdots & S_{18}^{(1)} \\ S_{21}^{(1)} & S_{23}^{(1)} & \cdots & S_{28}^{(1)} \\ \vdots & \vdots & \vdots & \vdots \\ S_{149\,1}^{(1)} & S_{149\,2}^{(1)} & \cdots & S_{149\,8}^{(1)} \end{bmatrix}_{149 \times 8}$$

最后，根据 $SCORE^{(1)}$ 矩阵，构建出发展指数评分矩阵（SCORE）。SCORE 矩阵共有 149 行和 1 列，其元素是 S_i，表示第 i 个国家（$i = 1, \cdots, 149$）对应综合发展指数的评分结果。假设第 j 项一级指标（$j = 1, \cdots, 8$）的权重为 $w_j^{(1)} \geqslant 0$。那么，S_i 等于 8 个一级指标的加权平均值，计算公式为

$$S_i = \frac{\sum\limits_{j=1}^{8}(S_{ij}^{(1)} \cdot w_j^{(1)})}{\sum\limits_{j=1}^{8} w_j^{(1)}}$$

且有 $0 \leqslant S_i \leqslant 100$。这里同样设定 $w_j^{(1)} = 1$，由此公式计算得到 SCORE 矩阵的每一个元素，从而得到 SCORE 的以下矩阵：

$$SCORE = \begin{bmatrix} S_1 \\ S_2 \\ \vdots \\ S_{149} \end{bmatrix}_{149 \times 1}$$

(三)构建排序矩阵(RANK)

首先根据 $SCORE^{(2)}$ 矩阵，构建出二级指标排序矩阵（记为 $RANK^{(2)}$）。$RANK^{(2)}$ 矩阵共有 149 行和 23 列，其元素是 $R_{ij}^{(2)}$，表示第 i 个国家（$i = 1, \cdots, 149$）对应第 j 项二级指标（$j = 1, \cdots, 23$）的排序结果。计算公式为

$$R_{ij}^{(2)} = \mathrm{Rank}\{S_{ij}^{(2)} \mid [S_{ij}^{(2)}]_{i=1,\cdots,149}\}$$

并且有 $1 \leqslant R_{ij}^{(2)} \leqslant 149$。$R_{ij}^{(2)}$ 值越小表明排名越高。由此公式计算得到RANK$^{(2)}$ 矩阵的每一个元素，从而得到RANK$^{(2)}$ 的以下矩阵：

$$\mathrm{RANK}^{(2)} = \begin{bmatrix} R_{1\,1}^{(2)} & R_{1\,2}^{(2)} & \cdots & R_{1\,23}^{(2)} \\ R_{2\,1}^{(2)} & R_{2\,3}^{(2)} & \cdots & R_{2\,23}^{(2)} \\ \vdots & \vdots & \vdots & \vdots \\ R_{149\,1}^{(2)} & R_{149\,2}^{(2)} & \cdots & R_{149\,23}^{(2)} \end{bmatrix}_{149 \times 23}$$

然后，根据SCORE$^{(1)}$ 矩阵，构建出一级指标排序矩阵（RANK$^{(1)}$）。RANK$^{(1)}$ 矩阵共有 149 行和 8 列，其元素是 $R_{ij}^{(1)}$，表示第 i 个国家（$i=1$，…，149）对应第 j 项一级指标（$j=1$，…，8）的排序结果。计算公式为

$$R_{ij}^{(1)} = \mathrm{Rank}\{S_{ij}^{(1)} \mid [S_{ij}^{(1)}]_{i=1,\cdots,149}\}$$

且有 $1 \leqslant R_{ij}^{(1)} \leqslant 149$。由此公式计算得到RANK$^{(1)}$ 矩阵的每一个元素，从而得到矩阵：

$$\mathrm{RANK}^{(1)} = \begin{bmatrix} R_{1\,1}^{(1)} & R_{1\,2}^{(1)} & \cdots & R_{1\,8}^{(1)} \\ R_{2\,1}^{(1)} & R_{2\,3}^{(1)} & \cdots & R_{2\,8}^{(1)} \\ \vdots & \vdots & \vdots & \vdots \\ R_{149\,1}^{(1)} & R_{149\,2}^{(1)} & \cdots & R_{149\,8}^{(1)} \end{bmatrix}_{149 \times 8}$$

最后，根据 SCORE 矩阵，构建出排序矩阵（RANK）。RANK 矩阵共有 149 行和 1 列，其元素是 R_i，表示第 i 个国家（$i=1$，…，149）综合发展指数的排序结果，计算公式为

$$R_i = \mathrm{Rank}\{S_i \mid [S_i]_{i=1,\cdots,149}\}$$

且有 $1 \leqslant R_i \leqslant 149$。$R_i = 1$ 表示该国家综合发展水平在 149 个国家中位列第一名；$R_i = 149$ 表示该国家位列最后一名。RANK 矩阵可记作：

$$\text{RANK} = \begin{bmatrix} R_1 \\ R_2 \\ \vdots \\ R_{149} \end{bmatrix}_{149 \times 1}$$

四、测算结果及其基本分析

在建立评估、排序模型的基础上，运用上面提到的系列数据，我们就可以对 149 个共建"一带一路"国家的综合发展水平作出测算和评估。

(一)测算结果

基于上述数据和模型，本文测算了 2015—2019 年共建"一带一路"国家的经济发展、国家治理、资源禀赋、环境保护、社会发展、营商环境、结构转型、规模效应共 8 个分项发展水平得分，以及各个国家的综合发展水平得分。表 3-2 就是各个国家分项发展水平得分和综合发展水平得分 5 年平均值（结果按综合发展水平得分 5 年均值从高到低排序）的一个汇总表。

从表 3-2 可以看出，共建"一带一路"国家中排名前 10 的是新加坡、新西兰、中国、韩国、奥地利、捷克、立陶宛、卢森堡、爱沙尼亚、俄罗斯。除中国的规模维度和俄罗斯的资源维度外，排名前 10 的其余国家虽然在资源禀赋和规模效应方面表现较弱，但这些国家在国家治理、环境保护、社会发展、营商环境、结构转型方面均表现突出，使得这些国家的综合发展水平位列前茅。排名最后 10 名的国家是索马里、也门、叙利亚、阿富汗、南苏丹、利比亚、厄立特里亚、东帝汶、伊拉克、乍得。对比来看，这些国家虽然环境维度得分不俗，但其余方面的表现均较差，使得这些国家的综合发展水平排名靠后。从区域分布来看：欧洲国家的综合发展水平普遍较高，主要得益于欧洲国家在国家治理、环境保护、社会发展、营商环境等方面的突出表现。排名前 20 的国家中有 14 个是欧洲国家，占 70%，除波黑排名第 81 以外，其余的欧洲国家均排名在前 70。受制于除环境维度以外其他各个方面的表现，非洲国家综合发展水平普遍较低，排名最后 20 位的国家中有 15 个国家为非洲国家，占 75%；而且没有任何一个非洲国家的综合发展水平排名在前 40 名以内，除博茨瓦纳、摩洛哥、塞舌尔、突尼斯、卢旺达、南非、加纳的排名在前 70 以外，其余非洲国家的综合发展水平都排名在 70 以后。亚洲国家的综合发展水平则差异较大，排名分布较为分散，既有新加坡、中国、韩国这样排名前 5 的国家，也有也门、叙利亚、阿富汗这样排名在最后 5 位的国家。美洲国家的综合发展水平也表现出类似亚洲国家的特征，譬如说，排在第 14 位的智利与排在 114 位的委内瑞拉之间相差了 100 个位次。

表 3-2　2015—2019 年共建"一带一路"国家综合发展水平的平均得分与排序

国家	综合发展		分项发展水平得分							
	排名	得分	经济发展	国家治理	资源禀赋	环境保护	社会发展	营商环境	结构转型	规模效应
新加坡	1	60.64	37.00	93.87	0.01	87.20	85.23	99.43	82.13	0.20
新西兰	2	59.45	30.80	99.34	8.99	88.77	85.94	100.0	60.81	0.97
中国	3	58.64	52.83	43.80	1.92	88.13	71.62	57.08	75.45	78.33
韩国	4	56.84	31.02	74.13	0.52	81.39	83.42	97.36	84.76	2.13

续表

国家	综合发展		分项发展水平得分							
	排名	得分	经济发展	国家治理	资源禀赋	环境保护	社会发展	营商环境	结构转型	规模效应
奥地利	5	55.29	34.17	89.60	2.77	88.71	82.44	88.68	55.40	0.57
捷克	6	54.47	26.89	77.18	4.11	84.89	81.86	83.11	77.11	0.61
立陶宛	7	54.30	24.32	76.81	10.89	93.71	76.74	90.66	60.97	0.29
卢森堡	8	53.66	52.18	96.00	1.63	76.33	81.06	69.53	52.49	0.03
爱沙尼亚	9	53.45	25.26	83.60	8.21	80.76	80.79	93.21	55.64	0.18
俄罗斯	10	53.01	26.05	36.51	18.19	76.33	74.25	81.04	56.53	55.16
拉脱维亚	11	52.16	23.68	73.51	9.97	93.64	74.91	91.51	49.80	0.26
马来西亚	12	51.97	24.56	62.81	3.54	84.58	73.90	90.28	73.95	2.12
斯洛文尼亚	13	51.87	27.04	76.71	2.19	89.55	79.32	80.85	59.15	0.13
智利	14	51.42	23.47	78.34	6.08	90.33	73.50	74.72	61.99	2.93
波兰	15	51.40	26.23	71.16	4.74	87.22	77.16	85.38	56.98	2.29
葡萄牙	16	50.74	26.26	80.02	1.69	92.41	70.57	83.77	50.52	0.65
匈牙利	17	50.64	24.77	65.06	6.20	92.73	75.15	73.77	66.80	0.63
斯洛伐克	18	50.33	25.27	70.93	3.66	90.71	74.98	80.28	56.46	0.34
马耳他	19	49.84	29.40	78.89	0.28	95.03	78.35	57.92	58.80	0.02
意大利	20	49.76	34.25	66.22	1.92	91.57	68.30	74.91	57.82	3.06
泰国	21	49.29	22.18	46.35	4.03	93.11	74.81	82.83	67.01	4.03
阿联酋	22	49.04	32.13	69.71	8.52	58.34	77.11	88.58	57.38	0.56
乌拉圭	23	49.02	21.97	75.11	11.12	96.00	68.26	50.57	68.49	0.66
罗马尼亚	24	48.62	23.77	58.78	6.67	93.75	71.63	76.04	56.90	1.40
格鲁吉亚	25	48.36	20.93	63.82	2.90	95.84	68.10	94.34	40.57	0.34
秘鲁	26	48.11	21.42	50.63	7.32	94.68	78.51	67.83	59.48	5.03
保加利亚	27	48.00	21.89	58.87	7.40	90.38	71.79	74.72	58.39	0.58

续表

国家	综合发展		分项发展水平得分							
	排名	得分	经济发展	国家治理	资源禀赋	环境保护	社会发展	营商环境	结构转型	规模效应
白俄罗斯	28	47.95	19.21	39.35	8.65	89.95	77.16	73.87	74.47	0.96
塞浦路斯	29	47.86	29.08	74.94	1.17	90.68	75.50	72.92	38.54	0.07
卡塔尔	30	47.67	38.16	63.93	31.81	38.50	81.37	63.30	64.16	0.13
哥斯达黎加	31	47.46	22.08	68.70	3.16	96.88	66.17	65.66	56.73	0.33
克罗地亚	32	46.84	23.63	64.53	3.75	93.32	68.19	73.87	47.08	0.32
哈萨克斯坦	33	46.37	22.70	43.98	26.48	71.87	76.92	76.89	43.22	8.89
印度尼西亚	34	46.18	24.48	48.55	2.68	94.97	65.30	59.06	59.26	15.16
土耳其	35	45.67	27.39	42.75	3.83	92.40	56.49	73.40	63.81	5.25
文莱	36	45.43	26.96	67.74	19.46	63.83	68.06	54.43	62.91	0.03
阿根廷	37	45.35	21.93	51.09	12.47	92.76	69.06	37.55	68.00	9.93
巴拿马	38	45.14	23.37	56.82	5.48	96.02	75.20	62.74	41.10	0.37
巴林	39	44.70	25.38	49.30	3.12	65.62	72.64	68.40	73.12	0.06
北马其顿	40	44.50	20.33	51.94	3.03	93.89	51.25	90.38	45.01	0.15
塞尔维亚	41	44.37	21.09	52.86	5.61	89.20	63.27	72.83	49.60	0.52
希腊	42	44.19	25.02	59.67	3.59	90.44	57.86	64.62	51.53	0.78
摩尔多瓦	43	43.57	20.06	44.28	8.62	95.29	69.14	73.87	37.08	0.20
蒙古国	44	43.27	20.86	53.20	9.35	81.38	67.26	63.30	45.95	4.87
博茨瓦纳	45	43.21	21.01	68.72	1.75	94.23	54.90	62.08	41.18	1.81
黑山	46	43.20	21.86	55.88	0.22	93.72	62.41	74.34	37.12	0.06
亚美尼亚	47	43.11	21.20	47.91	2.34	96.71	58.56	71.42	46.53	0.19
古巴	48	43.04	20.30	42.13	3.94	95.99	77.65	43.56	60.00	0.72
越南	49	43.03	22.20	44.49	1.63	93.90	77.70	60.94	39.07	4.33
阿曼	50	42.95	23.28	57.51	6.24	61.34	69.44	66.79	57.88	1.11

续表

国家	综合发展		分项发展水平得分							
	排名	得分	经济发展	国家治理	资源禀赋	环境保护	社会发展	营商环境	结构转型	规模效应
萨尔瓦多	51	42.84	19.60	46.54	1.68	97.90	62.06	53.87	60.82	0.29
乌克兰	52	42.83	18.47	35.70	10.65	92.09	66.26	63.49	52.62	3.37
牙买加	53	42.81	19.23	58.19	0.96	95.30	65.33	65.57	37.80	0.14
摩洛哥	54	42.66	20.23	46.32	3.00	96.22	49.56	68.30	55.01	2.63
特立尼达和多巴哥	55	42.51	20.74	55.79	11.94	74.76	73.58	52.92	50.26	0.06
多米尼加	56	42.43	23.13	48.01	1.39	95.99	63.69	44.34	62.38	0.52
菲律宾	57	42.40	22.85	45.46	1.22	97.65	67.99	45.66	53.72	4.67
斐济	58	42.36	20.31	56.33	6.07	96.30	63.82	53.68	42.29	0.09
塞舌尔	59	41.94	23.27	62.38	0.02	90.82	75.84	48.30	34.86	0.00
突尼斯	60	41.69	19.44	47.64	3.30	94.59	47.83	62.45	57.39	0.88
纽埃	61	41.39	24.46	43.66	15.62	91.84	67.39	40.29	47.85	0.00
阿尔巴尼亚	62	41.29	20.41	52.97	3.94	96.25	63.90	55.94	36.73	0.19
卢旺达	63	41.00	21.77	52.99	1.42	96.59	68.35	71.60	14.60	0.50
南非	64	40.93	20.96	57.50	4.03	86.22	39.06	63.40	50.53	5.74
巴巴多斯	65	40.79	22.44	76.01	0.37	93.11	73.04	41.98	19.35	0.01
沙特阿拉伯	66	40.62	26.26	46.92	8.84	59.61	60.48	52.74	62.36	7.74
厄瓜多尔	67	40.51	19.13	41.19	4.32	92.94	71.96	39.43	53.77	1.36
加纳	68	40.37	20.88	54.19	2.35	93.29	60.11	46.13	44.27	1.74
斯里兰卡	69	39.97	20.67	50.39	1.12	98.40	69.29	48.11	30.83	0.95
多米尼克	70	39.94	18.91	66.89	1.45	96.18	48.14	50.57	37.35	0.00
萨摩亚	71	39.88	19.96	68.80	3.02	97.49	61.44	52.92	15.35	0.01
科威特	72	39.52	27.75	49.62	15.64	42.09	67.57	49.81	63.49	0.20

国家	综合发展		分项发展水平得分							
	排名	得分	经济发展	国家治理	资源禀赋	环境保护	社会发展	营商环境	结构转型	规模效应
汤加	73	39.43	19.78	57.46	3.12	97.59	68.58	53.11	15.83	0.01
纳米比亚	74	39.30	19.35	61.12	4.89	95.91	39.70	49.06	41.77	2.60
库克群岛	75	39.26	26.46	43.03	1.28	91.63	72.43	40.29	38.95	0.00
阿塞拜疆	76	39.18	19.19	36.03	5.42	82.08	73.64	63.49	32.93	0.60
佛得角	77	38.87	20.50	66.35	1.35	98.04	54.08	30.19	40.44	0.03
吉尔吉斯斯坦	78	38.81	19.94	36.09	3.73	94.60	66.39	50.75	38.18	0.81
乌兹别克斯坦	79	38.72	21.48	27.52	2.46	88.56	70.64	51.60	45.00	2.50
安提瓜和巴布达	80	38.55	24.11	65.49	0.64	91.84	70.28	45.09	10.91	0.00
波黑	81	38.51	20.77	44.89	5.36	89.33	50.61	56.32	40.55	0.28
瓦努阿图	82	38.49	19.98	55.04	4.74	98.68	67.36	49.72	12.32	0.05
玻利维亚	83	38.31	20.24	38.00	8.87	94.28	69.80	21.98	49.64	3.71
肯尼亚	84	37.91	20.95	39.23	1.65	98.18	65.50	51.42	22.86	3.53
苏里南	85	37.91	19.40	49.26	20.13	84.75	60.41	17.64	51.18	0.50
尼加拉瓜	86	37.84	18.45	35.02	5.59	97.69	63.79	31.23	50.41	0.60
圭亚那	87	37.57	20.92	47.36	40.74	89.57	51.77	33.40	16.17	0.63
赞比亚	88	37.29	19.50	44.48	3.65	92.87	54.37	50.57	30.01	2.87
黎巴嫩	89	37.01	18.27	32.66	0.34	93.64	61.26	33.96	55.69	0.27
所罗门群岛	90	36.62	19.70	47.62	8.00	87.75	74.29	34.62	20.89	0.11
塞内加尔	91	36.30	21.25	51.74	3.07	97.26	44.15	23.87	47.91	1.14
柬埔寨	92	36.21	21.72	34.45	4.19	98.16	68.81	27.92	33.29	1.11
伊朗	93	36.06	20.81	29.52	4.32	77.26	55.18	37.08	56.47	7.86
坦桑尼亚	94	35.92	21.21	40.97	3.60	97.07	66.55	27.92	25.35	4.66

续表

国家	综合发展		分项发展水平得分							
	排名	得分	经济发展	国家治理	资源禀赋	环境保护	社会发展	营商环境	结构转型	规模效应
尼泊尔	95	35.70	20.68	36.79	1.82	98.99	68.04	45.28	12.58	1.43
埃及	96	35.48	21.55	31.72	0.76	93.20	48.18	37.64	44.30	6.49
科特迪瓦	97	35.16	22.05	39.54	2.33	97.44	47.07	27.08	43.92	1.84
贝宁	98	35.09	20.37	45.36	3.56	96.92	55.36	22.26	36.13	0.74
格林纳达	99	34.93	22.17	62.39	0.57	96.06	49.02	30.19	19.06	0.00
基里巴斯	100	34.57	20.09	59.96	0.26	98.97	50.87	16.98	29.43	0.01
乌干达	101	34.40	20.65	38.68	2.44	93.73	61.10	36.13	20.40	2.09
马尔代夫	102	33.99	23.24	43.63	0.12	94.58	63.71	28.30	18.29	0.02
缅甸	103	33.93	21.07	29.56	4.95	95.57	57.61	9.34	49.46	3.90
喀麦隆	104	33.80	20.19	27.80	4.71	95.75	58.22	11.42	50.00	2.32
孟加拉国	105	33.79	22.38	32.94	0.79	98.91	56.00	8.68	44.54	6.11
塔吉克斯坦	106	33.79	21.61	24.19	1.88	96.83	61.08	26.98	37.03	0.74
老挝	107	33.75	21.56	34.99	6.14	93.89	67.78	19.06	25.59	0.95
巴基斯坦	108	33.62	20.80	28.52	2.15	97.95	47.15	27.74	34.84	9.79
多哥	109	33.52	20.40	34.71	4.95	94.17	52.55	22.08	38.84	0.44
加蓬	110	33.40	21.22	35.58	12.95	85.57	41.77	13.87	55.40	0.86
马达加斯加	111	33.29	19.46	35.05	3.05	95.74	69.83	12.26	28.23	2.69
莱索托	112	33.07	17.64	46.07	2.68	95.15	27.80	38.02	37.03	0.17
马里	113	33.06	20.55	31.69	5.17	95.57	41.86	24.91	40.37	4.39
委内瑞拉	114	33.05	22.40	13.06	6.47	82.93	65.62	2.36	67.79	3.74
圣多美和普林西比	115	32.92	19.47	47.05	1.37	97.39	46.76	6.73	44.57	0.01
吉布提	116	32.72	22.29	32.07	0.06	98.95	45.04	21.70	41.51	0.10
莫桑比克	117	32.62	19.67	34.33	3.12	90.55	55.01	28.30	26.53	3.43

续表

国家	综合发展		分项发展水平得分							
	排名	得分	经济发展	国家治理	资源禀赋	环境保护	社会发展	营商环境	结构转型	规模效应
密克罗尼西亚	118	32.52	19.00	60.56	2.20	97.68	54.42	20.19	6.13	0.01
巴布亚新几内亚	119	32.42	20.37	38.57	10.69	91.40	52.73	41.13	2.78	1.68
阿尔及利亚	120	32.26	20.25	31.96	3.87	85.13	51.25	15.57	41.31	8.75
尼日利亚	121	32.15	19.81	27.36	2.91	94.32	44.22	22.55	36.40	9.61
冈比亚	122	32.12	20.18	39.73	2.91	96.77	42.69	18.49	36.10	0.11
津巴布韦	123	31.95	17.75	23.20	4.04	96.27	64.48	17.36	30.78	1.69
布基纳法索	124	31.87	20.76	42.46	4.03	93.72	44.36	21.42	26.66	1.52
几内亚	125	31.75	21.80	30.80	5.59	90.99	49.44	14.72	39.51	1.18
中非	126	31.68	19.61	14.43	8.21	92.77	65.44	2.26	48.70	2.07
尼日尔	127	31.31	20.64	35.43	11.32	94.92	51.90	18.40	13.27	4.64
赤道几内亚	128	30.85	16.11	19.53	8.09	77.87	46.77	8.21	70.11	0.13
几内亚比绍	129	30.65	20.13	24.56	3.02	90.91	50.51	8.87	47.04	0.15
安哥拉	130	30.54	17.78	29.42	3.98	87.16	54.83	5.19	41.07	4.87
利比里亚	131	30.52	17.15	34.64	6.05	88.72	59.71	8.40	29.06	0.46
埃塞俄比亚	132	30.35	22.77	31.16	2.21	94.50	58.78	13.21	12.89	7.25
毛里塔尼亚	133	30.32	19.76	34.54	1.31	94.23	39.33	14.62	35.49	3.30
刚果（金）	134	30.31	20.06	13.02	3.26	88.46	56.66	3.58	47.57	9.83
刚果（布）	135	29.22	14.99	25.96	7.29	78.99	54.96	5.57	44.79	1.22
塞拉利昂	136	29.16	17.00	37.65	5.23	92.33	43.95	17.55	19.07	0.49
科摩罗	137	28.87	19.09	32.50	1.28	98.38	43.72	15.66	20.30	0.03
布隆迪	138	27.74	17.01	18.65	1.64	91.54	58.78	15.00	18.86	0.47
苏丹	139	26.55	19.54	13.65	6.76	95.84	30.64	15.28	23.61	7.11
乍得	140	25.93	17.19	19.74	5.08	88.50	46.28	3.68	22.59	4.38

续表

国家	综合发展		分项发展水平得分							
	排名	得分	经济发展	国家治理	资源禀赋	环境保护	社会发展	营商环境	结构转型	规模效应
伊拉克	141	25.68	21.75	16.23	3.57	70.11	42.64	12.17	36.31	2.67
东帝汶	142	25.50	19.70	40.37	2.44	64.11	58.57	6.79	11.94	0.09
厄立特里亚	143	25.43	16.43	13.06	2.63	90.85	55.72	1.13	23.18	0.43
利比亚	144	24.78	23.22	6.31	7.41	65.76	44.66	2.55	42.70	5.61
南苏丹	145	24.64	15.37	2.29	33.03	89.82	44.43	2.74	7.12	2.32
阿富汗	146	24.29	18.63	14.50	3.10	99.28	34.49	6.79	14.26	3.29
叙利亚	147	24.14	16.80	4.42	3.76	82.63	43.22	9.53	31.58	1.18
也门	148	23.45	11.62	6.52	0.81	97.62	28.67	8.02	31.72	2.61
索马里	149	20.93	18.74	0.43	1.09	93.01	29.77	0.47	21.49	2.44

数据来源：作者的测算结果。

从 2015—2019 年的动态变化趋势来看（图 3-4），多数国家（96 个，占比 64.43%）的综合发展得分呈上升趋势，有 52 个国家的综合发展水平得分上升超过 1 分，以非洲和亚洲国家居多，这说明共建"一带一路"国家的综合发展水平从趋势上讲整体向好。其中，肯尼亚和乌兹别克斯坦的综合得分上升幅度最大，均超过 5 分。此外，几内亚、哈萨克斯坦、东帝汶、白俄罗斯、乌克兰、科特迪瓦、文莱、塔吉克斯坦、塞尔维亚的综合发展水平得分上升均超过 3 分；同时，有 53 个国家（占比 35.57%）的综合发展水平得分出现了不同程度的下滑，27 个国家的综合发展水平得分下滑幅度超过 1 分。巴巴多斯、黎巴嫩的综合发展水平得分下滑超过 3 分，也门、特立尼达和多巴哥、刚果（布）、南非、格林纳达、尼加拉瓜、巴拿马的综合发展水平得分的下滑幅度达到了 2 分以上。

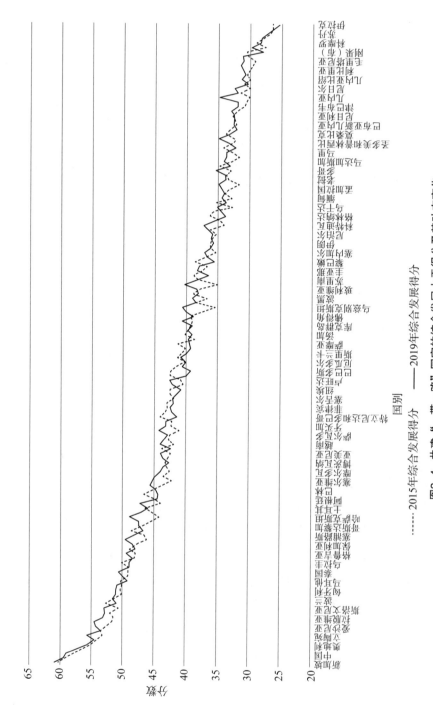

图3-4 共建"一带一路"国家的综合发展水平得分及其动态变化

资料来源：根据作者的测算结果得到。

(二)主要特征

(1)共建"一带一路"国家的经济发展整体表现并不突出，但经济增长相对比较稳定。从共建"一带一路"国家的经济发展水平得分可以看到，除中国和卢森堡的得分超过 50 以外，其余国家的经济发展得分均低于 40，超过 30 的国家也只有 9 个，多数国家的经济发展水平得分分布在 20～30(97 个国家)，还有43 个国家的经济发展水平得分低于 20，这说明共建"一带一路"国家的整体经济发展表现并不突出。如前文所述，不包括中国在内的 148 个国家的 GDP 总量为 20.12 万亿美元，仅占全球的24.56%；即便加上中国，GDP 总量也只占全球比重的38.95%，这表明共建"一带一路"国家在全球范围内的经济发展领域尚未建立优势地位。

具体来看，经济发展得分排名相对靠前的主要是亚欧国家，这些国家要么经济体量较大(如中国)，要么人均 GDP 水平较高(如卢森堡)，且经济增长相对稳定；而排名靠后的国家主要是非洲国家，这些国家经济体量较小，人均 GDP 水平偏低，且经济增长波动较大。2020 年共建"一带一路"国家中的亚洲国家GDP 总量为 20.77 万亿美元(2010 年不变价，下同)，GDP 总量最高，占比 65.11%；其次是欧洲国家，GDP 总量为 6.65 万亿美元，占比 20.85%；再次为非洲国家，GDP 总量为 2.50 万亿美元，占比 7.82%；南美洲、北美洲、大洋洲国家 GDP 总量合计为 1.99 万亿美元，占比仅为 6.22%。中国 GDP 总量占共建"一带一路"149 个国家的 36.94%。除中国外，经济体量较大的五个国家分别是意大利、俄罗斯、韩国、土耳其、印度尼西亚，5 国 GDP 总量合计占 149 个国家的 23.88%。如果加上中国，6 个国家 GDP 总量合计占 149 个国家的比重则超过 60%。

2015—2019 年，共建"一带一路"国家 GDP 年增长率均值稳定在 3% 左右，这一数值略高于同期的世界 GDP 年增长速度，显著高于高收入国家 GDP 年增长率，但低于同期低收入国家和中等收入国家的 GDP 年增长率。其中 130 个国家五年 GDP 的年增速均值为正，这说明共建"一带一路"国家的经济增长相对稳定。从年增长率平均值的区域对比来看（见表 3-3），共建"一带一路"国家中亚洲国家的 GDP 增速最高，五年均值为 3.45%；南美洲国家最低，五年均值仅为 1.49%。从具体国家来看，非洲和亚洲国家经济增速表现差异显著，尤其是非洲国家。具体来看，埃塞俄比亚经济增速最高，5 年 GDP 年增长率的均值高达 8.91%；也门则下降最多，5 年的年增长率均值为－9.25%。

表 3-3　2015—2019 年共建"一带一路"国家中经济增长表现最好和最差的 15 个国家

经济增长表现最好的国家	GDP 年增长率均值（%）	经济增长表现最差的国家	GDP 年增长率均值（%）
埃塞俄比亚	8.91	也门	－9.25
孟加拉国	7.39	赤道几内亚	－7.16
几内亚	7.39	刚果（布）	－4.65
卢旺达	7.37	南苏丹	－3.10
科特迪瓦	7.30	特立尼达和多巴哥	－1.66
吉布提	7.19	厄立特里亚	－1.28
柬埔寨	7.08	黎巴嫩	－1.21
塔吉克斯坦	7.00	安哥拉	－0.88
越南	6.76	叙利亚	－0.86
中国	6.71	委内瑞拉	－0.29
老挝	6.58	塞拉利昂	－0.26
菲律宾	6.58	多米尼克	－0.24
利比亚	6.54	乍得	－0.17
马耳他	6.51	苏里南	－0.14
马尔代夫	6.31	布隆迪	－0.11

数据来源：作者根据世界银行 WDI 数据库计算得到。

表 3-4 2015—2019 年各洲 GDP 年增长率均值

洲别	GDP 年增长率均值(%)
亚洲	3.45
大洋洲	3.24
非洲	3.11
欧洲	3.05
北美洲	2.37
南美洲	1.49

数据来源：作者根据世界银行 WDI 数据库计算得到。

(2)共建"一带一路"国家的资源禀赋整体不高，但化石能源资源丰富且分布集中。根据我们的测算结果，共建"一带一路"国家的资源禀赋得分普遍较低，评分最高的是圭亚那(40.74)、南苏丹(33.03)、卡塔尔(31.81)三国，分别得益于其丰富的可再生淡水资源、耕地资源、化石能源资源，其余国家的资源禀赋得分均低于30，132 个国家的得分低于10，98 个国家低于5。由此可见，共建"一带一路"国家的整体资源禀赋不高。

不过，共建"一带一路"国家包括了世界上大多数的能源生产国，相关国家的化石能源资源非常丰富。2019 年，共建"一带一路"国家的化石能源总产量达 73.95 亿吨油当量，占世界同期化石能源总产量的 64.64%。从图 3-5 可以看出，共建"一带一路"国家的化石能源总产量占世界比重常年稳定在 65% 左右的水平，是世界能源生产最重要的力量。其中，天然气产量占世界比重稳定在 60% 左右的水平；石油产量占世界比重更高，即使近年来有所下滑，但仍维持在 60% 以上的高水平；煤炭产量占世界比重最高，2019 年占世界比重在 70% 左右。这主要是因为中国仍是目前世界上最大的煤炭生产国。如果不包括中国的话，2019 年共建"一带一路"国家的煤炭产量仅占世界的 22.97%。

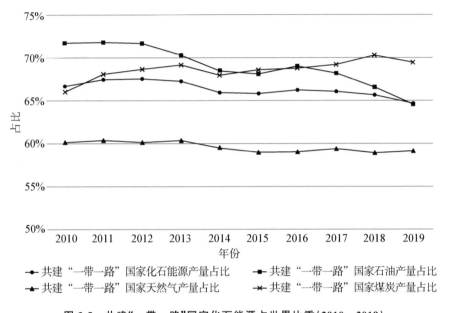

图 3-5 共建"一带一路"国家化石能源占世界比重(2010—2019)

资料来源：根据《BP 世界能源统计年鉴》第 59～68 页计算。

2019 年，149 个国家中有 13 个国家化石能源产量超过 1 亿吨油当量①，包括中国、俄罗斯、沙特阿拉伯、伊朗、阿尔及利亚、阿联酋、哈萨克斯坦、卡塔尔、科威特、南非、尼日利亚、伊拉克、印度尼西亚。13 国化石能源产量相加占共建"一带一路"国家的 84.31％，占世界的 54.50％，且大多数国家属于化石能源净生产国，也即化石能源生产总量大于消费总量，这为中国与相关国家的能源合作创造了良好的资源条件。

(3)共建"一带一路"国家的环境保护基础较好，为共建绿色"一带一路"奠定了良好的基础。根据我们的测算，共建"一带

---

① 数据来源：《BP 世界能源统计年鉴（第 68 版）》，https://www.bp.com. cn/content/dam/bp/country-sites/zh _ cn/china/home/reports/statistical-review-of-world-energy/2019/2019srbook.pdf，浏览时间：2020 年 12 月 1 日。

一路"国家的环境保护得分普遍较高，均值达 89.92。除科威特和卡塔尔外，其他国家环境保护得分均超过 55，更有 103 个国家的环境保护得分超过了 90。世界银行最新数据显示，共建"一带一路"国家的人均二氧化碳排放量约 4 吨，低于世界平均的 4.5 吨的水平，可见共建"一带一路"国家具有相对良好的环境保护基础。两个例外的国家是科威特和卡塔尔，2019 年科威特和卡塔尔两国人均二氧化碳排放量分别超过 32 吨和 21 吨，属于共建"一带一路"国家之最，也是世界上人均二氧化碳排放较高的国家，因此这两个国家的环境保护得分在所有国家中最低，分别为 42.09 和 38.50。

从图 3-6 可以看出，共建"一带一路"国家碳排放量世界占比自 21 世纪以来呈逐渐增加趋势，增幅自 2013 年趋于平缓，2019 年占世界比重为 58.78%。若不包括中国，该比值则为 30.86%。虽然 30% 左右的比重显著高于逐年下降的北美洲和欧洲，但对于一个超过世界人口 45% 的群体而言，这一比值并不算太高。共建"一带一路"国家整体良好的环境保护基础可大致分两种情形解释：对于欠发达国家而言，受制于国家经济开发能力，其资源开发强度不高，因此环境破坏程度也较低，如阿富汗、尼泊尔、孟加拉国等国家；而对于发达国家而言，经历了高消耗高污染高经济增长历程之后，这些国家已经走上了环境友好的发展模式，如葡萄牙、意大利等国。绿色"一带一路"建设是高质量共建"一带一路"的核心目标之一，共建"一带一路"国家良好的环境保护基础不仅可为相关国家共建绿色"一带一路"提供机遇，也可为全球共同应对气候变化作出更大贡献。

（4）共建"一带一路"国家社会发展领域的整体表现略低于世界平均水平。在社会发展方面，共建"一带一路"国家的得分表现平平，149 个国家中有 108 个国家得分低于 70，得分低于

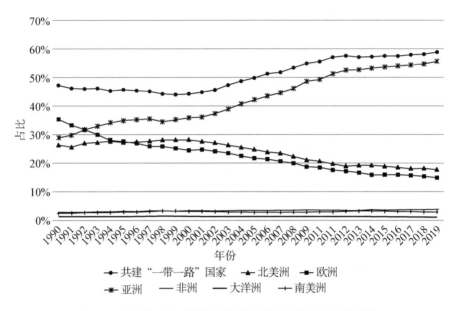

图 3-6 共建"一带一路"国家的碳排放量占比及其世界对比

资料来源：全球碳计划项目（Global Carbon Project）和 BP 数据库。

60 的国家也有 62 个。2019 年共建"一带一路"国家的人口平均预期寿命均值为 71.22 岁，这一数值与中等偏低收入国家预期寿命基本持平（71.21 岁），显著低于世界水平的 72.74 岁；平均受教育年限均值为 8.25 年，这一数值显然与以经济合作与发展组织为代表的高收入国家的 12 年有较大差距，且低于世界平均水平的 8.5 年；失业率为 6.92%，显著高于 5.37% 的世界均值。由此可见，共建"一带一路"国家社会发展领域的整体表现略低于世界平均水平，因此努力实现高质量共建"一带一路"的惠民生目标具有深刻的现实意义。

（三）主要问题

（1）共建"一带一路"国家的国家治理水平整体偏低，制度环境偏差。根据世界银行 WGI 数据库，2015—2019 年共建"一带一路"149 国的国家治理指标的平均值为－0.27[①]，低于同期世界各国国家治理指标的平均值。其中五年平均值小于 0 的国家高达 99 个，以亚洲和非洲国家居多，更有 22 个国家的治理指标平均值小于－1，属于治理水平较差的国家，以索马里（－2.04）和南苏丹（－2.11）为最差；国家治理指标平均值大于 0 的国家有 50 个，以欧洲国家为主，其中 7 个国家的治理指标平均值大于 1，分别是新西兰、卢森堡、新加坡、奥地利、爱沙尼亚、葡萄牙、马耳他。

世界银行最新公布的全球营商环境报告显示，2020 年共建"一带一路"国家的企业营商环境排名整体相对靠后，在世界 213 个经济体中排名 100 之后的国家有 90 个，并且有 13 个国家的企业营商环境排名在全球 200 名之外，这充分说明共建"一带一路"国家对企业开展经济活动的制度性保障整体上是不足的。从区域分布的情况来看，共建"一带一路"国家中，欧洲和亚洲国家的企业营商环境相对要好于非洲国家。因此，我们如何在这样整体的制度水平较低、国家治理能力和水平不高、企业营商环境较差的情况下推进高质量共建"一带一路"，对各国都是一个不容忽视的挑战。

（2）共建"一带一路"国家整体规模体量较大，但单个国家规模体量较小。整体而言，149 个共建"一带一路"国家占世界国家总数超过 70%，总人口和总国土面积也超过了全世界的 60%，劳动力规模约为 22 亿，占世界劳动力总量的约 65%，因此整体规模是比较大的。但如果我们按照平均值来看的话，

---

① 该值为世界银行公布的 WGI 六项指标均值的五年平均值，最大取值 2.5，最小取值－2.5。

149个国家平均的人口规模、劳动力规模和国土面积规模分别只有约3400万人、1560万劳动力和57万平方公里的国土面积；如果不包括中国，148个国家的这三个平均值就更少了，分别只有约2400万人、1000万劳动力和约50万平方公里国土面积。从我们的测算结果来看，149个共建"一带一路"国家中只有中国和俄罗斯两国的规模维度得分超过50（分别为78.33和55.16），印度尼西亚的规模维度得分超过10（为15.16），其余国家的规模维度得分均小于10，得分在5以下的国家多达130个。在这样一种绝大多数国家的规模都比较小的格局下，在推进"一带一路"建设过程中，各国应该密切合作、发挥整体效益，政策沟通与协调在其中起着十分重要的作用。

（3）共建"一带一路"国家的工业化基础薄弱，经济转型发展任务仍然较重。2019年共建"一带一路"国家的制造业增加值占GDP比重均值为11.27%，低于世界的平均水平（16.53%），工业化基础较为薄弱。如果不包括中国，148个国家中仅有11个国家的制造业增加值占比高于20%，包括韩国、泰国、捷克、缅甸、几内亚、白俄罗斯、马来西亚、斯洛文尼亚、赤道几内亚、印度尼西亚、孟加拉国，67个国家制造业增加值占比低于10%，制造业增加值占比最低的几个国家分别是南苏丹、塞拉利昂、纽埃、东帝汶、巴布亚新几内亚、密克罗尼西亚，都低于2%。

这些国家的制造业增加值占比很低，大致有两种情况。一是农业占国民经济的比重仍然较高。2019年149个国家农业增加值占GDP比重均值约为12%，高于中等收入国家水平（8.09%），远高于世界平均水平（3.55%）。塞拉利昂农业增加值占GDP比重超过50%（54.34%）；乍得、利比里亚、尼日尔、马里、肯尼亚、中非、埃塞俄比亚、科摩罗、几内亚比绍的农业增加值占比也都超过了 30％，属于典型的农业国；另外有超过 20 个国家的农业增加值占其 GDP 比重在 20％～30％，超过 25 个国家的农业增加值占比在 10％～20％。这类国家经济转型的压力主要来自从农业国向工业国的转型发展。二是许多国家的经济发展对自然资源消耗的依赖较大。2019 年 149 个国家自然资源租金占 GDP 比重均值为 6.47％，是世界平均水平（2.02％）的 3 倍多；149 个国家中有 72 个国家超过世界平均水平，其中约 30 个国家比重为世界平均水平的约 5 倍，约 15 个国家〔伊朗、刚果（布）、东帝汶、利比亚、科威特、伊拉克、赤道几内亚、阿曼、安哥拉、阿塞拜疆、沙特阿拉伯、文莱、乍得、加蓬、卡塔尔〕的比重为世界平均水平的约 10 倍。这类国家经济转型发展的压力主要来自单一依赖能源的经济发展方式不可持续的问题。

五、总结与前景展望

对共建"一带一路"国家的综合发展水平进行全面综合的测算和总体评估，不仅有利于各相关国家政府更好地了解我们以上所讨论的一些重要情况，制定出有针对性的各项政策，有效地促进各国综合发展水平的提升；而且也有利于各国从各自比较优势出发，有的放矢地依托共建"一带一路"合作平台，进一步提升合作水平和合作效果；还有利于探索和推动构建高质量共建"一带一路"的理论体系的形成与完善。本文从经济发展、国家治理、资源禀赋、环境保护、社会发展、营商环境、结构转型、规模效应八个方面入手，对 149 个共建"一带一路"国家 2015—2019 年的综合发展水平进行了测算和评估，得到以下结论。

第一，共建"一带一路"国家的综合发展水平排名前 10 的是新加坡、新西兰、中国、韩国、奥地利、捷克、立陶宛、卢森堡、爱沙尼亚、俄罗斯；排名最后的 10 个国家是索马里、也门、叙利亚、阿富汗、南苏丹、利比亚、厄立特里亚、东帝汶、伊拉克、乍得。从区域分布来看，得益于在国家治理、环境保护、社会发展、营商环境等方面比较突出的表现，欧洲国家的综合发展水平普遍较高；而非洲国家各个维度的发展都显著不足，所以综合发展水平普遍偏低；亚洲国家的综合发展水平则差异较大，排名分布较为分散。从动态变化趋势来看，共建"一带一路"国家的发展趋势整体向好。

第二，共建"一带一路"国家发展表现出几个显著特征：经济发展整体表现不突出，在全球经济发展领域尚未建立优势地位，但其经济增长速度总体上比较稳定，5 年 GDP 平均增长率稳定在 3％左右；资源禀赋整体不高，但包括了世界上大多数的能源生产国，化石能源总产量占世界比重常年稳定在 65％左右的水平，且化石能源生产集中在少数国家，为中国与相关国家的能源合作提供了机遇；环境保护基础好，这不仅可为共建绿色"一带一路"提供机遇，也可为全球共同应对气候变化作出更大贡献；社会发展领域的整体表现略低于世界平均水平。

第三，共建"一带一路"国家在综合发展方面也存在一些问题：一是国家治理能力和水平整体偏低，低于世界平均水平。同时，相对较差的企业营商环境表明相关国家对企业开展经济活动的制度性保障整体不足，这就有可能给高质量共建"一带一路"带来一些挑战；总体而言，存在"整体规模大、单个规模小"的基本特征，这样的国家分布格局所形成的市场分割不利于发挥国家经济发展的规模优势，也有可能带来共建"一带一路"国家在经济绩效表现上与国家数量和规模体量不匹配的现象；

工业化基础普遍比较薄弱，经济转型压力大，因为农业占国民经济的比重仍然较高，同时国家经济对自然资源消耗的依赖程度也比较高。

基于本文的研究分析，我们认为在共建"一带一路"倡议框架下中国与共建"一带一路"伙伴国家至少在以下几个方面具有广阔的合作前景。

一是能源合作。中国是世界上最主要的能源净消费国，尽管近年来中国致力于增加非化石能源消费，以实现其碳达峰、碳中和目标，但化石能源仍是目前中国获取能源的主要来源。以石油为例，根据《BP能源统计年鉴2021》的数据，2020年中国石油产量1.95亿吨，占世界石油总产量的4.68%，但当年的石油消费量却高达6.69亿吨，占世界石油总消费量的16.7%。共建"一带一路"国家包括了世界上主要的化石能源净生产国，这为中国与相关国家加强能源合作、实现供需互补的共赢发展提供了良好条件。因此，中国与这些伙伴国家在共建"一带一路"框架下的能源合作前景广阔。

二是产业合作。经过40多年的改革开放发展，中国已成功地从农业国转型发展为工业国，这样的转型发展经验可以为共建"一带一路"国家提供良好的借鉴和参考。而且，通过在一些国家共建经贸合作园区，有利于利用中国的资金、技术、设备、市场等要素，推动与促进相关国家的工业化转型发展。中国在海外建立的比较重要的境外经贸合作区已有100多个。这些产业合作园区的建设为中国与相关国家的产业合作提供了重要平台。

三是绿色发展合作。"高标准、可持续、惠民生"是高质量共建"一带一路"的主要目标，其中"可持续"的目标达成有赖于绿色"一带一路"的建设。此外，中国致力于在全球气候变化应对中扮演更重要的角色，绿色"一带一路"建设也可以成为重要抓手。本研究发现，共建"一带一路"国家在环境保护领域要么有良好的基础，要么有丰富的环境保护经验，这为中国与"一带一路"相关国家在环境保护领域的合作开辟了广阔前景。

四是民生发展合作。本文分析发现，共建"一带一路"国家在社会发展领域的表现不及世界平均水平，因此社会民生发展是相关国家的现实需求。共建"一带一路"强调"以人民为中心"的基本思想，"惠民生"是主要共建目标之一，旨在消除贫困、增加就业、改善民生，最终达到消除贫困、改善人民生活条件、提高人民生活质量与生活水平的目的，这将为"一带一路"相关国家社会发展提供重要机遇。

五是充分利用共建"一带一路"国际合作平台，探索深度新型全球化合作机制，促进经济要素在共建"一带一路"国家之间更加快速有效流动，降低国家之间在运输、通关、贸易、投资等方面的各种制度成本，提高共建"一带一路"合作效率。由于目前的基本情况是，共建"一带一路"国家的整体规模比较大，但绝大多数单个国家的规模比较小，因此这方面的努力就更具有特殊重要的意义。

"一带一路"投资国别风险测算、评估与防范[①]

我国已开启全面建设社会主义现代化国家新征程,正在向第二个百年奋斗目标进军,同时也面临着前所未有的复杂环境和风险挑战。在 2021 年 11 月 19 日召开的第三次"一带一路"建设座谈会上的讲话中,习近平总书记强调,要全面强化风险防控,扎牢风险防控网络。目前共建"一带一路"面临着十分严峻的投资风险挑战,我们必须就此问题开展深入研究,以更好地防范"一带一路"投资风险,促进共建"一带一路"实现可持续的高质量发展。

至 2020 年底,我国共有近 3 万家企业在

① 本文为笔者主持的国家社会科学基金重大项目"'一带一路'投资安全保障体系研究"(19ZDA100)的研究成果之一,发表在《学习与探索》2023 年第 1 期。刘清杰参与合作研究,为本文第二作者。

189个国家（地区）开展对外投资经营活动，投资存量为2.58万亿美元。根据"中国全球投资追踪"（China Global Investment Tracker）数据库的数据，到2020年底，在中国企业对外单个投资项目超过1亿美元的投资总额中，有73.2%的比重集中在149个共建"一带一路"国家，因此对共建"一带一路"国家的投资风险进行国别研究十分必要。

我们首先构建了一个由五个维度共25个指标组成的"一带一路"投资国别风险评估指标体系，然后基于评估模型测算出中国企业投资于149个共建"一带一路"国家的风险综合指数，最后基于这个指数及排序结果作出基本分析并提出关于如何防范"一带一路"投资中的国家风险的具体建议。

一、国别投资风险测算与评估的指标体系构建

国别投资风险研究是国际上很重要的一项与投资相关的研究，因此本研究先简单地做一些相关介绍，然后确定选择测算与评估指标的基本原则，并结合"一带一路"的投资特点，构建关于国别投资风险测算与评估的指标体系。

(一)相关国别投资风险评估方法

第二次世界大战后不久，一些国际金融机构由于其国际业务的需要，开始对世界上一些国家的风险做出评估，并定期发布国家风险评估报告。在众多的类似评估报告中，我们选择几个影响力较大的评估报告和评估机构，以为我们从事这方面的类似评估提供参考。

(1)《欧洲货币》（*Euromoney*）的评估方法。国际金融界权威

刊物《欧洲货币》每年 9 月、10 月公布当年世界各国的国家风险指数(Euro Money's Country Risk Index)。为了计算不同国家的国家风险指数,《欧洲货币》首先确定了 6 项主要的相关指标,各项指标的权重各不相同。一是国家在国际金融市场上的筹资能力,包括在国际借贷市场、国际债券市场、国际票据市场上的筹资能力,权重占 20%;二是国家的贸易融资能力,权重为 10%;三是国家偿付债券和贷款本息的记录,权重为 15%;四是国家债务重新安排的顺利程度,权重为 5%;五是国家的政治风险,权重为 20%;六是国家在二级市场上的交易能力,权重为 30%。然后对这 6 项指标进行打分而得到一个总分(满分为 100 分),综合得分越高表明国家风险越小,反之风险就越大;最后根据各国不同的得分情况进行排名,得分高的排名靠前,排名越是靠前的,国家风险就越低。这个国家风险指数将世界各国的政治风险、经济风险、银行财务状况、短期融资状况、债务违约或延期情况、资信等级、资本市场发展等都进行了比较好的评估,基本上可以反映出不同国家在国际金融市场上的整体形象与地位。

(2)《机构投资者》(Institutional Investor)的评估方法。《机构投资者》从 1979 年开始就持续地通过期刊和公司网站对外发布其对世界各国的国家信誉评估结果。其主要方法是通过收集国际金融界 75~100 个大型并且活跃的国际商业银行的看法而形成判断。这些参与调查和咨询的大型国际商业银行根据 9 个指标来给不同国家的国家信誉进行打分,这 9 个指标分别是:经济前景、政治前景、贸易收支、外国直接投资、流入的证券投资、资本市场准入度、财政政策、债务状况、金融储备/资本账户。国家信誉得分从 0 到 100,0 分表示该国的信誉极差、风险很高;100 分表明该国的国家信誉极好,风险非常低。在计算总得分时，并不是对这9个指标简单地取平均值，而是取加权平均值，其权重的计算需要被调查者先对这9大指标进行排序，再依序取权重值。这一评估方法的最大好处就是直接得到了国际大商业银行的支持，得出的结果具有比较好的市场参考价值。

（3）"国际国别风险指南"（International Country Risk Guide，ICRG）的评价方法。"国际国别风险指南"是目前国际上比较权威的风险评估机构，其主要对140个国家和地区的政治、经济、金融风险做出分析和预测，评级结果具有较高参考价值。ICRG每月都对各种与政治、经济、金融风险相关的因素和数据进行分析，计算出相应类别的风险指数和一个综合性的风险指数。

ICRG从两个角度看国家风险：一个是国家的支付能力，经济风险和金融风险通常与支付能力相关；另一个是偿付意愿，政治风险通常与偿付意愿相关。因此，ICRG的综合风险指数（CR）的计算公式就是

$$CR = 0.5 \times (PR + ER + FR)$$

公式中的政治风险（PR）分析包括12个要素，占50%；经济风险（ER）分析包括5个要素，占25%；金融风险（FR）分析包括5个要素，占25%。最终的综合风险指数（CR）为100分，得分越高则表示风险越低，反之亦然。

ICRG的评估结果得到了很多重要的国际组织的认可，国际货币基金组织、世界银行、联合国系统和很多其他国际组织都是其客户。

由此我们可以看出，国际知名的投资风险评估机构（平台）在评估国家投资风险时，一般都是综合考虑经济、政治、金融、社会等因素的。在经济方面，各评估机构均看重经济基础和偿债能力等方面的指标，如国民生产总值、外债占进出口比重、财政赤字占GDP比重等；在政治方面，各机构都对政治稳

定性、公民参与度、治理有效性等指标作出分析；在社会方面，不同的评级机构有不同的处理方法，但大部分机构注重考察社会稳定、法律制度、国家应对危机的能力等。

(二)"一带一路"投资国别风险评估指标筛选原则

借鉴国际知名风险评估机构的研究成果，适应共建"一带一路"特点与要求，本研究试图提出一套用于评估共建"一带一路"国家投资风险的系统方法，并运用到"一带一路"建设实践中去，以减少中国企业对这些国家的投资风险。为了精准地筛选出最有价值的评估指标，我们提出以下三个基本原则。

(1)科学性原则。在现有国别风险评估指数中，有的指标聚焦政治风险，有的指标重视金融风险，有的指标则结合了多个维度的因素。无论测度的风险维度如何选择，指标体系的设置和数据的处理都应严格基于专业的相关理论，基础数据的处理和指标的加权都应严格遵从统计学的基本方法。在选取指标时，要最大限度地使用"硬数据"，即官方公开发布的统计数据。相应地，要尽量减少使用"软数据"，即抽样调查数据，因为这样的数据存在一个代表性问题。尽量少使用专家打分的方法，因为这种方法的主观性比较大，容易因个人原因带来结果偏差。对于缺失数据在补充时应充分贴近实际情况。

(2)合理性原则。现有常见的相关国家风险评估指数一般都会测度至少4大领域的国别风险情况：政治、经济、金融、社会风险。对于"　带　路"投资风险而言，主要表现为中国对共建"一带一路"国家投资所面临的风险，因此相关共建国家与中国之间的关系就显得十分重要，如果我们忽略了这个因素，计算结果的现实意义就会大打折扣。一个国家，即使政治稳定、经济发展很好、金融条件良好，社会风险也低，但只要与中国的关系不太好，中国投资到这样的国家，也有可能面临较大的风险；相反，尽管有些国家的政治、经济发展水平比较差，但与中国建立了良好的关系，那么也有可能对冲掉很多其他因素所带来的投资风险。因此考察"一带一路"投资的国别风险，要特别地重视东道国与中国的双边关系强度。在这方面，中国社会科学院做了很好的尝试①，在其海外投资风险研究中引入了"对华关系"这一维度，包括双方是否签订双边投资协定、投资受阻程度、双边政治关系、双边的贸易、投资依存度及相互的免签情况6个子指标。这区别于已有的其他国别投资风险指标体系设定，为中国海外投资风险评估提供了非常有价值的参考。然而其中关于投资受阻程度和双边政治关系的指标设定以主观判断的方法，实际上是会影响到结果的客观性的，因此我们在深入研究的基础上，参考已有研究，使用投资失败项目占比这个指标及其数据，希望能够弥补这部分内容在数据量化方面的不足。

（3）数据的可得性与可信性原则。第一，数据的持续性。我们尽量通过公开渠道收集风险评估的相关数据，主要是从国际货币基金组织的国际收支统计、世界银行的《世界发展指标》、联合国的社会统计和文化统计、世界贸易组织的跨境贸易统计、联合国贸发会议的跨境投资数据等获取我们需要的数据，这些数据均在各自官网上公开发布，我们是可以免费获取的。第二，数据源的稳定性。上面提到的数据都会由相关国际组织定期发布，十分稳定。这些数据主要是由各国政府统计部门提供给相关国际组织的，或者由国际非政府组织基于相关经济体零散的官方数据整理

---

① 中国社会科学院国家全球战略智库国家风险评级项目组、中国社会科学院世界经济与政治研究所国际投资研究室：《中国海外投资国家风险评级报告（2022）》，中国社会科学出版社2022年版。

的，均较稳定。调查类数据如果能长期获得稳定的财力支持，也会稳定发布。第三，数据的质量。前述国际组织及各经济体相关当局在编制上述统计数据时，均基于国际权威统计手册确立的统计制度、方法和最佳实践进行，原始数据源的质量一般都由政府保证，即使部分经济体的统计实践不同于其他经济体，但都会明确地说明这些差异，让读者充分了解、评估并使用。

(三)"一带一路"投资国别风险评估指标体系

随着全球经济不确定因素的增加，国际政治经济形势日趋复杂多变，而"一带一路"投资规模也在快速增长，其面临的风险也随之加大，其中包括市场风险和非市场风险。市场风险包括经营风险、市场竞争风险等；非市场风险包括政治风险、自然灾害风险、疫情全球大流行风险等。一般而言，人力不可抗拒的自然灾害风险和企业面临的经营风险是企业必须面对和承担的风险，而政治风险、经济风险和金融风险，则是在一定程度上可以预判的国家风险。当前，"一带一路"建设进入高质量发展阶段，高质量共建"一带一路"对共建国家投资风险防范提出了新的要求，需要构建全面、系统、客观的"一带一路"投资国别风险评估指标体系。为了使构建的"一带一路"投资国别风险评估指标体系符合跨国投资风险管理基本理论、借鉴全球相关实践的成功经验、体现高质量共建"一带一路"的基本要求，同时遵循指标体系构建的系统性、科学性、合理性、可操作性以及客观适用性等基本原则，我们选择了政治风险、经济风险、金融风险、社会风险和双边关系风险五个维度。

1. 政治风险

政治风险是投资者所在国与东道国政治环境发生变化、东道国政局不稳、政策法规发生重大改变等导致海外投资企业面临的风险。对于企业海外投资来说，东道国政治状况是否稳定、政府治理效率的高低都直接影响海外投资安全与效益。而政治治理风险相对比较复杂，对其预测的难度很大。世界银行跨国投资担保机构（Multinational Investment Guarantee Agency，MIGA）在2009年的报告中指出，广义的政治风险是指跨国企业经营因东道国或母国的政治力量发生重大改变或发生重大政治事件，或因国际政治环境发生重大变化而受损的情况。对于中国企业海外投资来说，政治风险是最大的风险之一，一旦发生，企业遭受的损失将是不可估量的。一般而言，政治风险包括领导人乃至政权发生意想不到的重大变化、国家政策发生无法预料的重大改变等。一个国家的政治变化是一个持续的过程，因此海外投资企业必须建立有效的风险监控和预警系统，尽可能早地预判政治风险前兆，争取主动，跟踪东道国和相关国家的政治形势变化趋势，在政治风险发生前采取有效措施，最大限度地避免不必要的损失。

目前较为权威的政治风险评估体系是由政治风险服务集团（Political Risk Service Group，PRS Group）发布的国别风险指南（International Country Risk Guide，ICRG）中的政治风险指数，王海军、孟醒和董有德，张艳辉等，赵青和张华容[①]的相关研究都运用了该评价体系。我们这项研究也参考了 ICRG 指标库，选择与"一带一路"投资可能有较大的影响且相互独立的指标，例如政府稳定、外部冲突、腐败控制、反馈问责、官僚

---

① 王海军：《政治风险与中国企业对外直接投资——基于东道国与母国两个维度的实证分析》，《财贸研究》2012 年第 1 期；孟醒、董有德：《社会政治风险与我国企业对外直接投资的区位选择》，《国际贸易问题》2015 年第 4 期；张艳辉、杜念茹、李宗伟、石泉：《国家政治风险对我国对外直接投资的影响研究——来自112 个国家的经验证据》，《投资研究》2016 年第 2 期；赵青、张华容：《政治风险对中国企业对外直接投资的影响研究》，《山西财经大学学报》2016 年第 7 期。

质量五个二级指标，而其中反映政府稳定的因素包括政府内部的分化程度、立法权威性、大众支持程度，这是对东道国当届政府执行其政策的能力和继续执政可能性的评估，得分越高，表示这个国家的政府稳定性越强，风险也就越低。

2. 经济风险

经济风险主要反映的是一国经济发展前景的不确定性，可能导致外商投资活动蒙受经济损失。东道国的经济发展状况是海外投资的基础，也是决定海外投资经济效益的关键因素。东道国经济发展前景向好，那么海外投资经济利益波动就小；而如果东道国的经济发展出现停滞或下滑的情况，就会直接给海外投资带来不利影响。经济风险在所有国家风险因素中是最为客观且直接的，可以从相关经济指标数据中得到及时监控，如经济增长、通货膨胀、国际收支等，因此相对来说比较便于预测。我们选择人均 GDP、GDP 增速、年通货膨胀率、预算余额占 GDP 百分比、经常账户余额占 GDP 百分比五个指标分别反映"一带一路"投资东道国的经济增长、通货膨胀、政府收支、国际收支等水平，以监测东道国的经济发展质量。

3. 金融风险

金融风险反映的是东道国金融市场价格波动以及国家偿债能力变化引起的不确定性。本研究选择汇率波动以说明东道国金融市场的价格波动风险，用外债总额占 GDP 百分比、外债还本付息总额占商品和服务出口百分比、经常账户余额占商品和服务出口百分比、外汇储备（含黄金）支持进口的月数和汇率波动五个指标测度东道国的国际收支余额及其外汇储备在偿还外国债务方面的能力。东道国的金融状况是对外直接投资的前提，直接影响海外投资投向及海外投资的可持续性。

4. 社会风险

社会风险是由于社会稳定方面出现问题而对"一带一路"投资形成风险压力的情况。外资企业在一个国家投资需要一个安全、良好的社会环境，良好的社会保障创造良好的投资和发展环境。我们选择国内社会冲突、法律制度稳定、对外国资本和人员流动的限制、劳动力市场管制、营商环境五个指标测度东道国的社会安全程度。国内社会冲突指标反映的是东道国内部存在的内战或者恐怖主义、民间动乱等方面的可能性。通过估计其对国家治理的实际影响或潜在影响得到风险得分，这部分数据参考 ICRG 数据库提供的历年共建"一带一路"国家的得分情况。法律制度稳定衡量的是社会成员对社会规则的遵守程度和信心，尤其是契约执行、产权、警察和法院质量，以及发生犯罪和暴力事件的可能性，这些也属于社会风险的内容并直接影响投资效益的不确定性因素，相关数据来自世界银行发布的 WGI 数据库。考虑到跨国投资涉及东道国对外国资本和人员流动的政策影响，为评估这种风险，我们引入东道国对外国资本和人员流动的限制情况进行分析。跨国投资项目建设必然涉及当地劳工问题，而劳工风险也一直是近些年居高不下的投资风险之一，因此我们选择东道国劳动力市场管制作为风险指标进行分析。外商企业进入东道国过程中必然要考虑营商环境问题，世界银行从 2001 年就成立了 Doing Business 研究小组，负责测算各国的营商环境水平，主要涵盖了企业生命周期的 10 个领域：开办企业、办理施工许可、获得电力、登记财产、获得信贷、保护投资者、纳税、跨境贸易、执行合同和办理破产，可以比较好地体现跨国企业在东道国的营商便利度水平。需要说明的是，世界银行在不同年份所采用的测算方法及选择的指标存在一些差异，因此直接估计得分不具有跨年度可比性，而自

2003 年以来世界银行测度的 190 个国家的样本未变，我们通过这些国家的相对位次排名来分析其营商环境的水平。

5. 双边关系风险

"一带一路"投资主要是中国对共建"一带一路"国家的投资，因此中国与这些国家之间的关系紧密度就很重要，包括外交关系、经济贸易关系、金融合作关系等。我们选择了五个指标来分析双边关系，即是否与中国签订双边投资协定（BITs）、东道国对华限制情况、贸易依存度、投资依存度、对中国免签情况五个方面。这里需要特别说明的是，我们选择的双边关系指标，主要参考了中国社会科学院的《海外投资风险评级报告》，但是其在"对华关系"指标中所涉及的两个主观变量即"投资受阻程度"和"双边政治关系"，使用的都是德尔菲法，具有较强的主观性，因此我们选择"对华限制"这一因素，通过获得相关数据进行客观分析，力争反映出东道国与中国的实际关系情况。

近些年来，有的国家对华歧视性限制频现，因此中国企业承受了比较多的政治风险。由于制度差异、文化差异、意识形态差异的存在以及在中国崛起过程中面临的国际政治竞争加剧，我国国有企业在跨国并购活动方面屡受歧视性打压。这些趋于频繁的对中国投资的特别政治干扰或限制，我们称其为中国企业对外投资过程中的"对华限制"因素。中海油、五矿集团、华为、中航通飞等许多中国企业都在对美国和澳大利亚的投资中因所谓的涉及国家安全遭受审查，有的投资项目也被否决，这就是比较典型的带有歧视性打压色彩的"对华限制"。对华限制往往体现在对华投资的严厉审查、质疑或否决方面，这样的特别措施往往也体现了东道国对中国投资的不信任并设法加以限制，因此我们从一些国家对中国投资项目进行否决的情况入手，建立对华限制指标。基于这一指标构建的思路，我们根据中国对外投资失败交易情况计算出各国对华限制因素的情况，计算公式如下：

$$RC_i = 1 - (Trb_i - Trb_{globe})$$

其中，Trb_i 为中国对 i 国投资失败宗数占在 i 国总交易宗数比，Trb_{globe} 为中国在全球投资失败宗数占在全球总交易宗数比。

由于统计资料存在的问题，我们参考了孟凡臣和蒋帆的处理方法[1]，对于中国对部分国家投资只有一宗交易且失败的，以保守估计的做法使用除此情况外最高的失败率做代替。对于部分国家没有投资交易记录的，使用全球平均问题交易率来替代。

二、"一带一路"投资国别风险测算

我们这项研究试图对投资于共建"一带一路"国家的国别风险做出测算、排序与评价。基于前述筛选的重要维度与主要指标，我们首先构建一个具有两层结构的评估模型来反映综合风险指数所包括的主要方面和内容，然后基于这些内容计算出综合值，这个综合值就是共建"一带一路"国家的综合投资风险指数。

(一)国别风险指数模型的构建与测算方法

我们的研究对象是到本文写作时为止的 149 个共建"一带

---

[1] 孟凡臣、蒋帆：《中国对外直接投资政治风险量化评价研究》，《国际商务研究》2014 年第 5 期。

一路"国家(不包括中国),基于我们确定的"一带一路"投资国别
风险评估指标体系,构建了一个双层结构评估模型,模型中所
包括的一级指标涉及 5 个方面,分别是政治风险、经济风险、
金融风险、社会风险、双边关系风险;每个一级指标又各自细
分为 5 个二级指标,5 个方面的内容共计有 25 个二级指标。同
一级的不同指标之间是并列关系,而二级指标隶属于一级指标。
两级指标之间的关系如图 3-7 所示。

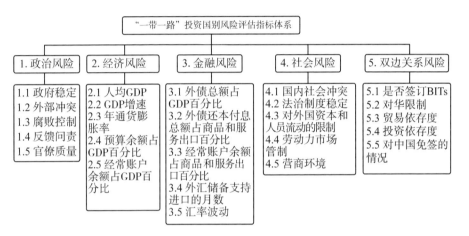

图 3-7 "一带一路"投资国别风险指数评估结构

在测算"一带一路"投资国的综合风险指数时,采用由低到
高逐层加权平均的定量计算方法。具体地讲,就是指总的风险
指数是由 5 个一级指标等权平均所获得的,每个一级指标的数
值又是由隶属该一级指标的所有二级指标通过等权平均所得出
的。评估模型通过原始数据矩阵(DATA)、评分矩阵
(SCORE)和排序矩阵(RANK)计算得到,计算过程分为三步。

第一步,构建原始数据矩阵(DATA)。

DATA 矩阵共有 149 行和 25 列,其元素是 X_{ij}。X_{ij} 表示
第 i 个国家($i=1$,…,149)对应第 j 项二级指标($j=1$,…,

25)的原始数据。DATA 矩阵的每一列对应于在某一个指标下所有国家的原始数据，而不同列的单位是不相同的。每一行对应于某一个国家在所有指标下的原始数据。于是，DATA 矩阵可记作：

$$DATA = \begin{bmatrix} X_{11} & X_{12} & \cdots & X_{1\,25} \\ X_{21} & X_{22} & \cdots & X_{2\,25} \\ \vdots & \vdots & \vdots & \vdots \\ X_{149\,1} & X_{149\,2} & \cdots & X_{149\,25} \end{bmatrix}_{149 \times 25}$$

第二步，构建评分矩阵（SCORE）。

首先，根据 DATA 矩阵，构建出二级指标评分矩阵，记为 $SCORE^{(2)}$。$SCORE^{(2)}$ 矩阵共有 149 行和 25 列，其元素是 $S_{ij}^{(2)}$。$S_{ij}^{(2)}$ 表示第 i 个国家（$i=1, \cdots, 149$）对应第 j 项二级指标（$j=1, \cdots, 25$）的评分结果。$SCORE^{(2)}$ 矩阵的每一列对应于在某一个二级指标下所有国家的评分结果。$SCORE^{(2)}$ 矩阵的每一行对应于某一个国家在所有二级指标下的评分结果。

指标体系中的指标分为正向指标和负向指标，正向指标指的是原始数据值越大得分越高，比如人均 GDP、GDP 增速等指标，负向指标是原始数据值越大得分越低，比如通货膨胀率、汇率波动等指标。不同类型的指标，在进行标准化的过程中测算方法也不同。其中，对于负向指标，数据越大，评分越低。设置原始数据取到最小值 $\left[\min\limits_{y=2016,\cdots,2020} \left(\min\limits_{i=1,\cdots,149} (\{X_{ij}\}) \right) \right]$ 的国家评分为满分，原始数据取到最大值 $\left[\max\limits_{y=2016,\cdots,2020} \left(\max\limits_{i=1,\cdots,149} \{X_{ij}\} \right) \right]$ 的国家评分为零分，此处标准化过程采用的是面板归一化方法，在全样本区间内进行数据的标准化，其中选择的样本年份是 $y=2016, \cdots, 2020$。那么，$S_{ij}^{(2)}$ 的计算公式为

$$S_{ij}^{(2)} = \frac{\max\limits_{y=2016,\cdots,2020} \left(\max\limits_{i=1,\cdots,149} \{X_{ij}\} \right) - X_{ij}}{\max\limits_{y=2016,\cdots,2020} \left(\max\limits_{i=1,\cdots,149} \{X_{ij}\} \right) - \min\limits_{y=2016,\cdots,2020} \left(\min\limits_{i=1,\cdots,149} \{X_{ij}\} \right)} \times 100$$

并且有 $0 \leqslant S_{ij}^{(2)} \leqslant 100$。

对于正向指标，数据越大，评分越高。设置原始数据取到最大值 $\left[\max\limits_{y=2016,\cdots,2020} \left(\max\limits_{i=1,\cdots,149} \{X_{ij}\} \right) \right]$ 的国家评分为满分，原始数据取到最小值 $\left[\min\limits_{y=2016,\cdots,2020} \left(\min\limits_{i=1,\cdots,149} \{X_{ij}\} \right) \right]$ 的国家评分为零分。那么，$S_{ij}^{(2)}$ 的计算公式为

$$S_{ij}^{(2)} = \frac{X_{ij} - \min\limits_{y=2016,\cdots,2020} \left(\min\limits_{i=1,\cdots,149} \{X_{ij}\} \right)}{\max\limits_{y=2016,\cdots,2020} \left(\max\limits_{i=1,\cdots,149} \{X_{ij}\} \right) - \min\limits_{y=2016,\cdots,2020} \left(\min\limits_{i=1,\cdots,149} \{X_{ij}\} \right)} \times 100$$

并且有 $0 \leqslant S_{ij}^{(2)} \leqslant 100$。

由上述公式计算得到 SCORE$^{(2)}$ 矩阵的每一个元素，从而得到 SCORE$^{(2)}$ 的以下矩阵：

$$\text{SCORE}^{(2)} = \begin{bmatrix} S_{11}^{(2)} & S_{12}^{(2)} & \cdots & S_{1\,25}^{(2)} \\ S_{21}^{(2)} & S_{22}^{(2)} & \cdots & S_{2\,25}^{(2)} \\ \vdots & \vdots & \vdots & \vdots \\ S_{149\,1}^{(2)} & S_{149\,2}^{(2)} & \cdots & S_{149\,25}^{(2)} \end{bmatrix}_{149 \times 25}$$

然后，根据 SCORE$^{(2)}$ 矩阵，构建出一级指标评分矩阵记为 SCORE$^{(1)}$。SCORE$^{(1)}$ 矩阵共有 149 行和 5 列，其元素是 $S_{ij}^{(1)}$。$S_{ij}^{(1)}$ 表示第 i 个国家（$i=1$，$\cdots$，149）对应第 j 项一级指标（$j=1$，$\cdots$，5）的评分结果。SCORE$^{(1)}$ 矩阵的每一列对应于在某一个一级指标下所有国家的评分结果。SCORE$^{(1)}$ 矩阵的每一行对应于某一个国家在所有一级指标下的评分结果。假设第 j 项一级指标（$j=1$，$\cdots$，5）包括的二级指标是 SCORE$^{(2)}$ 矩阵中的第 s 列至第 t 列，设第 p 列（$s \leqslant p \leqslant t$）的权重为 $w_p^{(2)} \geqslant 0$。那么，$S_{ij}^{(1)}$ 等于所有二级指标的加权平均值，计算公式为

$$S_{ij}^{(1)} = \frac{\sum_{p=s}^{t} (S_{ij}^{(2)} \cdot w_p^{(2)})}{\sum_{p=s}^{t} w_p^{(2)}}$$

并且有 $0 \leqslant S_{ij}^{(1)} \leqslant 100$。本研究选取权重均为 1，由此公式计算得到 SCORE$^{(1)}$ 矩阵的每一个元素，从而得到 SCORE$^{(1)}$ 的以下矩阵：

$$SCORE^{(1)} = \begin{bmatrix} S_{11}^{(1)} & S_{12}^{(1)} & \cdots & S_{15}^{(1)} \\ S_{21}^{(1)} & S_{22}^{(1)} & \cdots & S_{25}^{(1)} \\ \vdots & \vdots & \vdots & \vdots \\ S_{149\,1}^{(1)} & S_{149\,2}^{(1)} & \cdots & S_{149\,5}^{(1)} \end{bmatrix}_{149 \times 5}$$

最后，根据 SCORE$^{(1)}$ 矩阵，构建出风险指数评分矩阵 (SCORE)。SCORE 矩阵共有 149 行和 1 列，其元素是 S_i。S_i 表示第 i 个国家（$i=1$，…，149）对应风险指数的评分结果。假设第 j 项一级指标（$j=1$，…，5）的权重为 $w_j^{(1)} \geqslant 0$。那么，S_i 等于 5 个一级指标的加权平均值，计算公式为

$$S_i = \frac{\sum_{j=1}^{5} (S_{ij}^{(1)} \cdot w_j^{(1)})}{\sum_{j=1}^{5} w_j^{(1)}}$$

并且有 $0 \leqslant S_i \leqslant 100$。本研究选取权重均为 1，由此公式计算得到 SCORE 矩阵的每一个元素，从而得到 SCORE 的以下矩阵：

$$SCORE = \begin{bmatrix} S_1 \\ S_2 \\ \vdots \\ S_{149} \end{bmatrix}_{149 \times 1}$$

第三步，构建排序矩阵（RANK）。

先是根据SCORE$^{(2)}$矩阵，构建出二级指标排序矩阵，记为RANK$^{(2)}$。RANK$^{(2)}$矩阵共有 149 行和 25 列，其元素是 $R_{ij}^{(2)}$。$R_{ij}^{(2)}$ 表示第 i 个国家($i=1$，…，149)对应第 j 项二级指标($j=1$，…，25)的排序结果。RANK$^{(2)}$ 矩阵的每一列对应于在某一个二级指标下所有国家的排序结果。RANK$^{(2)}$ 矩阵的每一行对应于某一个国家在所有二级指标下的排序结果。把SCORE$^{(2)}$ 矩阵的第 j 列元素按由高到低的顺序排列，那么 $R_{ij}^{(2)}$ 就等于 $S_{ij}^{(2)}$ 在这个排列中的位置顺序，计算公式为

$$R_{ij}^{(2)} = \mathrm{Rank}\{S_{ij}^{(2)} \mid [S_{ij}^{(2)}]_{i=1,\cdots,149}\}$$

并且有 $1 \leqslant R_{ij}^{(2)} \leqslant 149$。$R_{ij}^{(2)} = 1$ 表示该国家这项指标在 149 个国家中评分最高，位列第一名；$R_{ij}^{(2)} = 149$ 表示该国家这项指标在 149 个国家中评分最低，位列最后一名。由此公式计算得到 RANK$^{(2)}$ 矩阵的每一个元素，从而得到 RANK$^{(2)}$ 的以下矩阵：

$$\mathrm{RANK}^{(2)} = \begin{bmatrix} R_{1\,1}^{(2)} & R_{1\,2}^{(2)} & \cdots & R_{1\,25}^{(2)} \\ R_{2\,1}^{(2)} & R_{2\,2}^{(2)} & \cdots & R_{2\,25}^{(2)} \\ \vdots & \vdots & \vdots & \vdots \\ R_{149\,1}^{(2)} & R_{149\,2}^{(2)} & \cdots & R_{149\,25}^{(2)} \end{bmatrix}_{149 \times 25}$$

然后，根据 SCORE$^{(1)}$ 矩阵，构建出一级指标排序矩阵(RANK$^{(1)}$)。RANK$^{(1)}$ 矩阵共有 149 行和 5 列，其元素是 $R_{ij}^{(1)}$。$R_{ij}^{(1)}$ 表示第 i 个国家($i=1$，…，149)对应第 j 项一级指标($j=1$，…，5)的排序结果。RANK$^{(1)}$ 矩阵的每一列对应于在某一个一级指标下所有国家的排序结果。RANK$^{(1)}$ 阵的每一行对应于某一个国家在所有一级指标下的排序结果。把SCORE$^{(1)}$ 矩阵的第 j 列元素按由高到低的顺序排列，那么 $R_{ij}^{(1)}$ 就等于 $S_{ij}^{(1)}$ 在这个排列中的位置顺序，计算公式为

$$R_{ij}^{(1)} = \mathrm{Rank}\{S_{ij}^{(1)} \mid [S_{ij}^{(1)}]_{i=1,\cdots,149}\}$$

并且有 $1 \leqslant R_{ij}^{(1)} \leqslant 149$。$R_{ij}^{(1)} = 1$ 表示该国家这项指标在 149 个国家中评分最高，位列第一名；$R_{ij}^{(1)} = 149$ 表示该国家这项指标在 149 个国家中评分最低，位列最后一名。由此公式计算得到 RANK$^{(1)}$ 矩阵的每一个元素，从而得到 RANK$^{(1)}$ 的下面的矩阵：

$$\text{RANK}^{(1)} = \begin{bmatrix} R_{1\,1}^{(1)} & R_{1\,2}^{(1)} & \cdots & R_{1\,5}^{(1)} \\ R_{2\,1}^{(1)} & R_{2\,2}^{(1)} & \cdots & R_{2\,5}^{(1)} \\ \vdots & \vdots & \vdots & \vdots \\ R_{149\,1}^{(1)} & R_{149\,2}^{(1)} & \cdots & R_{149\,5}^{(1)} \end{bmatrix}_{149 \times 5}$$

最后，根据 SCORE 矩阵，构建出排序矩阵（RANK）。RANK 矩阵共有 149 行和 1 列，其元素是 R_i。R_i 表示第 i 个国家（$i = 1$，…，149）风险指数的排序结果，那么将 SCORE 矩阵的这一列元素按由高到低的顺序排列，R_i 就等于 S_i 在这个排列中的位置顺序，计算公式为

$$R_i = \text{Rank}\{S_i \mid [S_i]_{i=1,\cdots,149}\}$$

并且有 $1 \leqslant R_i \leqslant 149$。$R_i = 1$ 表示该国家这项指标在 149 个国家中评分最高，位列第一名；$R_i = 149$ 表示该国家这项指标在 149 个国家中评分最低，位列最后一名。于是，RANK 矩阵可记作：

$$\text{RANK} = \begin{bmatrix} R_1 \\ R_2 \\ \vdots \\ R_{149} \end{bmatrix}_{149 \times 1}$$

(二)数据来源及其相关处理方法

结合"一带一路"投资风险评估指标体系的构建，对指数进行数据收集，这项研究基本上属于宏观层面的研究，因此本研

究选择国际上比较权威的数据库作为数据来源的基础，包括世界银行的世界发展指数 WDI 数据库、联合国贸发会议(UNCTAD)数据库、国际货币基金组织数据库等，以及其他一些数据库，如 ICRG 数据库等。

本研究主要用的是截至 2020 年的统计数据，对于个别国家缺失个别年份数据的情况，我们参考已有相关研究的处理方法进行数据补充。2016—2020 年，并非所有国家和所有年份的所有数据都可用，因此我们使用线性插值来估算系列中的缺失值，而序列开头或结尾的缺失值则使用可用的最近观察值来替代。具体来说，这意味着我们在一个序列的开头丢失数据的情况下向后沿用最后一个值，在一个序列的结尾丢失数据的情况下向前沿用最后一个值。对数据的标准化处理方面，每个变量被转换成一个从 1 到 100 的指数，其中 100 被分配给整个国家样本和整个时间段内特定变量的最大值。它类似于根据原始分布的百分位数对数列进行的变换，这个过程被称为面板归一化，我们采用面板标准化对数据进行处理，使得分在不同年度之间具有可比性，详细公式前述内容已有交代，此处不再赘述。

(三)国别投资风险测算结果与排序

根据以上设计的测算方法，运用世界银行、国际货币基金组织、联合国系统相关机构以及国际权威机构所提供的相关数据，我们既得出了与"一带一路"投资国别风险相关的 5 个重要方面的专项得分和专项排序，也得出了由 5 个方面整合而成的综合风险评估得分和排序。测算得到 2016—2020 年共建"一带一路"国家的投资风险水平，测算出综合投资风险的五年平均得分、排名及其分项投资风险得分，如表 3-5 所示。

表 3-5 共建"一带一路"国家投资风险指数得分与排序（2016—2020 年平均值）

国家	综合投资风险		分项投资风险得分				
	排名	得分	政治风险	经济风险	金融风险	社会风险	双边关系
卢森堡	1	71.03	81.31	74.31	67.11	76.80	55.60
新加坡	2	70.86	75.00	67.97	64.77	86.40	60.17
新西兰	3	68.94	81.71	60.62	70.14	93.53	38.71
马耳他	4	67.24	75.21	59.31	66.57	78.30	56.80
奥地利	5	67.19	81.34	61.50	62.29	75.26	55.54
爱沙尼亚	6	66.32	69.29	57.29	68.09	81.33	55.62
韩国	7	65.86	62.97	60.18	71.92	75.71	58.53
塞浦路斯	8	65.25	71.89	57.49	63.40	73.71	59.74
捷克	9	65.00	65.64	56.98	67.02	79.72	55.65
斯洛伐克	10	64.42	69.61	55.81	63.50	73.55	59.65
立陶宛	11	64.35	64.73	56.93	66.75	77.76	55.57
阿联酋	12	64.21	65.48	61.66	69.46	72.59	51.87
匈牙利	13	64.16	69.92	55.91	63.01	72.28	59.67
斯洛文尼亚	14	63.79	67.19	58.79	62.36	70.93	59.69
乌拉圭	15	63.53	61.58	55.49	70.17	69.07	61.33
葡萄牙	16	63.51	68.87	56.39	62.92	73.71	55.66
波兰	17	63.45	67.24	56.16	66.96	71.21	55.70
萨摩亚	18	63.34	81.71	54.26	67.98	72.07	40.70
汤加	19	63.06	81.71	53.17	70.55	69.70	40.19
克罗地亚	20	62.37	63.54	55.97	64.97	67.79	59.60
意大利	21	62.19	64.79	58.48	59.54	72.40	55.73
智利	22	62.16	61.82	54.83	69.78	62.98	61.39
斐济	23	62.13	81.71	51.76	69.37	67.64	40.19
马来西亚	24	61.94	58.30	56.14	68.38	72.02	54.86

续表

国家	综合投资风险		分项投资风险得分				
	排名	得分	政治风险	经济风险	金融风险	社会风险	双边关系
基里巴斯	25	61.37	81.71	64.75	76.23	63.68	20.48
保加利亚	26	61.31	56.62	55.09	67.85	71.41	55.61
秘鲁	27	61.22	57.00	53.66	71.32	65.06	59.05
罗马尼亚	28	61.19	57.06	54.51	66.80	71.94	55.63
特立尼达和多巴哥	29	61.11	58.31	55.16	67.76	64.60	59.71
北马其顿	30	60.90	58.59	53.42	66.41	66.62	59.46
牙买加	31	60.84	63.97	53.53	61.37	65.33	59.98
拉脱维亚	32	60.72	62.91	55.95	67.02	82.09	35.63
瓦努阿图	33	60.48	81.71	55.09	72.01	68.90	24.71
阿曼	34	60.47	55.52	52.65	67.87	64.75	61.58
菲律宾	35	60.46	63.48	54.38	71.15	51.60	61.69
卡塔尔	36	60.44	51.44	63.74	67.53	67.43	52.05
文莱	37	60.14	55.57	59.59	72.17	73.10	40.25
佛得角	38	59.87	68.87	51.73	66.19	52.60	59.94
阿尔巴尼亚	39	59.00	58.10	52.66	66.38	57.91	59.94
南非	40	58.95	58.64	52.86	67.45	54.96	60.83
博茨瓦纳	41	58.86	60.54	54.86	73.13	74.26	31.53
纽埃	42	58.85	81.71	56.49	69.27	67.42	19.35
圭亚那	43	58.81	57.09	52.70	68.36	55.99	59.91
科威特	44	58.74	46.39	60.81	72.82	53.19	60.50
库克群岛	45	58.54	81.71	57.75	67.98	65.19	20.09
塞尔维亚	46	58.54	53.71	53.87	65.51	60.09	59.54
希腊	47	58.46	65.45	55.15	58.65	57.21	55.86
加纳	48	58.46	62.65	53.34	68.48	50.59	57.23

续表

国家	综合投资风险		分项投资风险得分				
	排名	得分	政治风险	经济风险	金融风险	社会风险	双边关系
密克罗尼西亚联邦	49	58.05	81.71	54.94	71.46	61.86	20.28
哥斯达黎加	50	57.96	55.92	54.56	67.79	71.61	39.93
蒙古国	51	57.22	57.84	52.42	49.11	63.27	63.43
所罗门群岛	52	57.13	81.71	52.80	72.34	55.47	23.34
巴林	53	57.13	52.47	54.43	64.91	62.16	51.65
印度尼西亚	54	57.12	55.83	53.78	66.27	48.86	60.88
越南	55	56.75	46.47	54.79	69.11	51.89	61.51
哈萨克斯坦	56	56.69	52.48	54.53	60.08	58.52	57.85
摩洛哥	57	56.38	54.33	52.93	68.92	45.93	59.76
阿根廷	58	56.35	55.52	53.40	63.24	49.39	60.17
格鲁吉亚	59	56.33	36.13	52.40	61.51	71.54	60.05
泰国	60	56.21	45.57	55.99	71.58	47.21	60.69
塞舌尔	61	55.81	53.24	51.99	66.58	67.65	39.60
巴拿马	62	55.75	61.07	54.29	59.47	66.83	37.10
巴巴多斯	63	55.56	49.59	53.84	62.04	56.51	55.81
突尼斯	64	55.51	54.82	50.95	65.03	47.11	59.67
波黑	65	55.37	58.62	53.86	66.69	58.26	39.42
亚美尼亚	66	55.35	35.67	53.30	62.82	64.99	59.99
斯里兰卡	67	55.07	52.57	53.17	64.29	44.94	60.37
柬埔寨	68	54.79	42.69	52.84	69.39	51.56	57.50
坦桑尼亚	69	54.62	44.30	53.48	68.71	45.20	61.43
沙特阿拉伯	70	54.52	47.17	56.43	76.61	53.94	38.44
摩尔多瓦	71	54.49	42.89	52.33	66.73	50.99	59.49
黑山	72	54.38	58.62	49.94	52.88	70.68	39.76

续表

国家	综合投资风险		分项投资风险得分				
	排名	得分	政治风险	经济风险	金融风险	社会风险	双边关系
巴布亚新几内亚	73	54.21	45.12	57.75	65.87	55.36	46.97
埃及	74	54.17	48.40	52.68	67.71	41.72	60.33
土耳其	75	54.04	43.86	55.01	64.02	47.56	59.74
厄瓜多尔	76	53.92	46.14	52.99	64.58	45.58	60.32
俄罗斯	77	53.78	32.25	54.92	71.01	51.27	59.44
多米尼克	78	53.75	49.59	47.80	66.20	64.85	40.33
尼泊尔	79	53.72	56.19	53.65	70.90	47.83	40.04
吉尔吉斯斯坦	80	53.53	41.03	52.20	62.97	46.36	65.09
玻利维亚	81	53.53	46.66	52.66	69.98	38.54	59.80
乌兹别克斯坦	82	53.49	41.03	54.45	72.20	39.04	60.75
加蓬	83	53.45	41.10	54.95	68.27	40.88	62.05
阿塞拜疆	84	53.36	28.85	55.91	69.44	52.96	59.64
莱索托	85	53.36	58.64	51.26	69.46	47.86	39.56
伊朗	86	53.31	36.91	54.20	74.09	40.41	60.97
冈比亚	87	53.30	53.63	52.21	67.31	56.74	36.61
尼日利亚	88	53.21	43.57	52.90	71.28	41.04	57.24
孟加拉国	89	52.88	52.42	54.25	71.20	36.84	49.67
纳米比亚	90	52.69	63.08	52.27	66.68	61.70	19.71
卢旺达	91	52.68	44.30	52.01	66.06	69.21	31.79
白俄罗斯	92	52.32	38.74	53.91	66.17	51.10	51.58
乌克兰	93	51.97	41.59	53.04	63.73	41.42	60.07
老挝	94	51.94	42.69	52.69	64.95	37.95	61.41
塔吉克斯坦	95	51.19	41.03	54.37	64.39	34.34	61.80
肯尼亚	96	51.18	56.33	52.53	66.60	52.69	27.77

续表

国家	综合投资风险		分项投资风险得分				
	排名	得分	政治风险	经济风险	金融风险	社会风险	双边关系
多米尼加	97	51.03	52.61	54.82	66.73	61.10	19.91
埃塞俄比亚	98	50.97	40.44	53.58	65.24	35.10	60.51
科摩罗	99	50.92	50.44	52.72	71.30	39.23	40.92
马达加斯加	100	50.87	53.24	53.12	70.52	36.72	40.73
津巴布韦	101	50.55	35.31	52.03	64.70	40.34	60.35
东帝汶	102	50.16	43.41	52.24	66.80	47.33	41.04
利比里亚	103	50.10	43.11	48.64	67.64	39.64	51.44
巴基斯坦	104	50.05	45.15	52.49	66.15	29.18	57.29
安提瓜和巴布达	105	49.95	49.59	52.42	64.43	63.00	20.30
赞比亚	106	49.79	47.14	53.41	62.88	64.30	21.21
马尔代夫	107	49.72	52.57	47.45	67.10	41.28	40.22
古巴	108	49.65	49.32	53.11	67.88	37.68	40.24
阿尔及利亚	109	49.49	45.81	50.09	75.13	28.33	48.07
刚果（布）	110	49.48	45.52	44.89	66.46	27.80	62.75
缅甸	111	49.31	38.90	54.22	70.63	23.26	59.52
格林纳达	112	49.05	49.59	50.79	67.59	37.71	39.55
赤道几内亚	113	48.79	38.61	52.16	64.72	31.63	56.85
塞内加尔	114	48.77	48.22	53.00	65.67	36.00	40.98
马里	115	48.57	31.29	53.32	68.89	29.58	59.79
布基纳法索	116	48.37	48.82	53.37	69.48	38.56	31.62
乌干达	117	48.22	38.91	53.03	68.57	60.66	19.95
贝宁	118	48.15	42.51	53.06	68.72	34.87	41.57
苏里南	119	48.07	56.51	52.11	66.50	45.37	19.85
萨尔瓦多	120	47.78	55.26	53.19	60.57	50.10	19.79

续表

国家	综合投资风险		分项投资风险得分				
	排名	得分	政治风险	经济风险	金融风险	社会风险	双边关系
吉布提	121	47.18	35.86	56.05	67.56	34.51	41.88
布隆迪	122	47.15	44.30	49.35	66.07	36.22	39.81
多哥	123	47.13	36.07	53.74	69.13	32.50	44.22
科特迪瓦	124	47.02	39.53	54.00	67.25	34.27	40.06
圣多美和普林西比	125	47.01	38.61	49.95	66.20	48.51	31.80
塞拉利昂	126	46.91	48.68	49.22	66.68	36.87	33.13
安哥拉	127	46.73	44.17	53.49	64.77	28.44	42.75
马拉维	128	46.52	49.70	50.31	67.18	45.56	19.87
伊拉克	129	46.50	39.82	55.97	62.66	25.85	48.20
毛里塔尼亚	130	46.47	41.77	51.91	65.54	35.27	37.86
尼加拉瓜	131	46.08	37.76	53.14	64.81	54.98	19.70
莫桑比克	132	45.93	47.65	49.53	61.63	29.99	40.86
几内亚	133	45.91	39.23	54.26	70.40	27.50	38.13
阿富汗	134	45.05	41.03	49.43	68.81	26.09	39.88
喀麦隆	135	45.01	36.11	53.59	68.61	29.50	37.25
厄立特里亚	136	44.86	33.39	56.75	67.56	25.97	40.61
苏丹	137	44.81	23.88	48.42	64.88	25.94	60.96
黎巴嫩	138	44.22	39.25	47.66	54.22	40.04	39.90
尼日尔	139	43.77	41.57	51.33	66.55	27.31	32.09
也门	140	42.14	24.53	51.45	63.58	29.83	41.30
几内亚比绍	141	41.58	41.97	52.36	68.87	24.90	19.81
南苏丹	142	41.23	34.76	50.26	65.54	23.37	32.20
乍得	143	41.00	34.76	50.80	67.70	23.66	28.08
利比亚	144	40.05	31.26	48.19	80.36	20.17	20.25

续表

国家	综合投资风险		分项投资风险得分				
	排名	得分	政治风险	经济风险	金融风险	社会风险	双边关系
叙利亚	145	39.32	26.13	52.56	58.93	18.50	40.48
刚果（金）	146	37.40	23.60	52.89	70.30	18.78	21.42
索马里	147	36.90	19.12	54.35	67.22	21.65	22.16
中非	148	36.31	27.86	51.83	68.36	13.50	19.99
委内瑞拉	149	35.94	26.46	41.41	56.21	14.81	40.82

注：得分越高表示投资安全程度越高，风险越低，反之得分越低表示风险越高。本研究参考了 ICRG 等主流风险评级机构的方法。

三、"一带一路"投资国别综合风险评估

根据以上方法，我们首先对 149 个共建"一带一路"国家的投资风险进行测算和排序，然后做一些基本的评估与分析。

(一)"一带一路"投资风险的国别评估

基于表 3-5 的投资国别风险测算结果，从国别风险水平来看，149 个共建"一带一路"国家投资风险综合水平最低的 10 个国家分别是卢森堡、新加坡、新西兰、马耳他、奥地利、爱沙尼亚、韩国、塞浦路斯、捷克、斯洛伐克；投资风险最高的 10 个国家分别是委内瑞拉、中非、索马里、刚果（金）、叙利亚、利比亚、乍得、南苏丹、几内亚比绍、也门。由此可以看出，风险较低的国家主要是中东欧国家以及新加坡等较发达国家，而风险较高的国家主要是亚非地区的不发达国家或受战争影响的国家。在共建

"一带一路"国家中，发达国家的整体投资风险明显低于发展中国家，卢森堡、新加坡、新西兰等发达国家的投资风险等级排名最靠前。这与中国社会科学院世界经济与政治研究所2020年发布的《中国海外投资国家风险评级报告（2020）》[①]的结果比较一致，其中卢森堡在该报告的排名中也被排在风险最低的第一位。

表3-6显示，综合投资风险最低的这10个国家在政治、经济、社会三个维度的风险也非常低，尤其是经济风险、社会风险和政治风险基本上位于最低风险的20位之内。同时，我们也注意到，金融风险和与中国的双边关系并没有表现出高度一致的特征，而是出现了比较大的分化，比如说在金融风险方面，韩国非常低，排名第12，但奥地利和塞浦路斯则很高，分别排在第135位和第126位。在双边关系方面，新西兰的对华关系排名跌出共建国家100位，位列第113位，即使是在这方面风险最低的国家，也都只是排在50位左右，具有较大的提升潜力。对于这些在经济、社会、政治、金融风险都比较低的重要国家而言，我们如何促进其加深与中国的双边关系发展，对于进一步提升投资风险防范水平、推进高质量共建"一带一路"发展具有重要意义。

表 3-6　投资风险最低的 10 个国家及其分项排名

国家	综合排名	政治风险	经济风险	金融风险	社会风险	双边关系
卢森堡	1	12	1	73	8	69
新加坡	2	14	2	115	2	25

① 中国社会科学院国家全球战略智库国家风险评级项目组、中国社会科学院世界经济与政治研究所国际投资研究室：《中国海外投资国家风险评级报告2022》，中国社会科学出版社 2022 年版。

续表

国家	综合排名	政治风险	经济风险	金融风险	社会风险	双边关系
新西兰	3	1	8	28	1	113
马耳他	4	13	11	88	6	59
奥地利	5	11	6	135	10	71
爱沙尼亚	6	18	17	53	4	67
韩国	7	32	9	12	9	52
塞浦路斯	8	15	16	126	13	38
捷克	9	23	18	75	5	65
斯洛伐克	10	17	33	125	14	43

需要特别说明的是，排名第一位的卢森堡，其在经济发展方面表现排名第一。我们选择的经济风险相关指标包括人均GDP、GDP增速、年通货膨胀率、预算余额占GDP的比重、经常账户占GDP的比重等能够代表一国宏观经济发展水平的指标，卢森堡在各方面的表现都很好，譬如说卢森堡是世界上最富裕的国家，卢森堡人均GDP多年蝉联世界第一，其中2020年的人均GDP为10.96万美元，高居世界第一位，2021年卢森堡的人均GDP更是高达13.5万美元。卢森堡的其他相关指标的表现也都很好，譬如说其人均寿命为82岁，内部冲突很少，通货膨胀率也很低。但是，与我国的关系排名却不高，位居第69位，还有很大的提升空间。

从表3-7中可以看出，投资风险最高的10个国家，无论是政治风险、经济风险、社会风险，还是双边关系方面，排名都比较靠后，因此风险较大。但在金融风险方面，却出现了分化的情况，比如说利比亚在金融维度排在第一位，可能很多人觉得难以理解，主要原因在于利比亚的外汇储备可支付进口的月份数这一指标得分最高，2016年至2020年五年平均值为51.54个月，沙特阿拉伯居于第二，为 29.01 个月，其他国家一般都低于 10 个月，因此利比亚的金融风险最低。这是否科学呢？我们在选择与金融风险相关的指标时，参考了主流风险评级数据库 ICRG 的指标选择，用这一指标来反映相对流动性风险比率，表明有多少个月的进口可以用外汇储备来融资，所以，这个排名是科学的；其他的四个指标即外债总额占 GDP 比重、外债还本付息总额占商品和服务出口的百分比、经常账户余额占商品和服务出口的百分比、汇率波动，也都是 ICRG 和其他权威机构所使用的金融相关指标。

表 3-7　投资风险最高的 10 个国家及其分项排名

国家	综合排名	政治风险	经济风险	金融风险	社会风险	双边关系
委内瑞拉	149	144	149	146	148	91
中非	148	143	124	51	149	140
索马里	147	149	54	71	144	132
刚果（金）	146	148	95	26	146	133
叙利亚	145	145	106	144	147	95
利比亚	144	141	144	1	145	138
乍得	143	137	131	62	141	128
南苏丹	142	136	134	105	142	122
几内亚比绍	141	109	112	42	140	145
也门	140	146	127	124	127	86

当然，仅靠一个维度的表现并不能保证其总体投资风险的低水平。因此，我们最终得出的利比亚的综合投资风险还是很高，因为该国的政治、经济、社会风险都很高，尤其是其政治和安全局势比较差，从而导致利比亚经济重建缓慢，经济增长、国际收支、通货膨胀等方面的情况都比较差。

(二)国别投资风险的动态变化特征

本研究测算了 2016—2020 年的国别投资风险，目的是测算不同年度投资风险的变化情况，动态跟踪风险变化，分析变化原因，预测未来风险情况。以下分别从风险得分与排序的动态变化视角探究共建"一带一路"国家风险演化特征。

从 2016—2020 年的动态变化趋势来看，超过半数的共建国家(83 个，占比 55.70%)的综合投资风险得分呈上升趋势，即这些国家的综合投资风险在下降①。其中巴布亚新几内亚的得分增长幅度最大，从 2016 年的 50.41 分增长到 2020 年的 56.66 分，增长了 6.25 分，综合投资风险降低幅度较大。同样得分增长幅度较大的还有巴林、哈萨克斯坦、卢旺达等国家。希腊、白俄罗斯、乍得等国的得分增长幅度也较大，即这些国家的综合投资风险正在下降，整体趋势向好。与此同时，有66 个国家(占比 44.30%)的综合投资风险水平得分出现了不同程度的下滑，马尔代夫的综合风险得分降低幅度最大，超过6 分，从 2016 年的 51.54 分下降到 2020 年的 45.17 分，斐济、所罗门群岛、黑山、利比亚、斯里兰卡等国家的风险综合得分下降也超过 3 分。这些国家面临风险不断增加的趋势。

以下从 149 个共建"一带一路"国家综合风险排序及其细分风险分析角度，挖掘风险变化的原因。

表 3-8 显示，从排名的变化来看，在 149 个共建"一带一路"国家中，五年间投资风险排名下降的有 76 个国家，其中马尔代夫、斯里兰卡、多米尼克、黑山等国家的排名下降超过 30 位，综

① 此处需要强调的是，本研究对于 2016—2020 年 149 个国家，使用面板归一化方法进行投资风险得分测算，由此得到的得分结果在不同年度内可比。

合投资风险近 5 年大幅上升，特别是马尔代夫从 2016 年的第 89 位下降到 2020 年的第 134 位，下降了 45 位，风险增加幅度非常大。

表 3-8　2020 年相对于 2016 年的综合风险水平排名变化情况

国家	排名变化	国家	排名变化	国家	排名变化
马尔代夫	−45	匈牙利	−8	厄立特里亚	5
斯里兰卡	−34	莱索托	−7	科威特	5
多米尼克	−32	秘鲁	−7	波兰	7
黑山	−32	缅甸	−7	马耳他	7
多米尼加	−29	塞浦路斯	−7	古巴	8
马里	−28	厄瓜多尔	−6	捷克	8
安提瓜和巴布达	−27	马来西亚	−6	俄罗斯联邦	9
赞比亚	−27	蒙古国	−6	加蓬	9
所罗门群岛	−23	南非	−6	卡塔尔	9
牙买加	−23	越南	−6	文莱	9
斐济	−22	科摩罗	−5	伊拉克	9
伊朗	−22	斯洛伐克	−5	奥地利	11
玻利维亚	−21	委内瑞拉	−5	博茨瓦纳	12
格林纳达	−20	科特迪瓦	−4	几内亚	12
乌兹别克斯坦	−19	利比亚	−4	塞内加尔	12
佛得角	−17	泰国	−4	布基纳法索	13
塞舌尔	−17	北马其顿	−3	吉布提	13
阿尔巴尼亚	−16	菲律宾	−2	罗马尼亚	13
黎巴嫩	−16	圭亚那	−2	沙特阿拉伯	13

续表

国家	排名变化	国家	排名变化	国家	排名变化
特立尼达和多巴哥	-16	塔吉克斯坦	-2	阿联酋	14
柬埔寨	-15	印度尼西亚	-2	立陶宛	14
库克群岛	-15	韩国	-1	马拉维	14
摩尔多瓦	-15	南苏丹	-1	乌克兰	15
吉尔吉斯斯坦	-14	新加坡	-1	亚美尼亚	15
阿曼	-13	新西兰	-1	阿尔及利亚	16
布隆迪	-13	也门	-1	葡萄牙	16
尼加拉瓜	-13	喀麦隆	0	瓦努阿图	16
尼泊尔	-13	突尼斯	0	巴拿马	17
萨摩亚	-13	刚果（金）	1	塞拉利昂	18
苏里南	-13	塞尔维亚	1	毛里塔尼亚	19
坦桑尼亚	-12	安哥拉	2	孟加拉国	19
波黑	-11	刚果（布）	2	阿塞拜疆	20
摩洛哥	-11	基里巴斯	2	尼日利亚	21
莫桑比克	-11	几内亚比绍	2	加纳	22
纳米比亚	-11	卢森堡	2	拉脱维亚	23
老挝	-10	苏丹	2	保加利亚	24
马达加斯加	-10	索马里	2	肯尼亚	24
密克罗尼西亚联邦	-10	乌干达	2	圣多美和普林西比	24
萨尔瓦多	-10	中非共和国	2	希腊	24
阿富汗	-9	叙利亚	3	意大利	24

续表

国家	排名变化	国家	排名变化	国家	排名变化
纽埃	−9	巴巴多斯	3	埃及	25
汤加	−9	多哥	3	埃塞俄比亚	26
智利	−9	格鲁吉亚	3	赤道几内亚	26
巴基斯坦	−8	津巴布韦	3	白俄罗斯	28
贝宁	−8	乌拉圭	3	冈比亚	30
哥斯达黎加	−8	爱沙尼亚	4	卢旺达	30
克罗地亚	−8	尼日尔	4	哈萨克斯坦	33
利比里亚	−8	乍得	4	巴林	35
斯洛文尼亚	−8	阿根廷	5	巴布亚新几内亚	44
土耳其	−8	东帝汶	5		

注：负数表示排名下降，投资风险升高，正数表示排名上升，投资风险相对降低。

从马尔代夫细分的风险要素及其对应的排名变化来看，从2016年到2020年，其政治风险排名从51名下降到76名，其中政府稳定性和腐败控制排名是下降幅度最大的，分别从2016年的第73位和第44位位下降到2020年的第134位和第89位。而在经济风险排名变化中，马尔代夫虽然总体上变化不大，但是GDP增速从2016年排名第21位下降到2020年的第149位，下降了128位。根据世界银行WDI数据库公布的数据，2019年马尔代夫GDP增长了6.88%，但2020年却大幅下降了33.50%，这可能是旅游业受到了新冠疫情的显著影响所致。

马尔代夫从2016年到2020年的五年时间内，社会风险增长最快的是内部社会冲突，据《外交官》杂志网站2022年3月

23 日报道，马尔代夫的反对党人士在 3 月 19 日举行了"印度滚出去"的抗议集会活动。反对党强调，如果他们能在选举中再度上台执政，新政府将"取消和印度的所有协议"，马尔代夫政治内斗正不断加剧，这将直接影响到我国对其投资的风险。马尔代夫的地理位置十分重要，是中国企业"走出去"和推进共建"一带一路"不可忽视的一个国家，因此中国对马尔代夫进行建设投资是必要的，但其投资风险还在增大，必须做好充分的分析和预判，防范投资风险。

在 149 个共建"一带一路"国家中，排名变化上升最多的国家是巴布亚新几内亚（简称"巴新"）。这个南太平洋岛国，2016 年风险排名第 100 位，2020 年上升到第 56 位，排名上升了 44 位，投资风险大幅降低。从该国 2016 年和 2020 年综合风险及其多维度风险的排名变化情况来看，政治风险和社会风险变化不大，经济风险因为 GDP 增速的快速下降（2016 年为 5.49%，2020 年为 -3.5%）而有所扩大，排名上升幅度较大的是偿债能力和对华关系，前者从 2016 年排名第 126 位上升到 2020 年的第 47 位，这主要得益于其外债总额和偿债占比不断下降，以及汇率波动性有所降低。在对华关系方面，从 2016 年的第 121 位上升到 2020 年的第 22 位，上升了 99 位，这主要是因为其在对华限制和免签情况方面的巨大改善。

中国全球投资追踪数据库资料显示，2016 年中国对巴新投资超过 1 亿的项目有三个，其中广东省广晟资产经营有限公司就弗里达河（Frieda River）铜矿开采 18 亿美元的投资项目搁置，之后的五年没有失败项目出现，不再有对华限制的大型项目。而在对华免签情况方面，2019 年 5 月 2 日生效的双方免签文件，巴方对中方外交、公务、公务普通护照以及中方对巴方外交、公务护照免签，两国外交关系进一步加深。除此之外，近年来，

巴新对与亚洲国家特别是中国的合作更加重视，积极参与共建
"一带一路"合作。2018 年 5 月，巴新成为亚洲基础设施投资银
行的意向成员国。同年 6 月，巴新与中国签署关于共同推进
"一带一路"建设的谅解备忘录，成为太平洋岛国中首个共建
"一带一路"国家。在 2019 年 4 月召开的第二届"一带一路"国际
合作高峰论坛期间，巴新与中国签署了《关于共同推进"一带
一路"建设的合作规划》。

四、如何防范"一带一路"投资的国家风险

前面我们构建了 149 个共建"一带一路"国家的投资风险指
标体系，并就国别投资风险进行了测算与评估。这一部分将根
据前面的讨论而提出关于防范"一带一路"投资国家风险的一些
具体的看法与建议，以更好地防控"一带一路"投资风险，推进
共建"一带一路"可持续高质量发展。

为了结合现实情况来讨论"一带一路"投资过程中的国家风
险防范问题，我们以 2020 年中国企业对 149 个共建"一带一路"
国家的投资存量①情况以及 2020 年 149 个共建国家的实际国家
风险得分情况为例，绘制了图 3-8 显示的"投资规模—国别风
险"散点图。通过建立这样一个"投资规模—国别风险"分析框
架，探讨如何进行投资的区位选择以合理且最大化地规避国家
风险，提高风险防范效果。

图 3-8 中的横轴是中国对共建"一带一路"国家的投资存量，

---

① 　根据商务部的定义，"年末对外直接投资存量"等于年末对外直接投资总
额减去境外企业累计对境内投资者的反向投资。

纵轴代表的是共建国家综合风险得分，横纵轴交叉点位于两者的均值，其中2020年中国对149个共建"一带一路"国家投资存量的平均值为18.74亿美元，共建国家综合风险得分均值为54.2。由此，"投资—风险"关系被划分为四个象限：第一象限是投资规模和风险得分均高于平均值的区域，目前中国投资较多、风险也较低的一些国家就落在这个区域；第二象限为投资规模较低同时投资风险也较低的区域，相对于投资风险而言，目前对这个区域的投资量太少；第三象限为投资规模小且风险较高的区域；第四象限为投资规模大但风险较高的区域，投资于这个区域里的国家的风险是比较高的。

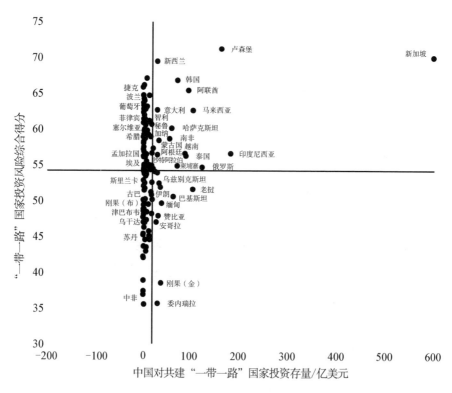

图3-8　中国对共建"一带一路"国家的投资存量与国别投资风险得分(2020年)

以下分别就"投资—风险"地区分布情况进行四象限分析，以尝试找到规避风险的投资国别选择方案。

(一) 如何防范第一象限东道国的投资风险

位于第一象限的共建"一带一路"国家有 19 个，中国对这 19 个国家具体的投资存量的数据以及风险得分见表 3-9。这 19 个国家的基本特征就是"投资—风险"表现出"高—低"分布的特性，这意味着处于第一象限国家的投资风险总体是比较低的，因此目前吸引到的中国投资规模也就比较大，总体而言具有比较好的投资前景。2020 年，这 19 个国家所吸引的中国投资存量都排到了 149 个共建"一带一路"国家吸引中国投资的前 30 位，尤其是新加坡、印度尼西亚、卢森堡、俄罗斯和马来西亚排名前 5 位，中国对其投资规模均超过 100 亿美元（见表 3-9）。其中新加坡和卢森堡吸引中国的投资存量 2020 年分别达到 598.58 亿美元和 159.95 亿美元，分别在共建国家中排名第 1 位和第 3 位，其 2020 年的国别风险排名也是分别排在第 2 位和第 1 位的。

表 3-9　位于第一象限的共建国家吸引中国企业投资的规模及其投资风险得分与排序情况 (2020 年)

序号	国家	吸引中国投资存量（亿美元）	投资存量规模在共建国家中的排序	国家投资风险得分	投资风险在共建国家中的排序
1	新加坡	598.58	1	69.92	2
2	印度尼西亚	179.39	2	56.58	58
3	卢森堡	159.95	3	71.22	1
4	俄罗斯	120.71	4	54.66	71
5	马来西亚	102.12	5	62.62	22

续表

序号	国家	吸引中国投资存量（亿美元）	投资存量规模在共建国家中的排序	国家投资风险得分	投资风险在共建国家中的排序
6	阿联酋	92.83	7	65.41	8
7	泰国	88.26	8	56.20	62
8	越南	85.75	9	56.62	57
9	韩国	70.55	10	66.81	5
10	柬埔寨	70.39	11	54.86	69
11	哈萨克斯坦	58.69	13	60.10	35
12	南非	54.17	14	58.65	47
13	蒙古国	32.36	19	58.40	48
14	沙特阿拉伯	29.31	23	56.39	60
15	新西兰	28.68	24	69.46	3
16	意大利	28.48	25	62.68	21
17	肯尼亚	21.54	28	54.42	73
18	土耳其	21.52	29	54.21	78
19	阿根廷	19.93	30	57.30	52

资料来源：投资存量数据来自商务部、国家统计局、国家外汇管理局主编：《2020 年度中国对外直接投资统计公报》，中国商务出版社 2021 年版；投资风险得分与排序是作者测算的结果。

在位于第一象限的其他投资规模低于 100 亿美元的 14 个共建国家中，阿联酋、韩国和新西兰 3 个国家的投资风险较低，排名分别为第 8、第 5 和第 3 位，对于这些投资风险很低的国家，只要有合适的投资机会，应该考虑增加对这 3 个国家的投资规模。而对于泰国、越南、柬埔寨、沙特阿拉伯、肯尼亚、土耳其、阿根廷而言，这 7 个国家的风险排名都在 50 名之后，投资风险相对较高，在维持一定投资量的同时，要加强对投资的管理，注意规避风险。

从总体上来看，中国企业投资于这一象限的 19 个共建"一带一路"国家，投资风险不大，如果有好的项目，可以继续考虑投资这些国家。具体而言，基于研究，我们提出 4 点建议。

第一，如果仅仅考虑投资的国别选择，继续增加对新加坡和卢森堡的投资，风险仍然很低。

第二，适当增加对新西兰、韩国、阿联酋和意大利的投资，因为相对于这 4 个国家的综合投资风险而言，目前的投资规模太小，还有很大投资空间。

第三，尽管土耳其、肯尼亚、柬埔寨、泰国的投资风险相对较高，但中国企业目前对这 4 个国家的投资规模也不大，风险可控，今后新增投资须谨慎。

第四，针对俄乌冲突及其所带来的影响，需要对投资俄罗斯的策略进行更加深入的专题研究，仅仅依靠我们目前的一般意义上的分析不足以作出有价值的投资判断。

需要特别指出的是，这只是我们关于国家风险分析后得到的基本判断，如果要作出真正的投资决策，还需要结合专项风险以及其他相关因素分析后而作出决策，仅凭国家风险分析结果是不全面的。

（二）如何防范第二象限东道国的投资风险

位于第二象限的共建"一带一路"国家共有 59 个（见表 3-10），占参与共建"一带一路"国家总数的近 40％（39.6％）①。这 59 个

---

①　因为我们主要讨论中国企业对其他共建"一带一路"国家的投资风险防范问题，所以就不包括中国自身。

国家所在象限的"投资—风险"特征为"低—低"分布特征，这意味着处于这一象限国家的投资风险总体是比较低的，但同时其吸引到的中国投资规模也比较少。吸引中国投资存量超过10亿美元的共建国家只有9个，其中巴新吸引中国投资存量到2020年为17.85亿美元，同样超过17亿美元的国家还有孟加拉国和秘鲁，分别为17.11亿美元和17.05亿美元。而所罗门群岛、阿尔巴尼亚等6个国家吸引中国的投资存量均未超过1000万美元。因此，总体判断是，处于这个象限的国家，总体而言应该增加投资规模，但针对不同国家在投资规模与风险得分方面的不同情况，具体的投资建议应该是有差异的。

表3-10 位于第二象限的共建国家吸引中国企业投资的规模与
投资风险得分及其排序情况(2020年)

序号	国家	吸引中国投资存量(亿美元)	投资规模在共建国家中的排序	国家投资风险得分	投资风险在共建国家中的排序
1	巴布亚新几内亚	17.85	32	56.66	56
2	孟加拉国	17.11	35	54.94	68
3	秘鲁	17.05	36	60.66	33
4	加纳	15.84	38	58.89	45
5	坦桑尼亚	15.41	40	54.35	75
6	智利	12.67	42	61.18	28
7	捷克	11.98	43	64.70	10
8	埃及	11.92	44	54.96	67
9	牙买加	11.31	47	59.15	43
10	科威特	8.49	49	59.80	39
11	菲律宾	7.67	50	60.96	30
12	格鲁吉亚	7.02	52	56.48	59
13	波兰	6.82	53	63.13	17

续表

序号	国家	吸引中国投资存量（亿美元）	投资规模在共建国家中的排序	国家投资风险得分	投资风险在共建国家中的排序
14	巴拿马	6.77	54	55.44	65
15	奥地利	6.75	55	67.10	4
16	特立尼达和多巴哥	6.34	58	59.83	37
17	卡塔尔	6.19	59	60.97	29
18	萨摩亚	4.50	65	62.83	19
19	塞舌尔	4.40	67	54.48	72
20	文莱	3.88	72	60.45	34
21	摩洛哥	3.83	73	55.99	64
22	匈牙利	3.42	75	62.89	18
23	罗马尼亚	3.13	77	61.32	27
24	塞尔维亚	3.11	78	58.72	46
25	圭亚那	2.57	82	59.93	36
26	克罗地亚	2.53	83	61.46	25
27	阿曼	2.37	84	59.44	40
28	塞浦路斯	2.03	85	64.03	12
29	博茨瓦纳	1.90	87	59.82	38
30	乌拉圭	1.85	89	64.31	11
31	斐济	1.83	91	60.88	31
32	马耳他	1.73	93	66.14	6
33	卢旺达	1.71	94	54.23	77
34	保加利亚	1.56	96	61.93	24
35	瓦努阿图	1.29	102	63.51	14
36	希腊	1.26	103	59.22	42
37	斯洛伐克	0.83	107	63.69	13
38	巴林	0.71	109	59.23	41

续表

序号	国家	吸引中国投资存量（亿美元）	投资规模在共建国家中的排序	国家投资风险得分	投资风险在共建国家中的排序
39	哥斯达黎加	0.66	110	56.90	54
40	巴巴多斯	0.59	111	54.42	74
41	斯洛文尼亚	0.47	112	62.82	20
42	葡萄牙	0.46	113	63.34	15
43	基里巴斯	0.36	114	62.27	23
44	突尼斯	0.29	116	56.23	61
45	阿塞拜疆	0.25	119	55.01	66
46	波黑	0.23	121	54.79	70
47	冈比亚	0.19	122	54.27	76
48	北马其顿	0.17	124	60.88	32
49	拉脱维亚	0.17	125	61.41	26
50	密克罗尼西亚	0.13	128	58.15	49
51	亚美尼亚	0.12	129	56.12	63
52	立陶宛	0.12	130	64.74	9
53	汤加	0.12	131	63.28	16
54	所罗门群岛	0.07	133	56.85	55
55	阿尔巴尼亚	0.06	134	57.06	53
56	爱沙尼亚	0.05	136	65.90	7
57	佛得角	0.03	141	58.05	50
58	库克群岛	0.00	146	57.44	51
59	纽埃	0.00	147	58.91	44

资料来源：同表 3-9。

基于表 3-10，我们把位于第二象限的 59 个国家大致分为 4 种类型。类型 1：风险较低、投资较多的国家，有捷克、智利、秘鲁、科威特 4 国。类型 2：风险较低、投资较少的国家，主要有奥地利、马耳他、爱沙尼亚、乌拉圭、塞浦路斯、斯洛伐克、瓦努阿图、葡萄牙、汤加、波兰、匈牙利、萨摩亚、斯洛文尼亚、基里巴斯、保加利亚、克罗地亚、拉脱维亚、罗马尼亚、卡塔尔、菲律宾、斐济、北马其顿、文莱、圭亚那、博茨瓦纳、阿曼、希腊等国家[①]。类型 3：风险相对较高、投资较少的国家，主要有卢旺达、冈比亚、巴巴多斯、波黑、阿塞拜疆、巴拿马、摩洛哥、亚美尼亚、突尼斯等国家。类型 4：风险相对较高、投资相对较多的国家，主要有孟加拉国和埃及两个国家。

基于以上关于国家层面的风险分析，我们提出 3 点建议。

第一，对于这 59 个国家，我们可以考虑根据这些国家需求适当增加投资量。因为对这些国家的投资总体上太少，而这些国家的投资风险都相对比较低，中国对这一个群体国家的投资潜力很大。

第二，对于这个群体中风险相对较高、投资存量相对较多的国家需要采取适当谨慎的态度。

第三，在对这类国家总体增加投资的情况下，优先考虑对这个群体中的第二类国家增加投资，尤其是应该重视对奥地利、斯洛伐克、葡萄牙、波兰、匈牙利、保加利亚、克罗地亚、菲律宾、阿曼、希腊增加投资。

需要特别强调指出的是，这只是根据国家风险分析所得出的基本结论，在实际操作过程中，还需要综合考虑其他因素。

以奥地利为例。奥地利的投资风险得分排名第 4，相对于其他共建国家，风险非常低，然而其吸引中国投资规模仅为

---

① 立陶宛 2020 年也属于这类国家，但该国政府于 2021 年 11 月宣布允许台湾当局设立"驻立陶宛台湾代表处"，中方表示这严重违反一个中国原则，此后中立两国关系日渐紧张，此后的投资风险肯定大幅上升，因而不宜继续把立陶宛放在这类国家之中。

6.75 亿美元。奥地利作为欧洲大陆心脏，得益于自身独特的地理位置优势以及多元且成熟的资源环境，包括宝马、三星、北欧化工、山德士、中车、中兴通讯等在内，有超过 1000 家跨国公司选择了奥地利为中心协调自身在南欧与东欧的业务。已经有超过 100 个中国投资者或机构在奥地利建立了实体。根据奥地利中国企业协会所进行的一项关于奥地利商业信心的调查显示，近 80% 的中国公司对奥地利的业务感到满意，并且有半数中国公司计划在未来扩大在奥地利的投资，因此结合奥地利低风险的特征未来可继续推进投资规模扩张。

(三) 如何防范第三象限东道国的投资风险

位于第三象限的共建"一带一路"国家共有 60 个（见表 3-11），占参与共建"一带一路"国家总数的 40.27%。这 60 个国家所在象限的"投资—风险"特征为"低—高"分布特征，这意味着处于这一象限国家的投资风险总体是比较高的，因此其吸引到的中国投资规模也比较少。很显然，中国对其投资增长不宜太快，并且对于已有投资项目应注重风险监控制度的建立，合理制定风险规避策略，将风险防范作为工作重点之一，最大化减少投资损失。

表 3-11 位于第三象限的共建国家吸引中国企业投资规模与投资风险得分及其排序情况（2020 年）

序号	国家	吸引中国投资存量（亿美元）	投资规模在共建国家中的排序	国家投资风险得分	投资风险在共建国家中的排序
1	津巴布韦	17.96	31	50.13	102
2	吉尔吉斯斯坦	17.67	33	52.58	89
3	伊拉克	17.38	34	48.19	116
4	阿尔及利亚	16.44	37	50.83	98

续表

序号	国家	吸引中国投资存量（亿美元）	投资规模在共建国家中的排序	国家投资风险得分	投资风险在共建国家中的排序
5	塔吉克斯坦	15.68	39	51.21	97
6	莫桑比克	13.17	41	44.55	138
7	尼日尔	11.77	45	45.09	135
8	刚果（布）	11.31	46	49.49	106
9	苏丹	11.20	48	45.70	132
10	乌干达	7.12	51	48.41	115
11	科特迪瓦	6.67	56	47.30	125
12	乍得	6.55	57	43.51	140
13	白俄罗斯	6.07	60	53.86	82
14	厄瓜多尔	6.01	61	53.63	85
15	也门	5.41	62	42.95	141
16	斯里兰卡	5.23	63	53.61	86
17	几内亚	4.73	64	47.17	126
18	喀麦隆	4.43	66	44.66	136
19	尼泊尔	4.35	68	53.44	87
20	阿富汗	4.33	69	44.58	137
21	塞内加尔	4.27	70	49.48	107
22	马达加斯加	3.91	71	50.20	100
23	纳米比亚	3.55	74	51.71	94
24	赤道几内亚	3.36	76	49.71	104
25	马里	3.08	79	46.94	129
26	玻利维亚	2.88	80	52.49	90
27	加蓬	2.59	81	54.18	79
28	厄立特里亚	2.00	86	46.32	130

续表

序号	国家	吸引中国投资存量（亿美元）	投资规模在共建国家中的排序	国家投资风险得分	投资风险在共建国家中的排序
29	乌克兰	1.90	88	53.70	84
30	毛里塔尼亚	1.83	90	48.05	118
31	马拉维	1.73	92	48.19	117
32	利比里亚	1.69	95	48.72	112
33	利比亚	1.55	97	35.55	149
34	黑山	1.53	98	51.45	96
35	古巴	1.40	99	49.91	103
36	塞拉利昂	1.34	100	48.48	114
37	东帝汶	1.29	101	49.31	108
38	多哥	0.99	104	48.00	119
39	吉布提	0.99	105	48.73	111
40	苏里南	0.92	106	46.20	131
41	贝宁	0.75	108	47.51	124
42	马尔代夫	0.34	115	45.17	134
43	格林纳达	0.27	117	47.54	123
44	南苏丹	0.26	118	42.06	143
45	几内亚比绍	0.24	120	43.67	139
46	莱索托	0.18	123	52.82	88
47	中非	0.15	126	36.84	147
48	叙利亚	0.14	127	38.86	144
49	布隆迪	0.11	132	46.95	128
50	尼加拉瓜	0.06	135	45.37	133
51	摩尔多瓦	0.04	137	54.12	80
52	安提瓜和巴布达	0.04	138	47.79	121

续表

序号	国家	吸引中国投资存量(亿美元)	投资规模在共建国家中的排序	国家投资风险得分	投资风险在共建国家中的排序
53	多米尼加	0.03	139	48.62	113
54	多米尼克	0.03	140	52.05	92
55	黎巴嫩	0.02	142	42.18	142
56	圣多美和普林西比	0.02	143	49.30	109
57	布基纳法索	0.02	144	48.84	110
58	科摩罗	0.01	145	50.14	101
59	索马里	0.00	149	37.38	146
60	萨尔瓦多	0.00	148	47.67	122

资料来源：同表 3-9。

表 3-11 显示，这些国家主要是津巴布韦、吉尔吉斯斯坦、伊拉克、阿尔及利亚、塔吉克斯坦等国，其中津巴布韦吸引中国的投资存量最高，也仅仅只有 17.96 亿美元，超过 10 亿美元的这一象限国家只有 9 个。而包括尼加拉瓜、摩尔多瓦、多米尼加、黎巴嫩等国家在内的 11 个国家，吸引中国投资存量未超过 1000 万美元。这些国家的投资风险也相对于其他共建国家偏高，这一象限的共建国家风险相对较低也即得分相对较高的国家是加蓬，得分 54.18，排名第 79 位，其他国家排名均位于 80 名之后，利比亚、中非、索马里、叙利亚、南苏丹、黎巴嫩、也门和乍得 8 个国家的投资风险排名位于最后 10 位，其中利比亚在 2020 年排名第 149 位，风险非常高。

综合来看，中国对第三象限共建国家的投资风险防范策略是：要十分谨慎地选择投资规模扩张策略，对于已有投资项目，建立起严密的风险防范对策，切实做好风险防范工作。

(四)如何防范第四象限东道国的投资风险

位于第四象限的共建"一带一路"国家共有 11 个(见表 3-12)，占参与共建"一带一路"国家总数的 7.38%。这 11 个国家所在象限的"投资—风险"特征为"高—高"分布特征，这意味着处于这一象限国家的投资风险总体是比较高的，但中国对这些国家的投资额却比较多。

表 3-12　位于第四象限的共建国家吸引中国企业投资规模与投资风险得分及其排序情况(2020 年)

序号	国家	吸引中国投资存量(亿美元)	投资规模在共建国家中的排序	国家投资风险得分	投资风险在共建国家中的排序
1	老挝	102.01	6	51.57	95
2	巴基斯坦	62.19	12	50.54	99
3	缅甸	38.09	15	49.61	105
4	刚果(金)	36.88	16	38.49	145
5	伊朗	35.27	17	51.85	93
6	乌兹别克斯坦	32.65	18	52.44	91
7	赞比亚	30.55	20	47.87	120
8	埃塞俄比亚	29.93	21	53.85	83
9	委内瑞拉	29.61	22	35.63	148
10	安哥拉	26.90	26	47.00	127
11	尼日利亚	23.68	27	54.07	81

资料来源：同表 3-9。

如表 3-12 所示，位于第四象限的国家分别是老挝、巴基斯坦、缅甸、刚果(金)、伊朗、乌兹别克斯坦、赞比亚、埃塞俄比亚、委内瑞拉、安哥拉和尼日利亚共 11 国，其中老挝吸引中国投资存量达到 102.01 亿美元，中国对其投资的规模在共建国家中排名第 6，而其投资风险得分 51.57，在共建国家中排名第 95，属于高风险国家。由于中国对这个国家的投资量较大，因此也就显示了我们对老挝投资风险防范的迫切性。

中国对巴基斯坦投资存量为 62.19 亿美元，排名在共建国家中第 12 位，投资风险排名第 99 位，风险相对较高。同样地，中国对缅甸、刚果（金）、伊朗、乌兹别克斯坦和赞比亚的投资规模排在共建国家前 20 位，但是其投资风险均非常高，得分排名在 90 名之后，尤其是刚果（金）的投资风险排在第 145 位，迫切需要引起重视，应该是风险防范的重中之重。

综合来看，以上将 149 个共建"一带一路"国家通过象限分析的方法进行了分类讨论，从而引出了我们的一些相关建议。

第一，对于第一象限的 19 个国家，如新加坡、卢森堡等，尽管中国企业对这些国家的投资量较多，但由于这些国家的总体投资风险小，因此可以继续保持适当增加的投资，合理安排投资结构布局，结合当地资源提高投资效率。

第二，对于第二象限的国家，也就是那些从中国获得的投资仍然比较少但其投资风险比较低的国家，如奥地利、斯洛伐克、葡萄牙、波兰、匈牙利、保加利亚等 59 个国家，中国企业总体上可以重点考虑增加对这些国家的投资，深度挖掘合作潜力，促进投资规模扩张。

第三，第三象限的国家，也就是那些吸引中国投资少，但风险高的国家，如津巴布韦、伊拉克等 60 个国家，这类国家虽然吸引中国投资规模较小，但是因其投资风险高，我们不建议中国企业对这些国家实施过快的投资扩张策略，已经在投的项目也应实施监控风险，谨慎制定风险防范对策。

第四，第四象限的国家，也就是那些吸引中国投资多、但风险高的国家，如老挝、巴基斯坦、缅甸等 11 国，应该作为"一带一路"投资风险防范的重点国家来予以特别重视，因为中国对其投资规模占"一带一路"投资比重已经很大，而这些国家的投资风险又比较高，如不做好合理的风险防范就很容易对中国企业造成较大损失。这就需要中国政府与企业合作，根据在东道国投资项目的具体特征，深入研究可能面临的风险挑战，建立健全制度和机制，加强对重大项目的动态监测和风险预研预判，织密扎牢风险防控网络。

附录

对话与专访

中亚国家全力支持"一带一路"倡议
——对话吉尔吉斯共和国前总理卓奥玛尔特·奥托尔巴耶夫①

一、中国的抗疫策略最有效

肖连兵：尊敬的奥托尔巴耶夫先生和胡必亮先生，时至今日，新冠疫情还在全球肆虐，请你们谈谈疫情对吉尔吉斯斯坦和中亚国家造成的影响。

奥托尔巴耶夫：2020 年上半年，中亚地区国家意外遭遇新冠疫情的冲击，局势近乎恐慌。中亚各国得益于苏联时期建立的医疗

① 这次对话是应《光明日报》邀请而进行的，时任光明日报社国际交流合作与传播中心秘书长肖连兵先生主持了这次对话活动。这次对话的内容在 2022 年 1 月 22 日的《光明日报》第 8 版的主题为"人类命运共同体·疫情将如何改变世界"的"光明国际对话"专刊上整版发表，原标题为《全球性挑战需要人类作出全球性正确决策》。

系统，仍可对疾病进行适宜的防控和治疗，但大规模封锁导致经济大幅萎缩，国家财政预算锐减，失业增加。总体来看，中亚各国政府和人民都经受住了疫情考验，人们能理解所发生的事，并齐心协力与疾病及其影响作斗争。

胡必亮：确实，疫情给中亚地区各国的经济发展带来了很大的不利影响。以奥托尔巴耶夫先生所在的吉尔吉斯斯坦为例，根据世界银行的数据，该国 GDP 2020 年比 2019 年下降 8.6%，远远高于世界平均下降 3.4% 的水平。类似的情况也发生在中亚其他国家。

奥托尔巴耶夫：即便中国现在仍有少量的病例，但中国的抗疫成果令人钦佩，成效不容置疑。从全球的病例数据可见，中国的抗疫策略是最有效的。中国的抗疫经验应被各国借鉴，无论相关国家能不能采用"中国模式"。中国的治理模式独特，也被充分证明有效，特别体现在民众和国家权力机关之间的互信程度，以及地方治理能力上。整个世界都见证了中国管理模式的有效性。

胡必亮：中国的抗疫表现全球有目共睹。首先，我们看基本事实，截至目前，中国累计确诊病例 13.6 万例，累计死亡病例 5700 人。即使不按人口比例计算，这样的绝对数在世界上也属于很低的。其次，我们看数据背后的行动及其效果。中国于 2020 年 6 月发布了《抗击新冠肺炎疫情的中国行动》，系统总结了中国的抗疫经验和做法，阐明了中国在抗疫方面的理念和主张，包括指挥高效、全面参与、信息透明、科技支撑和坚持人的生命高于一切、举全国之力抗击疫情、团结互助等。至于实际效果，全世界现在也都看到了。最后，评价中国抗疫成功，还要看中国对世界抗疫的贡献。在近两年的疫情全球大流行期间，中国不仅率先主动地向世界发布疫情信息、交流抗疫经验，倡导共同构建人类卫生健康共同体，而且积极主动地向 200 多个国家和地区援助或出口抗疫物资，包括 3200 多亿只口罩、39 亿件防护服、56 亿份核酸检测试剂盒。中国还积极向世界各国提供疫苗，截至目前，我国已向 120 多个国家地区和国际组织提供超过 20 亿剂新冠疫苗。此外，还有一些资金方面的支持。这些都说明，中国在整个抗疫过程中，不仅自己做得好，而且也为很多国家地区和国际组织提供了有力支持。

二、摒除狭隘的国别之见

肖连兵：西方一些人极力把新冠病毒溯源"政治化"，企图向中国甩锅，而中国提出科学溯源，你们对此有何评论？

奥托尔巴耶夫：遗憾的是，全球抗疫本应让人类更团结，但现状并非完全如此。尤其是个别西方国家为疫情起源寻找"责任人"，其探寻不是基于科学方法，而是基于种种猜测和议题的政治化。无论病毒是否最先现身在武汉，都不意味着中国负有责任，因为病毒可能出现在世界的任何地方。况且，中国识别并破解了病毒的基因序列，推动了全球众多科学实验室研发有效的疫苗。世界不应允许把疫情溯源政治化，而必须团结起来共同抗疫，全球性挑战需要人类作出全球性的正确决策。

胡必亮：新冠首先是一种疾病，要想有效治疗这种疾病，最重要的是尊重基本的科学规律；新冠同时还是一种传染性很强的流行病，因此有效防控非常重要，这就必须遵循防控的基本规律。总之，不论是新冠的治疗还是防控，最重要的都是要遵循科学规律。病毒溯源是一种深度的科学研究，只能由专业人员按照相关科学方法严肃地进行，而由情报机构、政府机关、媒体公司等非专业部门进行的所谓溯源是十分不严肃的，也没有任何实际价值，甚至可以说根本上就是个笑话。在新冠病毒全球大流行的情况下，非科学部门应该做的工作，就是尽一切力量促进世界各国及其人民紧密合作，团结一心，共同努力夺取全球抗疫的最后胜利。那种甩锅他国、甩锅他人的做法，不仅对战胜疫情没有任何帮助，反而会恶化国与国、人与人之间的关系，降低全球合作抗疫的效率。

肖连兵：你们如何评价中国积极参与国际社会的抗疫行动？

奥托尔巴耶夫：中国是首批研制出疫苗的国家之一，并迅速为其他国家提供疫苗。中国是首个向吉尔吉斯斯坦和其他中亚国家提供疫苗的国家，且中国为多个国家提供疫苗还是免费的。此外，许多中国专家和医护人员到中亚国家分享抗疫经验。我们常说："患难见真情。"我们的人民和国家得到了中国兄弟般的支持。

胡必亮：疫情暴发以来，中国可以说是全方位积极参与了国际社会的抗疫行动。一是国家领导人层面积极沟通与协商，习近平主席与世界很多国家领导人通电话，讨论合作抗疫问题；二是中国积极与相关国际组织和很多国家分享信息特别是疫情防控经验，提供包括资金、抗疫物资、医疗人员、培训等多方面的援助；三是大力组织抗疫物资生产并大规模出口到世界各国，支持各国抗疫斗争；四是积极参与相关国际科研合作。

肖连兵：在新冠疫情不分种族、不分国界的情势下，疫情凸显人类命运与共。疫情暴发后，习近平主席多次阐释构建人类命运共同体的理念。你们对此有何见解？

奥托尔巴耶夫：抗疫过程已经清楚表明了当今世界相互依赖程度之深。病毒对人类的打击不区分国界和贫富，全世界面临一个共同威胁。人类已经更清晰地认识到，全世界人民必须团结一致才能击败病毒，摒除狭隘的国别之见来寻求团结才会让我们更加强大。从这一点上讲，习近平主席提出的构建人类命运共同体不只是一种理念，更是对全人类彼此靠近的公开呼吁。

胡必亮：世界的发展已十分清楚地表明，各国之间的相互联系、相互依存空前加深，越来越体现出你中有我、我中有你的命运共同体关系。疫情更直接、更深刻地体现了整个人类是命运与共的一个共同体。疫情加深了世界各国对构建人类命运共同体的理解，人类命运共同体理念也为从根本上最终战胜疫情指明了正确方向和基本路径。

三、多元文明交流互鉴是世界的主流

肖连兵：西方一些人提出"文明冲突论"，你们对此如何看？

奥托尔巴耶夫：当前，围绕世界文明发展出现了多种理论，包括文明冲突论。在我看来，"文明冲突论"分散了国际社会应对真正挑战的注意力。我在这里要特别强调的是，如果发生下一场世界大战，那将是人类历史的终结。世界应重点关注解决当前的全球性问题，而非讨论对新战争的设想。

胡必亮："文明冲突论"只是关于文明的一种观点而已，更多的人坚持文明多元论、文明融合论看法。世界这么大，国家这么多，文明来源这么多元，从客观上讲，多元文明是一种现实存在。同样重要，也是客观存在的，是世界上不同文明主要表现出相互交流、相互学习、相互借鉴、相互交融的特点，譬如说古丝绸之路故事的主旋律就是如此，也就是被人们广为传颂的丝路精神，即和平合作、开放包容、互学互鉴、互利共赢的精神。可能在局部地区、在有些时候，也会出现文明冲突的情况，但这不是世界文明存在的主流形态。

肖连兵：在你们看来，文明交流互鉴与构建人类命运共同体有什么联系？

奥托尔巴耶夫：现代文明除了建设更和谐的世界别无选择。当今世界并不完美，仍有许多人死于疾病和饥饿，很多儿童仍无法接受教育，局部战争让士兵丧生，传染病和其他疾病夺去很多人的生命。人类需要团结应对这样的挑战，而非加剧不公正、不平等和冲突。在这个时代，有能力领导实施全球性理念的国家应该发挥独特的作用，中国是其中之一。就此而言，"一带一路"倡议的提出恰逢其时，众多国家的加入表明这一倡议和理念赢得越来越多的支持，共建"一带一路"无疑会很快成为人类发展最重要的载体。

胡必亮："一带一路"是对古丝绸之路精神的传承与弘扬，其目的就是通过构建全球更好的互联互通，促进不同地区、不同国家之间更好的硬联通、软联通，促进不同地区和国家之间人民的心联通。一方面，通过商品、技术、人员、资金等经济要素更加自由流动而更好地发挥各自比较优势，实现互利共赢和共同发展；另一方面，通过教育、文化、旅游、医疗卫生等活动促进相互了解，增强相互信任，促进文明互鉴，最终有利于促进世界和平。因此，通过共建"一带一路"国际合作促进民心相通和文明互鉴，直接有利于推动构建人类命运共同体；相应地，构建人类命运共同体为相关国家共建"一带一路"指明了前进的正确方向。

四、中亚国家全力支持"一带一路"倡议

肖连兵： 你们对中亚共建"一带一路"如何评价？

奥托尔巴耶夫： 习近平主席在中亚访问时首次提出共建"丝绸之路经济带"倡议，这意味着中亚对"一带一路"倡议的成功将发挥关键作用。倡议的主要理念反映在中亚各国的发展项目上，中亚国家全力支持"一带一路"倡议。

胡必亮： "一带一路"倡议倡导的是通过加强全球合作来实现全球共同发展，倡导的是通过共商、共建、共享来完善全球治理体系，倡导的是通过共建"一带一路"国际合作来践行真正的多边主义，倡导的是通过与相关国家发展战略紧密对接来更好地落实联合国《2030 年可持续发展议程》，倡导的是通过文明交流互鉴来推动构建人类命运共同体。倡议提出 8 年多来，已经有 170 多个国家和国际组织与中国正式签署了 200 多份共建"一带一路"合作文件，推动建立了 90 多个双边合作机制，一大批公路、铁路、桥梁、港口、机场、电厂、产业园区以及绿色发展、农田灌溉、减贫、教育、医疗等建设项目务实落地，不少项目已经开花结果，相关国家人民已经从合作项目中获得了实实在在的好处。因此，"一带一路"倡议获得了世界上绝大多数国家及其人民的欢迎和好评，8 年多来共建"一带一路"实践是很成功的。

肖连兵： 疫情暴发后，中国提出"一带一路"要成为绿色之路、健康之路、复苏之路、繁荣之路。你们对中国的这一主张有何见解？

奥托尔巴耶夫： 中国发展的最大成就之一是可持续发展和

绿色经济，在这方面，中国的规划非常了不起。我相信中国会在可持续发展方面成为引领者，成为其他国家在此领域进行规划和取得成功的榜样。在后疫情时代，绿色、健康和繁荣发展无疑会成为"一带一路"倡议理念中最具活力的新元素。

胡必亮：新冠疫情全球大流行给世界各国人民的生命安全和身体健康直接带来了巨大威胁，因此如何利用共建"一带一路"国际合作平台保障各国人民的生命安全和身体健康，就成为最重要也是最紧急的使命与任务。因此，中国提出把"一带一路"建设成为健康之路的新倡议，并率先垂范，向世界提供了大量抗疫物资和疫苗，其中有相当一部分提供给共建"一带一路"国家。针对疫情严重影响很多国家经济的现实情况，中国提出要把"一带一路"建设成为复苏之路，就是希望通过"一带一路"国际合作促进相关国家经济尽快复苏。中国特别重视绿色丝路建设，希望通过"一带一路"国际合作进一步促进绿色发展，更好推动实现全球可持续发展，最终目标当然是实现全球普遍繁荣、世界持久和平。

肖连兵："一带一路"倡议对后疫情时代中亚的经济发展有什么推动作用？

奥托尔巴耶夫：过去三年，中亚国家一直将区域合作置于首位，区域性倡议可成为中国和中亚国家之间合作的补充，特别是互利的交通和能源项目。鉴于中亚国家有大量受过高等教育的人口，应该考虑在高科技、数字化和人工智能等高附加值产业方面进行交流，这些产业正在中国蓬勃发展。

胡必亮：我觉得"一带一路"将主要从三个方面促进中亚地区国家的经济发展。一是通过交通基础设施建设使中亚地区的内陆国家变成陆海联运国家，从全球价值链中获得更多经济利益；二是这些国家的工业化水平将加速提升；三是这些国家将从更加紧密的欧亚经济一体化过程中受益。

五、与中国毗邻是中亚国家发展的巨大优势

肖连兵：你们如何看中吉两国未来的合作？

奥托尔巴耶夫：中国是世界上规模巨大的经济体，与中国毗邻是中亚国家发展的巨大优势。据《经济学家》杂志预计，到2025年世界GDP的一半以上将由亚洲产出。吉尔吉斯斯坦要重点发展与中国相连的交通基础设施建议。中国已协助修建了两条联通中吉的高速公路，一条过境铁路正在规划中，一些能源项目已付诸实施，这些项目将在未来助力吉尔吉斯斯坦和整个区域的经济发展。

胡必亮：我曾两次到吉尔吉斯斯坦做"一带一路"建设实地调研，总体感觉是吉尔吉斯斯坦经济资源，如水资源、土地资源、矿产资源、旅游资源等都比较丰富，但几乎没有什么工业，农业基本上处于比较初期的发展阶段，80％以上的公路都是近几年中国企业新建的，但仍然满足不了需求。因此，吉尔吉斯斯坦与中国开展经济合作的潜力很大，包括基础设施建设、矿产资源开发、农业经营、制造业经营、旅游业发展、金融合作等，都有较大空间。吉尔吉斯斯坦紧邻我国新疆，随着新疆作为丝绸之路经济带核心区建设的深度推进，我相信双方都将获得良好的互利共赢发展。

肖连兵：吉尔吉斯斯坦是阿富汗的近邻，你们对阿富汗当前的时局和未来发展如何看？

奥托尔巴耶夫：阿富汗一直是大中亚地区的重要成员。在近期一系列事件后，阿富汗的权力已转移给塔利班，塔利班宣

布阿富汗会成为国际社会和平可期的成员。中亚国家将支持阿富汗的可持续发展，一些主要的基础设施项目将致力于这一目标。例如，联通中亚国家和印度洋港口的铁尔梅兹—马扎里沙里夫—喀布尔—白沙瓦铁路、土库曼斯坦—阿富汗—巴基斯坦—印度天然气管线，以及其他重要项目。中国、俄罗斯和伊朗的多个富有前景的经济项目也将促进阿富汗的发展。此外，对阿富汗丰富的矿产资源进行开发将为其经济发展和就业提供关键支持。当前，阿富汗政局日趋稳定，国际社会特别是阿富汗的邻国，应该在此进程中发挥重要作用。

胡必亮：我想从一个角度谈谈自己的看法，那就是阿富汗应该充分利用共建"一带一路"倡议的机会，在共商、共建、共享原则下找到自己的定位，尽快发展经济、改善民生。阿富汗曾经是古丝绸之路的重要组成部分，现在最关键的问题是要尽快组建强有力的、包容性强的政府，稳定政治局面，大力打击恐怖主义，提供良好安全保障，加快改善营商环境，做好系统发展规划。这些都是吸引外来投资、促进国际贸易发展的前提条件，也是保障阿富汗从共建"一带一路"中获利的基本条件。作为阿富汗的邻国，中国正积极努力通过多边机制帮助阿富汗稳定局势，愿意将两国发展战略与共建"一带一路"有效对接，从而尽快促进阿富汗发展经济、实现持久和平。

"一带一路"对东欧国家经济发展至关重要

——对话塞尔维亚共和国前总统鲍里斯·塔迪奇①

一、北京冬奥会所传递的信息恰逢其时

肖连兵：尊敬的塔迪奇先生、胡必亮先生，几个月前北京冬奥会、冬残奥会成功举办，你们有何评价？

塔迪奇：2008 年，我作为塞尔维亚总统出席过北京夏季奥运会开幕式。和那次一样，这次的冬奥会也非常完美，中国再次展现出筹备此类全球性盛会的强大组织能力。举办

① 《光明日报》委托笔者就"人类命运共同体·疫情如何改变世界"这一主题与塞尔维亚共和国前总统鲍里斯·塔迪奇先生对话，时任光明日报社国际交流合作与传播中心秘书长肖连兵先生主持了这次对话活动。对话内容发表在 2022 年 6 月 1 日《光明日报》"光明国际对话"专刊。原标题为《打造不同雪花漫天共舞的世界美景》。

夏奥会和冬奥会需要完全不同的气候和地理条件，"双奥"之城确实非常罕见。一座城市能具备如此强大的组织协调能力，在短时间内举办两场完全不同的国际体育盛会，这在奥运史上是极为特别的。

胡必亮：北京冬奥会好得超出预期，自然在国际上引发广泛好评。我认为，一方面，这与这届冬奥会举办的特殊背景密切相关，主要是新冠疫情仍在全世界扩散，同时百年未有之大变局也在深化发展，加上今年恰逢顾拜旦提出在世界各地举办奥运会倡议整整百年的时间节点；另一方面，北京冬奥会不仅如期举行，而且举办得很好。防疫工作做得好，参加的运动员、工作人员、政府代表团规模都超过了往届，运动员表现也很好，创造了多项奥运会纪录和世界纪录。

北京冬奥会的成功举办具有十分重要的意义。首先，给世界传递出许多积极信号，包括增强世界抗击疫情以及克服各种全球性挑战的信心；其次，倡导全球发展正确理念，北京冬奥会的绿色、共享、开放、廉洁办奥运理念为成功办奥指明了正确方向；再次，中国智慧和中国方案，如北京冬奥会实施的闭环管理、零碳排放、绿色场馆建设、高科技运用等，不仅对保证冬奥会成功起到重要作用，也为有效应对全球性挑战提供了有益参考；最后，这次冬奥会带动了超过 3 亿中国人参与到冰雪运动中，激发了来自 91 个国家和地区的近 3000 名运动员来北京参加冬奥会，促进了全世界在体育方面的团结与合作，更好地凝聚了人心，促进了文明交流互鉴。

肖连兵：国际奥委会将"更团结"加入奥林匹克格言，北京冬奥会把"一起向未来"作为口号。你们对此如何解读？

塔迪奇：奥运会提供了一个展现全球团结，而非仅仅突出竞争和主导关系的独特机会。当今世界充斥着紧张和挑战，面临着更大的分裂，我们比以往任何时候都需要"更团结"，"一起向未来"向世界传递了积极的重要信息。

胡必亮：当今世界不团结，当今世界需要"更团结"。正如习近平主席在北京冬奥会期间会见联合国秘书长古特雷斯时所指出的，当前世界主要有三件大事：一是团结抗疫，二是促进发展，三是发扬民主。要做好这些大事，就必须加强团结合作，推动构建人类命运共同体。"一起向未来"向全世界发出了两个明确的信号，"一起"和"向未来"，呼吁世界各国人民团结起来，共同建设更加美好的未来世界。"一起向未来"与"更团结"高度契合，相得益彰。

肖连兵：国际奥委会主席巴赫在北京冬奥会开幕式上致辞说，"竞争的对手也能和平相处"，"给和平一个机会"。你们对奥林匹克运动的目的及其精神有什么理解？

塔迪奇：文明的最高成就表现在：在文明社会中，全方位的竞争对手可以在不放弃各自信仰、原则和价值观的情况下成为好朋友。奥林匹克运动自创始以来一直在庆祝和平，奥运会举行期间，各国都会止息冲突和战争。奥运会所传递的信息不仅具有象征意义，也是世界需要反复聆听的强烈信息。世界存在新的冷战风险，北京冬奥会所传递的信息恰逢其时。

胡必亮：不论是古代奥运会，还是现代奥运会，和平都是其中最重要的内涵。古代奥运会强调的最基本的一点，就是奥运会期间要休战，以便运动员和观众安全地开展比赛和观看比赛。"现代奥林匹克之父"顾拜旦更是突出了和平在奥运会中的特殊意义，他认为通过奥运会定期地把各国青年聚集在一起比赛，可以增进了解、建立互信、避免战争，这一认知后来体现在《奥林匹克宪章》确定的奥林匹克运动宗旨之中。习近平主席在北京冬奥会欢迎宴会上发表致辞时说："我们应该牢记奥林匹克运动初心，共同维护世界和平。"很显然，这样的定位是非常精准的。国际奥委会主席巴赫先生"给和平一个机会"的呼吁，也很好地抓住了问题的本质。

塔迪奇：当前，全球能否就"给和平一个机会"达成共识仍是一大疑问。如果绝大多数争议都能通过和平外交、互相理解和建立可持续的长期和平来解决，世界将迥然不同。因此，我在各种国际论坛上反复提议，必须在多边机构中建立基本的冲突预防机制，这对于冲突各方预防摧毁性的破坏和人员伤亡、建立真实的可持续和平至关重要、非常必要。

胡必亮：我觉得巴赫先生的上述呼吁很值得各相关方借鉴。联合国、各相关国际组织和世界各国特别是大国，都应该为劝和促谈而努力，促进势态向和平的方向发展。

二、两个基本理念在中国抗疫中得到很好践行

肖连兵：人类共同价值观是在时代发展中形成的，奥林匹克精神的产生也是一样。新冠疫情暴发和全球气候变化凸显了人类面临着共同命运。在你们看来，构建人类命运共同体理念是否应成为后疫情时代人类社会的共同价值观？

塔迪奇：人类命运共同体不只是一种希望，它与如何维系我们所共有的文明息息相关。疫情大流行完全呈现了这一事实，给全人类及政治和科学精英敲响了警钟。奥运精神所传达的信息是：尽管竞争很激烈，但我们必须明白彼此同属于一个团队。我们不仅与其他国家和人民不可分割，也离不开自身所赖以生存的地球。所有人都要同舟共济，为全人类的生存和环境共同努力。

胡必亮：是的，人类的共同价值观就是在时代发展过程中逐渐形成和不断完善的。我们前面所谈到的从古代奥运会的"休战"要求，到现代奥林匹克运动所体现的和平精神，就是随着时代的发展而不断得到传承与发展，现在已成为人类共同价值观。人类命运共同体理念，既是对中国传统的"世界大同，天下一家"思想的继承与发展，更是我们的现实选择。新冠疫情已造成全球 5 亿多确诊病例，累计死亡人数已超 600 万。这充分说明了在新冠疫情面前，全人类具有共同的命运，唯一正确的办法就是整个人类团结起来应对疫情。此外，由于人类共同拥有一个地球，气候变化所带来的一系列问题逐渐对人类造成不利影响；还有核战争等对人类的威胁也是共同的。在这些现实挑战面前，人类的命运是共同的，因此必须结成命运共同体，共同应对挑战。

在这次抗疫斗争中，两个基本理念在中国都得到了很好的践行，并取得了良好效果。一个是"生命至上"理念，另一个就是"人类命运共同体"理念。正是因为中国坚持人类命运共同体理念，因此在整个抗疫斗争过程中，中国不断向世界各国和国际组织提供抗疫支持与帮助，譬如说中国先后向 150 个国家和 13 个国际组织提供了包括口罩、防护服、呼吸机等大量物品，向 120 多个国家和国际组织提供了超过 21 亿剂疫苗，并且还向 34 个国家派出 37 支医疗专家组。这对相关国家和国际社会有效抗击疫情、保障其人民的生命安全和身体健康起到了重要的积极作用。

肖连兵：你们对构建人类卫生健康共同体理念有什么评价？

塔迪奇：中国国家主席习近平提出的构建人类卫生健康共同体理念是在疫情暴发后对全球加强团结的呼吁。疫情发生后，个别大国和领衔科研机构不仅未能就新型疫苗和抗病毒药物的研究与应用建立有效机制，不少国家政府和制药公司还互相指责并开展不良竞争。这些都拖慢了抗疫脚步，导致更多人染疫死亡，也让恐惧在全球蔓延。我要特别地强调一点，因为在今后多年里，各国民众的心理健康都将受到疫情的影响。在本次疫情中，世界各国再次没能做到团结至上，特别是在国际卫生政策方面，最富有的大国在分发疫苗和必需药品给贫穷国家方面采取了最迟缓的行动。人类卫生健康共同体理念具有远大的前景，在所有大国、关键国际机构和跨国医药公司都接受这一理念时，其意义将得到更充分的彰显。

胡必亮：人类卫生健康共同体是人类命运共同体理念在医疗卫生领域的具体体现与实践。我们在前面提到了在这次抗疫过程中中国为其他国家和国际组织提供的支持与帮助，但疫情全球大流行的情况不会只发生一次，因此需要世界各国和国际社会今后继续共同推进构建人类卫生健康共同体，建设长期的、可持续的全球卫生健康合作机制，有效应对今后类似的风险挑战，同时也更好地拓展全球医疗卫生健康合作新空间，促进世界各国在这一领域里实现合作共赢。

三、将自己的模式强加于其他国家是不可取的

肖连兵：某些西方国家试图按照自己的意愿向别的国家推行其发展道路和制度样板。在选择发展模式这个问题上，当下世界需要民主，各国有权选择符合本国国情和人民需要的道路。请谈谈你们对此的见解。

塔迪奇：将自己的模式强加于其他国家是不可取的。同时我也认为，我们必须付出巨大的努力，来确定人类共同文明中不可否认的原则。在未来，人类不仅需要团结和共担责任，也需要协同与协调。此外，世界各国，特别是大国，必须理解新

型现代化。任何人都不应将自己的发展模式和政治文化强加于他人，尊重他人是和平共处的必要前提，也是解决流行病等全球性问题的先决条件。这场大流行既是巨大的全球挑战和危机，也是了解如何应对未来人类社会危机的机会，我们应当借此完善促进团结的机制，而非进行两败俱伤的竞争。

胡必亮：我们知道，世上没有两片相同的雪花，我们看到的是不同雪花漫天共舞的美景。国家发展也一样，由于文化、历史、宗教、信仰等各方面的差异，不同国家选择了不同的社会制度与发展道路。各国只要在遵循联合国宪章的前提下平等相处、和平合作，就能实现互利共赢，促进共同发展，共同应对和解决全球性重大问题。这就跟奥运会一样，只要大家遵守比赛规则，在相同条件下开展比赛，即使竞争激烈，大家也是快乐的、高兴的，因为最终有利于在竞争中促使彼此提升竞技水平，而且体育运动对增强广大人民群众体质具有重要的积极作用。国家发展道路和制度选择，一是涉及很多因素，是一个综合性的结果；二是有一个路径依赖的问题，历史的选择在很大程度上对现实的选择会产生重要影响。这些都应该是内生性的，是反映一国及其人民需要的，而不是简单地照搬其他国家的模式，更不是源于其他国家的需要而推动本国制度与发展道路的改变。因此，不同的国家完全有可能走上不同的现代化道路，而不是单一模式的现代化道路。

肖连兵：去年，中国共产党迎来了百年华诞。今天，中国实现了站起来、富起来，并正处于实现强起来的进程中。中国共产党领导中国人民坚持自己的制度，走自己的发展道路，向世界作出中国贡献。你们对此有何评价？

塔迪奇：中国共产党取得的最大成就是带领中国告别了近代以来的极度落后与贫穷。与此同时，中国建立了自己的政治制度和经济体系，有望在未来发展成为世界最大经济体。虽然中国在人均国内生产总值方面仍无法与最发达国家相比，但在全球市场中的经济竞争力已得到了极大提升，国民购买力强劲增长，正迎来数字化和高科技领域的产业转型。未来，中国将面临来自西方发达国家的外部挑战。

胡必亮：中国的制度选择与发展道路，已经解决了中国自身的一些重要问题，如国家独立、消除绝对贫困、国家工业化等。由于中国曾经是一个半殖民地半封建国家，一个低收入国家，目前仍然是一个发展中国家，与世界上很多国家具有许多相似之处，因此中国的发展经验可以给这些国家以启示。其中一个很重要的启示就是，只要从自身实际出发来选择有效的国家发展制度与发展道路，就能取得成功的发展。

四、为何逾百个国家积极参与"一带一路"建设

肖连兵：你们对"一带一路"倡议有什么评价？

塔迪奇："一带一路"倡议为塞尔维亚和其他东欧国家带来了基础设施和能源领域的新项目，这些建设成就对共建国家的经济发展至关重要。在"一带一路"倡议发起之初，我作为塞尔维亚共和国总统，与中国签署战略伙伴关系协议，我对此感到非常自豪，这使我们两国合作得以全面深化，巩固了我们的友谊。在后疫情时代，我认为"一带一路"倡议的关注点可以进一步延伸，除了基础设施和能源以外，还可着重关注卫生、文化和科学领域的合作。

肖连兵：塔迪奇先生，作为时任塞尔维亚共和国总统，在做出与中国签署战略伙伴关系协议的决定时，您是如何考虑的？

两位认为中塞经济合作有什么互补性？

塔迪奇：我与中国领导人所签署的战略伙伴关系协议，旨在让塞尔维亚成为中国在西巴尔干地区的关键伙伴，"一带一路"倡议覆盖这一地区。在我的战略愿景中，南斯拉夫和中国之间的传统友好关系是双边关系升级为更高层次战略伙伴关系的基础，这包括双方在能源、道路建设和新技术方面的联合投资。贝尔格莱德的泽蒙-博尔察大桥是中国在欧洲土地上建设的首个重大基础设施工程。塞尔维亚和中国签署了全面战略伙伴关系协议，这意味着双边关系以及中国对塞尔维亚发展的投资都上升到了更高水平。

胡必亮：众所周知，塞尔维亚多年受到美西方国家的经济制裁，加上波黑战争、科索沃战争，特别是 1999 年北约对南联盟实施了 78 天野蛮轰炸，炸毁了很多公路、铁路、桥梁、通信、机场、供电站、学校、医院、电视台等基础设施，也炸毁了很多工厂、民宅，造成超过万人伤亡。直到现在，这些基础设施仍然没能恢复到轰炸前的水平，因此塞尔维亚基础设施建设任务依然很重。此外，从工业发展来看，尽管塞尔维亚拥有比较好的汽车制造、冶金、机械、纺织、仪器加工等产业发展基础，但这些部门都需要实现信息化、智能化改造升级。塞尔维亚的农业基础一直比较好，中塞在农业科技领域的合作时间长，效果也很好，合作空间一直都在不断拓展之中。近几年双边贸易和双向投资的增长速度很快，但量比较小，发展潜力仍然很大。在共建"一带一路"过程中，中国已在塞尔维亚投资建设了一些高速公路、铁路、桥梁、发电厂等基础设施项目，钢铁、汽车工业合作也已经取得了良好成效，工业园区建设项目推进顺利，贸易和投资增长继续加速，总体形势很好。

习近平主席在会见来京出席冬奥会开幕式的塞尔维亚总统

武契奇时指出，中塞是"铁杆朋友"；武契奇总统回应说，任何压力和困难都不会改变塞中钢铁般的友谊。正是在这样的亲密友谊中，中塞两国领导人对共建"一带一路"进行深入谋划并推进实施。两国领导人对于一些重点项目非常关心，大力支持。譬如，对于河钢斯梅代雷沃钢厂、匈塞铁路、诺维萨德-鲁马快速路等项目，两国领导人亲自谋划与推动，以保证建设项目取得良好成果，造福两国人民。以斯梅代雷沃钢厂为例，2015年其产量不到90万吨，亏损1.2亿欧元。2016年4月，河北钢铁集团收购了这家钢铁企业的全部资产，也百分之百地接收了这家企业的5050名工人。该厂在被收购当年就实现扭亏为盈；2017年销售收入7.5亿美元，大幅度盈利；2019年产钢170多万吨，销售收入8.93亿美元。从这个典型案例中，人们可以很清楚地理解共建"一带一路"的价值与意义。

肖连兵：最后，请你们谈谈中国的发展对世界的影响。

塔迪奇：我不认为中国对世界是威胁，中国是一个可以从根本上为未来全球政治经济发展和多边合作作出贡献的国家。作为一个大国，中国对上述议题，以及对解决可能威胁共同文明的冲突，都负有特殊责任。

胡必亮：对这个问题最有说服力的回答就是事实。我前面举了中塞共建河钢斯梅代雷沃钢厂的例子，我再举一个中老铁路的例子。这条铁路对老挝有多重要呢？通过这条铁路，老挝由"陆锁国"变成了"陆联国"，加上《区域全面经济伙伴关系协定》今年正式生效，老挝将深度融入亚太产业链、价值链，并逐渐融入全球产业链、价值链。目前，与中国共建"一带一路"的国家已达150个。之所以有这么多国家积极参与其中，最重要的原因就是共建"一带一路"为这些国家提供了新的发展机遇，而且很多国家已经从中得到了实实在在的利益和好处。

"一带一路"对世界和平起到很大作用

——对日本前首相鸠山由纪夫先生的专访①

2022 年是中日邦交正常化 50 周年。应北京日报客户端邀请，日本前首相鸠山由纪夫接受了北京师范大学一带一路学院执行院长胡必亮教授的在线访谈。鸠山由纪夫表示，重温日中邦交正常化的初心，对日中关系今后的发展非常重要。中国共产党对中国的发展作出了巨大的贡献。中国提出"一带一路"倡议，对世界和平起到很大作用。希望日中两国年轻人加强交流，中国年轻人能向日本年轻人传递能量和热情。

---

① 这次专访是应北京日报客户端邀请进行的，北京日报社记者白波、童沛、吴娜具体安排和准备了这次专访活动并撰写了这个专访稿。专访内容发表在 2022 年 10 月 11 日的《北京日报客户端》上，原标题为《日本前首相鸠山由纪夫：中国共产党对中国发展贡献巨大》。

一、中日早已跨越价值观差异

胡必亮：今年是中日邦交正常化50周年。我们中国人凡事都比较重视初心和使命，也就是要做到"不忘初心、牢记使命"。在中日关系这件事上，您如何看待当年实现邦交正常化的初心？

鸠山由纪夫：1972年，中日老一辈领导人勇敢地作出决定，实现了两国邦交正常化，我对此给予高度评价。

当时，日本和中国之间存在比现在更大的价值观差异，但两国跨越了这种差异，携手合作，这是非常伟大的成就。在此之后，日本和中国都取得了巨大的发展。因此，我认为对50年前的重要时刻进行回顾是非常重要的，这段历史绝对不能被遗忘。

我们应该回想起，我们的前辈早在50年前就已经跨越了价值观的差异，让两国关系发展至今。像现在这样，因为存在价值观的差异，就凭情感上的好恶来做决定，我认为是不应该的。

50年前，两国领导人通过发表共同声明决定了几件非常重要的事情。其中之一就是钓鱼岛的问题，当时的两国领导人之间没有得出结论，于是决意交给后代来决定，这在事实上已经达成了搁置争议的共识。

另一个是日本政府理解中国政府所主张的"中国只有一个，台湾是中国领土的一部分"这一立场。现在（日本方面）大家都在说"台湾有事"，但其实关于这件事，50年前两国领导人就已经有了共识。因此，重温50年前日中邦交正常化的初心，我认为对今后日中关系的改善非常重要。

二、为友爱理想不懈努力

胡必亮：不论是否担任日本首相，您都一直在为中日友好事业而尽力工作，并提出了"东亚共同体"的理念，目的在于建立亚洲的非战共同体。为了实现中日之间的友好和友谊，您甚至还改了自己的名字，把"由纪夫"改为"友纪夫"。您如此殚精竭虑地为发展两国关系、为亚洲和平作贡献，很多人都不理解，我想知道您的思想动力是什么。

鸠山由纪夫：我之所以把名字"由纪夫"的"由"改成"朋友"的"友"，是因为我想从自己做起，践行"友爱"的理念和精神。

我提出了以友爱精神建立"东亚共同体"的理想，是受到德法两国的启发。德国和法国过去一直纷争不断，为了避免两国再起争执，康登霍维-凯勒奇这位前贤提出，欧洲必须成为一个整体，也就是提倡在欧洲引入共同体这个概念。经过多年的努力，最终形成了现在的欧盟体系，使欧洲成为不再发生战争的"非战共同体"。

对于康登霍维-凯勒奇主张的友爱，我认为既然欧洲能做到，东亚没有道理做不到。毕竟东亚有"以和为贵"的思想，也有仁义、人情等《论语》中的思想和孔子的教诲。

前两天是孔子的生日（9月28日），我本人一直遵从孔子的教诲。我认为在欧洲形成的非战共同体，绝对也能在东亚形成。所以，为了发扬友爱精神，我改了自己的名字，并且为了实现我的理想——"东亚共同体"而不懈努力。

三、中日都应认真应对人口问题

胡必亮：我们知道，中国共产党的领导在中国是非常重要的。党的二十大即将召开，您如何看中国共产党的领导与中国的发展，中国未来发展需要特别注意的问题是什么呢？

鸠山由纪夫：首先我想对中国共产党第二十次全国代表大会即将召开表示祝贺。我认为中国共产党对中国发展的贡献是巨大的。最重要的一点是让 14 亿中国人民都过上了小康的生活，成功地创造了一个消除了绝对贫困的中国，这是非常了不起的功绩。

在资本主义国家，在当前贫富差距不断扩大的情况下，贫困是不可能消失的。中国共产党为减少贫困人口做了很多努力，取得了伟大的成就。特别是通过率先发展沿海地区经济，带动内陆地区经济也逐渐发展起来。

我认为，今后中国的发展面临最大的问题将是人口问题。日本也有同样的人口问题。如果目前的低出生率持续下去，在不到五百年、一千年的时间内，日本人可能几乎会消失，这就是日本目前的状况。

中国现在已经取消了只生一个孩子的生育政策，但政策变化的影响以后才会慢慢显现。在这样的情况下，从人口增加到人口减少的转变中，如何使中国稳定地发展下去，这是中国共产党今后面临的重大课题。与此同时，如何与周边国家友好相处也将是中国未来保持发展的关键。

四、日本也应加入"一带一路"倡议

胡必亮： 由于您和一些国际友好人士的支持与帮助，我们北京师范大学一带一路学院已经培养了来自约 90 个国家的 500 名左右的硕士研究生，绝大多数学生来自共建"一带一路"国家，我们希望这些学生能为推动共建"一带一路"行稳致远、促进发展中国家经济发展、维护世界和平作贡献。您如何看待"一带一路"倡议及其前景？您认为这一倡议能够为世界带来什么影响？

鸠山由纪夫： "一带一路"是一个非常好的构想。像北京师范大学这样的高校，为"一带一路"建设提供了教育方面的有力支持。让更多的海外留学生来中国学习，这对中国的未来发展是非常重要的。就像我刚才说的，在考虑今后中国的发展时，如何与周边国家搞好关系是至关重要的问题。

从这个意义上讲，"一带一路"倡议的提出，一方面与邻近国家，特别是与发展中国家开展深度经济合作，有利于促进经济发展；另一方面也兼顾民间交往，有助于中国提升与地区之间政治上的稳定性。我认为"一带一路"倡议所带来的积极意义，不仅对中国有利，对世界和平也起到很大作用。

对"一带一路"倡议，美国等国家的一部分人总是挑毛病，并且大肆宣扬和批判，对此我并不认同。我认为"一带一路"倡议对提高中国与周边国家间的互联互通起到了非常重要的作用。我期待今后这个构想得到继续发展，为亚洲的和平带来更多积极作用。

正因为如此，我认为日本也应该尽快加入"一带一路"构想中来，成为一个对世界和平，特别是以亚欧大陆为中心的地区的稳定和发展有帮助的国家。

五、中国的年轻人更有能量和热情

胡必亮：您为中日关系和世界和平做了很多努力，是中国人非常熟悉的一位老朋友，其中也包括我的很多学生，他们都是年轻人，您有什么想和中国年轻人说的？

鸠山由纪夫：我觉得中国的年轻人已经很了不起了。这些年我在日本接触了很多日本的年轻人，发现日本的年轻人中也逐渐出现了一些想要为未来作贡献的年轻人。但是我觉得中国的年轻人更有能量，更有热情，充满了自己去尝试新事物的气概。中国年轻人在大学等阶段都接受了良好的教育。在大学里，让年轻人按照自己的意愿、遵从内心去自由发展，这样的教育是非常了不起的，我认为日本的年轻人应该多学习。

正因为如此，我对中国年轻人的期待是，一定要和日本的年轻人多见面，向日本年轻人多传递这种年轻人的热情。

我想这可能是像您这样的中国老师辛勤教育的成果。现在日本等国家虽然很重视招收海外留学生，但本国的年轻人去海外留学的意愿不强，日本的年轻人、韩国的年轻人、蒙古国的年轻人，都应该和中国年轻人多交流，了解中国年轻人的所思所想，希望这样的交流能多一些。

我现在还担任友爱教育协会的理事长，我希望友爱教育协会也能加强年轻人之间的交流，希望胡必亮老师培养的年轻学生能和我们友爱教育协会的年轻人加深交流，对此我十分期待。

附录 4　　｜　　求索"一带一路"①

【编者按】2013 年秋，习近平总书记提出共建丝绸之路经济带和 21 世纪海上丝绸之路的倡议，得到国际社会广泛关注和热烈响应。经过夯基垒台、立柱架梁的 5 年，共建"一带一路"正在向落地生根、持久发展的阶段迈进。5 年多来，北京师范大学整合优质资源，深度参与共建"一带一路"教育行动，取得了累累硕果。

在第二届"一带一路"国际合作高峰论坛即将召开之际，党委宣传部（新闻中心）联合国际交流与合作处推出专题报道，记录北师大人服务"一带一路"教育行动的身影，留下

① 2019 年 4 月，在第二届"一带一路"国际合作高峰论坛即将召开之际，北京师范大学党委宣传部（新闻中心）联合国际交流与合作处推出专题报道，介绍北师大人服务"一带一路"国际教育的情况。这就是其中的一篇人物专访，发表在 2019 年 4 月 24 日北师大网的"师大人物"专栏，作者为沈阳。原标题为《胡必亮：求索"一带一路"》。

丝路花雨中的北师大印迹。

穿过初春飞花的北京师范大学校园，来到京师学堂的二层：60余面各国国旗依次而立、层叠有致。微风拂过，不同色泽的旗角时而涟漪般波动，仿佛不同肤色的人们"手拉着手"，讲述起从这里发生的丝绸之路新故事，而故事的主人公就是北京师范大学一带一路学院执行院长胡必亮教授。

恰如多年前，诗人艾青写过的："蚕在吐丝的时候，没想到会吐出一条丝绸之路。"十年前，人们也并不清楚，胡必亮教授深耕新兴市场国家发展问题研究，开展高端智库建设……以万水千山走遍的豪情，密集穿梭于世界经济走廊，也在为国家酝酿中的"一带一路"倡议"吐丝织锦"。

2019年4月23日，北京师范大学一带一路学院执行院长胡必亮教授接受央视"新闻直播间"栏目"丝路新画卷"专题采访，通过"设施互联互通，助力共同发展""以点带面，基础设施带动区域发展""铁路沿线经济园区如雨后春笋""基础设施建设带动产业园区发展""'陆海空天电网'立体丝路焕新颜"等几个话题阐述自己的观点。

一、一个拥抱世界的"朋友圈"：专注高端智库与国际交流

2019年3月26日上午，法国总统府。在热烈的掌声中，中国国家主席习近平和法国总统马克龙、德国总理默克尔、欧盟委员会主席容克共同步入会场，出席中法全球治理论坛闭幕式。习近平主席发表闭幕致辞时指出，各国应该积极做行动派、不

做观望者，共同努力把人类前途命运掌握在自己手中。马克龙在致辞时表示，中方提出的"一带一路"倡议意义重大，能够为世界和平、稳定、发展发挥重要作用。欧方可以以创新的方式对接欧盟发展战略和"一带一路"倡议，共同促进欧亚互联互通。默克尔表示，欧方应该加紧推动欧中投资协定谈判，积极探讨参与"一带一路"这个重要合作倡议。

作为北师大一带一路学院执行院长，胡必亮教授此时此刻就坐在会场，现场聆听几位政要畅谈"一带一路"及其对世界的积极影响，心潮澎湃，激动万分。因为他深知这几位政要及其国家在世界上的分量，更清楚他们的演讲对于共建"一带一路"及其对世界格局将要带来的重大影响。

就在此前的一天，由中国国务院新闻办公室与法国外交部联合举办的"中法全球治理论坛"在法国外交部开幕。胡必亮教授作为研讨嘉宾在"互联互通与发展：共同的机遇与挑战"研讨环节做了大会发言。

近年来，矢志不渝进行"一带一路"学术研究与"一带一路"人才培养的胡必亮，几乎所有涉及"一带一路"主题的国家级高端研讨都从未缺席：2018 年 8 月 27 日在人民大会堂举行的推进"一带一路"建设工作 5 周年座谈会，现场聆听了习近平总书记《推动共建"一带一路"走深走实造福人民》的重要讲话；2017 年 5 月 14 日举行的首届"一带一路"国际合作高峰论坛开幕式，现场聆听了习近平总书记关于《携手推进"一带一路"建设》的主旨演讲，并在随后的智库平行论坛上做了发言；2016 年 8 月 17 日在人民大会堂举行的推进"一带一路"建设工作座谈会上，现场学习了习近平总书记提出的"总结经验，坚定信心，扎实推进"的基本要求……

放眼全球，胡必亮广泛开展国际交流与合作，为北京师范大学"一带一路"研究搭建起一个拥抱世界的"朋友圈"。2019年1月29日，他应邀赴瑞士出席由瑞士央行和瑞士联邦经济事务部联合举行的"欧俄中印美一带一路辩论会"，同来自美国、俄罗斯、印度、欧盟的专家学者就"一带一路"倡议及其实施问题，现场展开激烈辩论。4月9日，他代表北京师范大学一带一路学院与日本前首相鸠山由纪夫所代表的日本东亚共同体研究所在日本东京联合举办了"一带一路"与构建人类命运共同体国际论坛，来自中国、韩国、日本等国的400多名学界和商界人士围绕主题展开研讨。2015年10月，胡必亮领衔的新兴市场研究院与全国对外友好协会在人民大会堂联合主办了"2015北京新兴市场论坛"，中国国家领导人出席，四位来自亚非拉国家的前总统、前总理以及来自世界银行、亚洲开发银行、非洲开发银行、拉丁美洲开发银行的前任或现任行长等参加了论坛。还有2018年新兴市场30国(E30)经济论坛、2016年新兴市场论坛……

"谈笑有鸿儒，往来无白丁。"从2016年开始，胡必亮发起举办了"京师'一带一路'大讲堂"，邀请世界知名专家学者、国际金融界领袖和"一带一路"沿线国家前政要到北京师范大学就"一带一路"发表系列演讲，到目前已经举办了24期。

单是每年参加的国际国内论坛或研讨会、座谈会等活动，就在100场以上，时间的沙漏随即堆积出蔚为壮观的"沙丘"。记者不禁打趣道："您这些年来，不是在论坛上，就是在去参加论坛的路上。"

"是的，这当然需要花费很多的时间。从事'一带一路'研究，只有不断地相互交流，才能形成共识，并与实践和行动紧密结合。探索'一带一路'，恰恰体现了'知行合一'的教育理念。"胡必亮如是说。

二、一颗滚烫的教育初心：培养"一带一路"国际化人才

胡必亮教授很庆幸：与时代同行的自己，能够在师范教育排头兵北京师范大学共享美好的新时代——从事"教师"这份最阳光的职业。2013 年 6 月被学生评选为北京师范大学第一届"最受研究生欢迎的十佳教师"。在外人看来，一个由学生评选的奖项的分量，远不及中国经济学领域的诺贝尔奖——"孙冶方经济学奖"，却是他非常珍视的殊荣。因为在他的心目中，"丝路"和"师路"的合二为一，恰是事业与情怀的自然交融。

早在 2013 年 9 月习近平总书记提出"一带一路"倡议，胡必亮敏锐地意识到，这将是国际教育的一个很好的切入点，一定要利用这个机会把国际教育项目创办起来，并办出自己的特色。于是，几经奔走，立即组织团队力量申报国家"国际高端学位项目"。为了通过相关政府机构的实地考核和反复论证，那一段忙碌的日子仍历历在目，胡必亮至今还记得：当 2014 年 1 月 15 日收到关于这个项目的政府批件，标志着从 2014 年秋季开始，新兴市场研究院代表北师大承担"发展中国家硕士"项目。那一刹那，自己高兴得"像是新生了一个孩子一样"！

如果说"发展中国家硕士学历项目"是胡必亮教授团队倾注了心血孕育出的新生命，那么从这个项目走出的国际学员，更能深切感受到一颗滚烫的教育初心，饱蘸燃烧生命的情感所打造出的"有温度的教育"。"发展中国家硕士项目"是一个纯英文教学项目，学员都是来自发展中国家的中央政府各个部门的中层领导，一般都有 5～10 年不等的工作经历，为这些学员授课不仅要英语好，还要有丰富的实践经验、深厚的理论功

底。面对师资紧缺的情况，胡必亮一人担任 3 门课的教学任务，同时凭借自己过去在世界银行、法国兴业银行等国际机构出色的工作经验，发挥在国际金融界、学界、政界比较丰富的资源优势，请来了一批高质量的教授来北师大担任这个项目的授课任务。

来自塔吉克斯坦的学员赛德说："这里总是大咖云集、贵宾满堂，我们的老师都是想都不敢想的大人物。"承接该项目以来，胡教授先后邀请吉尔吉斯斯坦前总理奥托尔巴耶夫讲授"欧亚经济联盟的政治经济学"课程；波黑前总理拉古姆季亚和波兰前第一副总理兼财政部长科勒德克共同讲授"领导力"课程；拉丁美洲开发银行前行长恩里克·加西亚讲授"拉丁美洲经济与发展"课程；亚洲开发银行前常务副行长拉贾特·纳格讲授"亚洲经济"课程；等等。

"一带一路"倡议提出 5 年来，项目也培养了 5 届学员，182 名来自 60 多个"一带一路"沿线国家的学员模样，胡老师都印记在心，他亲切地称为"北师大的新校友"。

如今，该项目实施推进过程中首创和积累的一张张漂亮的成绩单，受到了广大学员的赞誉，也得到了主管单位——商务部的高度认可，成为"一带一路"国际教育的典范之一。胡必亮很欣慰，因为他"更喜欢和学生们在一起"。

"太多的机会在'一带一路'中蕴藏，"胡必亮常常这样鼓励处于迷茫中的青年学子，"做好一件事，最重要的不是天分，不是勤奋，而是发自心底的那份热爱。"他也用自己的人生故事告诉青年：当你保持这份热爱，一切，都会随之而来。

"北师大是一所有着深厚历史底蕴的中国著名学府，如果说这所名校在过去的 117 年还是中国的北师大，那未来的 100 年，北师大应是属于世界的北师大！专注国际教育，借着'一带一路'东风,将北师大国际教育办得更好,为北师大在新时代建设成为中国特色世界一流大学做出实实在在的贡献。这就是我发自心底的热爱。"寥寥几句话语,勾勒出师者风范、学者情怀。

三、一段不曾褪色的"田埂"记忆:潜心经济发展问题研究

访谈正在进行中,一个电话打来。

胡必亮很绅士地向记者示意:这个电话不能挂断。他不时地用 GDP、CPI、投资率、城镇化率等与经济发展相关的数据回应着电话的那头。

电话的那头是一位人们通常所称呼的"农民企业家",湖北省汉川市沉湖镇福星村的"掌门人"谭功炎先生。很难想象,一位忙于研讨全球治理事务、穿行于世界经济走廊之中的经济学教授和"一带一路"问题专家,还始终记挂着生养自己的那片田埂。"我是我们村儿的经济发展顾问,也可以说是我们村的'首席经济学家'!"

胡必亮出生于湖北省汉川县(现湖北省汉州市)的一个贫困湖区,打从记事儿起,就跟着父母乡亲和兄长们在田埂上辛勤劳作。"那时候,我走在田埂上,就想为什么整日劳作到大汗淋漓,却依旧如此贫苦?我们的农村发展制度与政策需要做什么样的改变?"他的眼神里涌出一股莫名的力量。

带着改变农村贫困的梦想,他刻苦学习,成为当年他所在的公社举办的一所高中里唯一考上大学的"骄子"。他说自己是"高考制度的直接受益者",感恩那个时代带给他追求梦想的可能。大学毕业,胡必亮如愿以偿来到中国社会科学院研究农村

发展理论与政策。进京报到后，他却没有停留，很快"脚踩泥土，行走大地"，到最贫困的地方去，年轻的胡必亮一头扎进农村！

胡必亮坦言：他个人的成长与时代的发展紧密相关，"与时代同行"的他，经历了自我成长的改革时代、全球化时代、新时代。时代在变，胡必亮"向下凝望"的目光始终不变，对于如何改变贫困面貌、实现从贫困到富裕的跨越，保持着超强的敏感和坚韧的笃定。

1989年3月，出差归来的胡必亮，偶然在北京火车站看到如潮的进城务工农民，他敏锐地感知到这个时代的新变化来了！他的研究视角从农村问题转到了城镇化。而后从城镇化到金融改革和21世纪之初的创新创业，从中国到新兴市场国家再到"一带一路"沿线国家，胡必亮每一次"与时代同行"的研究脉络延伸，都为团队今天的成果奠定了扎实的基础。

2013年以来，胡必亮团队产生了一批有一定影响力的研究成果。主编出版了15本系列专题报告，对"一带一路"和新兴市场相关重大问题进行了比较深入的分析和研究，这套系列丛书——"北京师范大学新兴市场研究院"文库由中国大百科全书出版社出版。胡必亮及其团队所撰写的与"一带一路"相关的政策建议也四次获时任和现任党和国家领导人批示。

1987年，胡必亮教授在菲律宾的7个月中，收集了很多关于菲律宾土地制度、地方金融制度、农民收入等问题的资料；1989年在泰国的2年时间里，更深入地调查并出版了《泰国中部的村庄经济》英文专著；他也曾于1989年和1990年到中东欧的匈牙利、捷克斯洛伐克等国进行短期调研；1990年后到"一带一路"倡议提出之前，他也曾到越南、马来西亚、新加坡、印度、斯里兰卡、缅甸等亚洲国家进行过一些关于发展问题的调研。现在看来，这些都是"一带一路"建设的重点国家，因此他称自己与"一带一路"结缘是命中注定。

胡必亮早年在国外留学期间所撰写的硕士学位论文、博士学位论文和博士后出站报告，已分别在泰国曼谷的瓦塔纳·帕尼奇（Thai Watana Panich）出版社、英国伦敦的劳特力奇（Routledge）出版社和美国纽约的帕尔格雷夫·麦克米伦（Palgrave Macmillan）出版社以英文出版。

一个国家的发展，都要经过不同的阶段，一般先是农业发展阶段、工业化发展阶段，再进入城市发展、金融发展、科技发展等阶段。正如胡必亮所言，改革开放40年，一个国家从极端贫穷发展到了比较富裕的阶段，他也在这40年间幸运地经历了其中的一些主要过程。行万水、走千山，胡必亮奋斗的脚步在每一个时间点都踩准了时代发展的节拍，不断地探索新问题。目前他所专注的"一带一路"研究，毫无疑问，又一次成了把脉时代发展的新探索。

"中国社会科学院农村发展研究所研究助理"（4年）、"美国东西方中心人口研究所实习生"（3个月）、"亚洲理工学院研究助理"（1年）、"世界银行驻中国代表处经济官员"（2年半）、"法国兴业证券亚洲公司副总裁兼首席中国经济学家和该公司驻北京首席代表"（4年）、"美国达锐技术有限公司（DoubleBridge Technologies，Inc.）联合创始人兼财务总监"（3年）、"哈佛大学高级研究员"（2年半）……

细数栖师大这棵梧桐之前的丰富履历，胡必亮戏称自己是"野蛮生长"：从田埂上的少年，到世界银行国际格局下思考中国经济，再到哈佛大学的校园里著书立说，平均两到三年换一次工作抑或人生角色，每一次"说走就走的旅行"，看似无心插柳的故事，却凝结着勤勉奋斗的激情。而正是他理想主义的不灭情怀，润泽了所到之处，成就了如今的“柳成荫”。

　　回归北师大的这十年间，面向“一带一路”沿线国家及其建设发展的人才培养、学科建设、社会服务，体制机制创新等巨大的工作量如坦克连一样压过来。胡必亮除了飞行在外的时间，几乎全部深潜在“京师学堂”二层小楼的办公室里，直至深夜离开。

　　“不会觉得疲惫吗？”

　　“不断面临新鲜的挑战，内心是快乐的，无暇疲惫。我还在找寻下一个兴奋点呢。”

　　胡必亮的脸庞上红润的微光透出几分喜悦，“所以我觉得自己的状态还年轻。”

　　上下求索，十年亮剑，

　　出走半生，归来少年。

图书在版编目(CIP)数据

"一带一路"：统筹发展和安全/胡必亮著. —北京：北京师范
大学出版社，2023.6
 (高质量共建"一带一路"丛书)
 ISBN 978-7-303-29251-6

Ⅰ. ①一… Ⅱ. ①胡… Ⅲ. ①"一带一路"－国际合作－
研究 Ⅳ. ①F125

中国版本图书馆 CIP 数据核字(2023)第 112133 号

营 销 中 心 电 话 010-58805385
北 京 师 范 大 学 出 版 社
主题出版与重大项目策划部

YIDAIYILU：TONGCHOU FAZHAN HE ANQUAN
出版发行：北京师范大学出版社 www.bnupg.com
　　　　　北京市西城区新街口外大街 12-3 号
　　　　　邮政编码：100088
印　　刷：北京盛通印刷股份有限公司
经　　销：全国新华书店
开　　本：710mm×1000mm　1/16
印　　张：28.25
字　　数：331 千字
版　　次：2023 年 6 月第 1 版
印　　次：2023 年 6 月第 1 次印刷
定　　价：128.00 元

策划编辑：祁传华　　　　　责任编辑：刘 溪
美术编辑：王齐云　　　　　装帧设计：王齐云
责任校对：陈 民 王志远　　责任印制：赵 龙